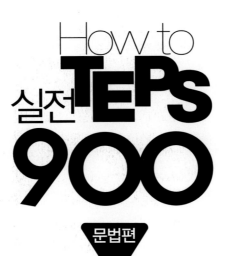

문법편

How to TEPS 실전 900 문법편

지은이 이용재
펴낸이 임상진
펴낸곳 (주)넥서스

출판신고 1992년 4월 3일 제311-2002-2호 ⑨
10880 경기도 파주시 지목로 5
Tel (02)330-5500 Fax (02)330-5555

ISBN 978-89-5797-574-9 13740
ISBN 978-89-5797-575-6 (SET)

저자와 출판사의 허락 없이 내용의 일부를
인용하거나 발췌하는 것을 금합니다.

가격은 뒤표지에 있습니다.
잘못 만들어진 책은 구입처에서 바꾸어 드립니다.

www.nexusEDU.kr
NEXUS Edu는 (주)넥서스의 초·중·고 학습물 전문 브랜드입니다.

가장 쉽고 빠르게 점수를 올려 주는

How to

TEPS

하우투 텝스

실전

900

이용재 지음

문법편

NEXUS Edu

Preface

대학교 때부터 오랫동안 TEPS를 강의하면서 느낀 것은 실제 시험에 나오는 문제와 대부분의 시중 교재에서 다루는 문제에는 극명한 차이가 있다는 점이다. '정말 제대로 된 교재 한 권만 보고 TEPS 시험을 잘 볼 수는 없는 걸까?'라는 고민을 10년 이상 했다. 그러던 어느 날 한 학생이 찾아왔다. 그 학생은 지금까지 학원을 다니면서 20권이 넘는 교재를 꼼꼼히 풀었지만 원하는 점수를 얻을 수 없었다며 하소연을 했다. 마치 내 일인 양, 가슴 한구석이 찡했다. 그 학생이 돌아간 후 내게는 큰 과제가 생겼다. '열심히 공부하는 학생들을 위한 진정한 TEPS 책'을 야심차게 써보자는 욕심이 생긴 것이다.

그날부터 나의 하루를 온전히 TEPS만을 위해 썼다. 수년간 현장에서 강의를 하면서 모았던 방대한 자료를 기초로 주변 원어민들과 머리를 맞대고 진정 '정말 딱 필요한 단 하나의 TEPS책'을 집필하기 시작했다. 그동안 내가 사 보았던 수십, 수백 권에 이르는 TEPS책의 장단점을 일일이 확인하는 작업과 동시에 강의 중인 학생들을 대상으로 가장 틀리기 쉬운 문제와 가장 어려워하는 문제에 대한 survey도 잊지 않았다. 수개월이 흘렀고 마치 내가 아는 단어라곤 TEPS밖에 없을 정도로 내 머리 속은 이 시험 하나로 가득 차 있었다.

제자들에게 책에 대한 언급을 했더니 벌써부터 사인을 해 달라고 난리다. 그동안 책을 집필하면서 너무나 큰 도움 주신 분들을 찾아뵙고 인사를 드렸다. 동시 통역사이자, 대학교 선배이자, 친구 같은 한형민 형을 찾아가 간단하게 술잔을 기울이며 감사의 인사를 드렸다. 이번 책을 준비하기까지 가장 큰 도움을 주신 분이라, 눈물이 날 정도로 감사의 마음을 전했다. 영문 감수를 해준 원어민들과의 만남도 잊지 않았다. 자료 조사, 정리 및 survey를 도와준 사랑스런 후배들에게도 감사의 뜻을 전한다. 마지막으로 TEPS를 공부하는 많은 학생들에게 진정으로 도움이 되는 '딱 한 권의 책'이 되길 간절히 바란다.

Contents

Part 2

Actual Test

정답 및 해설 (별책부록)

Structure

고득점 문법 전략

동사부터 문장 구조까지 문법 만점을 위해 꼭 필요한 문법 요소만을 일목요연하게 정리하였다.

학습 가이드

동사의 수 일치는 주어에 달려 있다. 일반적인 주어의 단·복수 여부를 분석하는 것은 쉬운 일이다. 하지만 고득점자들을 대상으로 하는 주어 분석에는 몇 가지 오답으로 착각하기 쉬운 함정이 있으니 반드시 유의해야 한다.

착각하기 쉬운 주어 유형

(1) 동명사·부정사 주어

동명사나 부정사는 항상 단수 취급한다.

To feel satisfied with your paper published in the *Journal of Medicine* **is** to pride yourself on it.
(의학 저널)에 실린 당신의 논문에 만족하는 것은 분강의 논문에 자부심이 있다는 것이다.

(2) 단위 명사

시간, 거리, 가격, 무게 등의 단위 명사는 비록 형태상은 복수지만 단수 취급한다.

24 hours is a long time for me.
24시간이 내게는 긴 시간이야.

Twenty dollars was clearly for a low estimate.
이십 달러면 분명 낮은 견적 가격이다.

학습 가이드

각 단원에 들어가기에 앞서 해당 단원에서 학습할 내용을 미리 파악할 수 있다.

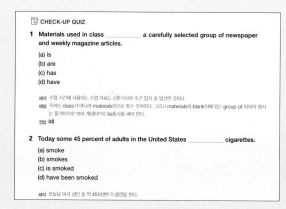

CHECK-UP QUIZ

1 Materials used in class _____ a carefully selected group of newspaper and weekly magazine articles.

(a) is
(b) are
(c) has
(d) have

해석 수업 시간에 사용되는 수업 자료는 신문기사와 주간 잡지 중 엄선한 것이다.
해설 주어는 class가 아니라 materials이므로 복수 주어이다. 그리고 materials와 blank 위에 있는 group of 이하의 명사는 동격이므로 보어 개념이므로 be동사를 써야 한다.
정답 (d)

2 Today some 45 percent of adults in the United States _____ cigarettes.

(a) smoke
(b) smokes
(c) is smoked
(d) have been smoked

해석 오늘날 미국 성인 중 약 45퍼센트가 흡연을 한다.

Check-Up Quiz

앞서 배운 핵심 문법 내용을 간단히 점검하면서 복습할 수 있다.

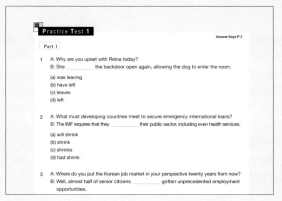

Practice Test

Unit별 실전 수준의 20문제를 풀며 한 단원을 마무리하면서 취약 부분을 다시 한 번 정리할 수 있다.

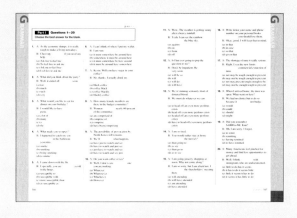

Actual Test

최신 기출과 가장 유사한 문제를 풀면서 실전에 대비할 수 있다.

1 / TEPS란?

TEPS 는 Test of English Proficiency developed by Seoul National University의 약자이며, 서울대학교 언어교육원에서 개발하고 TEPS관리위원회에서 주관, 시행하는 국가 공인 영어 시험입니다. 본 시험은 수험생들의 영어 실력을 Reading, Listening, Grammar, Vocabulary 총 4개의 영역으로 나누어 평가하는 시험이며, 총 200문항, 990점 만점의 시험입니다. 이 중 Grammar Part는 4개의 Part로 구성되어 있으며, Part 1, 2는 지문의 빈칸에 적절한 말을 4개의 선택지 중에서 고르는 문제로, Part 1은 일상생활에서 이루어질 수 있는 짧은 대화 속에서, Part 2는 한 문장으로 이루어진 지문 속에서 문법 사항을 묻습니다. Part 3, 4는 주어진 선택지가 없고 지문 중 문법에 어긋나거나 어색한 문장을 고르는 문제입니다. 마지막으로 Part 4는 4문장으로 이루어진 지문 속에서 잘못된 부분을 골라야 합니다. 시험은 지역에 따라 다르나 매달 한 번씩 토요일 또는 일요일에 있으며, 접수는 인터넷 접수(www.teps.or.kr) 또는 방문 접수가 가능합니다. 성적 확인은 시험 후 2주 이내에 가능합니다.

2 / TEPS 시험 구성

영역	Part별 내용	문항수	시간/배점
청해 Listening Comprehension	Part I : 문장 하나를 듣고 이어질 대화 고르기	15	55분 400점
	Part II : 3문장의 대화를 듣고 이어질 대화 고르기	15	
	Part III : 6~8 문장의 대화를 듣고 질문에 해당하는 답 고르기	15	
	Part IV : 담화문의 내용을 듣고 질문에 해당하는 답 고르기	15	
문법 Grammar	Part I : 대화문의 빈칸에 적절한 표현 고르기	20	25분 100점
	Part II : 문장의 빈칸에 적절한 표현 고르기	20	
	Part III : 대화에서 어법상 틀리거나 어색한 부분 고르기	5	
	Part IV : 단문에서 문법상 틀리거나 어색한 부분 고르기	5	
어휘 Vocabulary	Part I : 대화문의 빈칸에 적절한 단어 고르기	25	15분 100점
	Part II : 단문의 빈칸에 적절한 단어 고르기	25	
독해 Reading Comprehension	Part I : 지문을 읽고 빈칸에 들어갈 내용 고르기	16	45분 400점
	Part II : 지문을 읽고 질문에 가장 적절한 내용 고르기	21	
	Part III : 지문을 읽고 문맥상 어색한 내용 고르기	3	
총계	13개 Parts	200	140분 990점

☆ **IRT** (Item Response Theory)에 의하여 최고점이 990점, 최저점이 10점으로 조정됨

Listening Comprehension 60문항

● Part I
Choose the most appropriate response to the statement. (15문항)

문제유형   질의응답 문제를 다루며 한 번만 들려주고, 내용은 일상의 구어체 표현으로 구성되어 있다.

> W I wish my French were as good as yours.
>
> M _____

(a) Yes, I'm going to visit France.   ✔ (b) Thanks, but I still have a lot to learn.
(c) I hope it works out that way.   (d) You can say that again.

번역   W 당신처럼 프랑스어를 잘하면 좋을 텐데요.
M _____

(a) 네, 프랑스를 방문할 예정이에요.   (b) 고마워요. 하지만 아직도 배울 게 많아요.
(c) 그렇게 잘되기를 바라요.   (d) 당신 말이 맞아요.

● Part II
Choose the most appropriate response to complete the conversation. (15문항)

문제유형   두 사람이 A–B–A–B 순으로 대화하는 형식이며, 한 번만 들려준다.

> W I wish I earned more money.
>
> M You could change jobs.
>
> W But I love the field I work in.
>
> M _____

(a) I think it would be better.   ✔ (b) Ask for a raise then.
(c) You should have a choice in it.   (d) I'm not that interested in money.

번역   W 돈을 더 많이 벌면 좋을 텐데요.
M 직장을 바꾸지 그래요?
W 하지만 난 지금 일하고 있는 분야가 좋아요.
M _____

(a) 더 좋아질 거라고 생각해요.   (b) 그러면 급여를 올려 달라고 말해요.
(c) 그 안에서 선택권이 있어야 해요.   (d) 돈에 그렇게 관심이 있지는 않아요.

● Part III

Choose the option that best answers the question. (15문항)

비교적 긴 대화문. 대화문과 질문은 두 번, 선택지는 한 번 들려준다.

> M Hello. You're new here, aren't you?
> W Yes, it's my second week. I'm Karen.
> M What department are you in?
> W Customer service, on the first floor.
> M I see. I'm in sales.
> W So, you'll be working on commission, then.
> M Yes. I like that, but it's very stressful sometimes.

Q: Which is correct according to the conversation?

(a) The man and woman work in the same department.

✔ (b) The woman works in the customer service department.

(c) The man thinks the woman's job is stressful.

(d) The woman likes working for commissions.

번역

M 안녕하세요. 새로 오신 분이시죠?

W 예, 여기 온 지 2주째예요. 전 캐런이에요.

M 어느 부서에서 근무하시나요?

W 1층 고객 지원부에서 일해요.

M 그렇군요. 전 영업부에서 일해요.

W 그러면 커미션제로 일하시는군요.

M 네. 좋기는 하지만 가끔은 스트레스를 많이 받아요.

Q: 대화에 따르면 옳은 것은?

(a) 남자와 여자는 같은 부서에서 일한다.

(b) 여자는 고객 지원부에서 일한다.

(c) 남자는 여자의 일이 스트레스가 많다고 생각한다.

(d) 여자는 커미션제로 일하는 것을 좋아한다.

● Part IV

Choose the option that best answers the question. (15문항)

문제유형 담화문의 주제, 세부 사항, 사실 여부 및 이를 근거로 한 추론 등을 다룬다.

> Confucian tradition placed an emphasis on the values of the group over the individual. It also taught that workers should not question authority. This helped industrialization by creating a pliant populace willing to accept long hours and low wages and not question government policies. The lack of dissent helped to produce stable government and this was crucial for investment and industrialization in East Asian countries.

Q: What can be inferred from the lecture?
(a) Confucianism promoted higher education in East Asia.
(b) East Asian people accept poverty as a Confucian virtue.
✔ (c) Confucianism fostered industrialization in East Asia.
(d) East Asian countries are used to authoritarian rule.

번역 유교 전통은 개인보다 조직의 가치를 강조했습니다. 또한 노동자들에게 권위에 대해 의문을 제기하지 말라고 가르쳤습니다. 이것은 장시간 노동과 저임금을 기꺼이 감수하고 정부의 정책에 의문을 제기하지 않는 고분고분한 민중을 만들어 냄으로써 산업화에 도움이 되었습니다. 반대의 부재는 안정적인 정부를 만드는 데 도움이 되었고, 이는 동아시아 국가들에서 투자와 산업화에 결정적이었습니다.

Q: 강의로부터 유추할 수 있는 것은?
(a) 유교는 동아시아에서 고등교육을 장려했다.
(b) 동아시아 사람들은 유교의 미덕으로 가난을 받아들인다.
(c) 유교는 동아시아에서 산업화를 촉진했다.
(d) 동아시아 국가들은 독재주의 법칙에 익숙하다.

● Part I

Choose the best answer for the blank. (20문항)

문제유형 A, B 두 사람의 짧은 대화 중에 빈칸이 있다. 동사의 시제 및 수 일치, 문장의 어순 등이 주로 출제되며, 구어체 문법의 독특한 표현들을 숙지하고 있어야 한다.

> A Should I just keep waiting _____ me back?
>
> B Well, just waiting doesn't get anything done, does it?

(a) for the editor write

✔ (b) until the editor writes

(c) till the editor writing

(d) that the editor writes

번역 A 편집자가 나한테 답장을 쓸 때까지 기다리고만 있어야 합니까?

B 글쎄요, 단지 기다리고 있다고 해서 무슨 일이 이루어지는 건 아니겠죠?

● Part II

Choose the best answer for the blank. (20문항)

문제유형 문어체 문장을 읽고 어법상 빈칸에 적절한 표현을 고르는 유형으로 세부적인 문법 자체에 대한 이해는 물론 구문에 대한 이해력도 테스트한다.

> All passengers should remain seated at _____ times.

(a) any

(b) some

✔ (c) all

(d) each

번역 모든 승객들은 항상 앉아 있어야 합니다.

● Part III

Identify the option that contains an awkward expression or an error in grammar. (5문항)

문제유형 대화문에서 어법상 틀리거나 어색한 부분이 있는 문장을 고르는 문제로 구성되어 있다.

> (a) A Where did you go on your honeymoon?
> (b) B We flew to Bali, Indonesia.
> ✔ (c) A Did you have good time?
> (d) B Sure. It was a lot of fun.

번역 (a) A 신혼여행은 어디로 가셨나요?
(b) B 인도네시아 발리로 갔어요.
(c) A 좋은 시간 보내셨어요?
(d) B 물론이죠. 정말 재미있었어요.

● Part IV

Identify the option that contains an awkward expression or an error in grammar. (5문항)

문제유형 한 문단 속에 문법적으로 틀리거나 어색한 문장을 고르는 유형이다.

> (a) Morality is not the only reason for putting human rights on the West's foreign policy agenda. (b) Self-interest also plays a part in the process. (c) Political freedom tends to go hand in hand with economic freedom, which in turn tends to bring international trade and prosperity. (d) A world in which more countries respect basic human rights would be more peaceful place.

번역 (a) 서양의 외교정책 의제에 인권을 상정하는 유일한 이유가 도덕성은 아니다. (b) 자국의 이익 또한 그 과정에 일정 부분 관여한다. (c) 정치적 자유는 경제적 자유와 나란히 나아가는 경향이 있는데, 경제적 자유는 국제 무역과 번영을 가져오는 경향이 있다. (d) 더 많은 국가들이 기본적인 인권을 존중하는 세상은 더 평화로운 곳이 될 것이다.

Vocabulary 50문항

● Part I
Choose the best answer for the blank. (25문항)

문제유형   A, B 대화 빈칸에 가장 적절한 단어를 넣는 유형이다. 단어의 단편적인 의미보다는 문맥에서 어떻게 쓰였는지 아는 것이 중요하다.

> A   Let's take a coffee break.
> B   I wish I could, but I'm _____ in work.

  ✔ (a) up to my eyeballs   (b) green around the gills
  (c) against the grain   (d) keeping my chin up

번역   A   잠깐 휴식 시간을 가집시다.
         B   그러면 좋겠는데 일 때문에 꼼짝도 할 수가 없네요.

  (a) ～에 몰두하여   (b) 안색이 나빠 보이는
  (c) 뜻이 맞지 않는   (d) 기운 내는

● Part II
Choose the best answer for the blank. (25문항)

문제유형   문어체 문장의 빈칸에 가장 적절한 단어를 고르는 유형이다. 고난도 어휘의 독특한 용례를 따로 학습해 두어야 고득점이 가능하다.

> It takes a year for the earth to make one _____ around the sun.

  (a) conversion   (b) circulation
  (c) restoration   ✔ (d) revolution

번역   지구가 태양 주위를 한 번 공전하는 데 일 년이 걸린다.
         (a) 전환   (b) 순환
         (c) 복구   (d) 공전

● Part I
Choose the option that best completes the passage. (16문항)

문제유형 지문의 논리적인 흐름을 파악하여 문맥상 빈칸에 가장 적절한 선택지를 고르는 문제이다.

> This product is a VCR-sized box that sits on or near a television and automatically records and stores television shows, sporting events and other TV programs, making them available for viewing later. This product lets users watch their favorite program _____ . It's TV-on-demand that actually works, and no monthly fees.

✔ (a) whenever they want to
   (b) wherever they watch TV
   (c) whenever they are on TV
   (d) when the TV set is out of order

번역 이 제품은 텔레비전 옆에 놓인 VCR 크기의 상자로 TV 공연, 스포츠 이벤트 및 다른 TV 프로그램을 자동으로 녹화 저장하여 나중에 볼 수 있게 해준다. 이 제품은 사용자 자신이 가장 좋아하는 프로그램을 원하는 시간 언제나 볼 수 있게 해준다. 이것은 실제로 작동하는 주문형 TV로 매달 내는 시청료도 없다.

   (a) 원하는 시간 언제나
   (b) TV를 보는 곳 어디든지
   (c) TV에 나오는 언제나
   (d) TV가 작동되지 않을 때

● Part II

Choose the option that best answers the question. (21문항)

문제유형   지문에 대한 이해를 측정하는 유형으로 주제 파악, 세부 내용 파악, 논리적 추론을 묻는 문제로 구성되어 있다.

> The pace of bank mergers is likely to accelerate. Recently Westbank has gained far more profit than it has lost through mergers, earning a record of $2.11 billion in 2003. Its shareholders have enjoyed an average gain of 28% a year over the past decade, beating the 18% annual return for the benchmark S & P stock index. However, when big banks get bigger, they have little interest in competing for those basic services many households prize. Consumers have to pay an average of 15% more a year, or $27.95, to maintain a regular checking account at a large bank instead of a smaller one.

Q: What is the main topic of the passage?

(a) Reasons for bank mergers

✔ (b) Effects of bank mergers

(c) The merits of big banks

(d) Increased profits of merged banks

번역   은행 합병 속도가 가속화될 전망이다. 최근 웨스트 뱅크가 2003년 21억 1천만 달러의 수익을 기록함으로써 합병으로 잃은 것보다 훨씬 더 많은 수익을 얻었다. 웨스트 뱅크 주주들은 지난 10년간 S & P 지수의 연간 수익률 18%를 웃도는 연평균 수익률 28%를 누려 왔다. 하지만 규모가 더욱 커진 대형 은행들은 많은 가구가 중요하게 생각하는 기본 서비스에 대한 경쟁에는 별 관심을 두고 있지 않다. 소비자들은 작은 은행 대신 대형 은행의 보통 당좌예금 계정을 유지하기 위해 연평균 15% 이상, 즉 27달러 95센트를 지불해야 한다.

Q: 지문의 소재는?

(a) 은행 합병의 이유

(b) 은행 합병의 영향

(c) 대형 은행의 장점

(d) 합병된 은행들의 수익 증가

Part III

Identify the option that does NOT belong. (3문항)

문제유형   한 문단에서 전체의 흐름상 어색한 내용을 고르는 유형이다.

> Communication with language is carried out through two basic human activities: speaking and listening. (a) These are of particular importance to psychologists, for they are mental activities that hold clues to the very nature of the human mind. (b) In speaking, people put ideas into words, talking about perceptions, feelings, and intentions they want other people to grasp. (c) In listening, people decode the sounds of words they hear to gain the intended meaning. (d) Language has stood at the center of human affairs throughout human history.

번역   언어로 이루어지는 의사소통은 두 가지 기본적인 인간 활동인 말하기와 듣기에 의해 수행된다. (a) 이 두 가지는 심리학자들에게 각별한 중요성을 지니는데, 이는 두 가지가 인간의 심성 본질 자체에 대한 단서를 쥐고 있는 정신적 활동이기 때문이다. (b) 말할 때 사람들은 다른 사람들이 이해하기를 원하는 지각과 감정, 의도 등을 말하면서 아이디어들을 단어로 표현한다. (c) 들을 때 사람들은 의도된 뜻을 간파하기 위해 들리는 단어의 소리를 해독한다. (d) 언어는 인류의 역사를 통틀어 인간 활동의 중심에 있어 왔다.

TEPS 등급표

등급	점수	영역	능력검정기준(Description)
1+급 Level 1+	901-990	전반	외국인으로서 최상급 수준의 의사소통 능력 : 교양 있는 원어민에 버금가는 정도로 의사소통이 가능하고 전문분야 업무에 대처할 수 있음. **(Native Level of Communicative Competence)**
1급 Level 1	801-900	전반	외국인으로서 거의 최상급 수준의 의사소통 능력 : 단기간 집중 교육을 받으면 대부분의 의사소통이 가능하고 전문분야 업무에 별 무리 없이 대처할 수 있음. **(Near-Native Level of Communicative Competence)**
2+급 Level 2+	701-800	전반	외국인으로서 상급 수준의 의사소통 능력 : 단기간 집중 교육을 받으면 일반분야 업무를 큰 어려움 없이 수행할 수 있음. **(Advanced Level of Communicative Competence)**
2급 Level 2	601-700	전반	외국인으로서 중상급 수준의 의사소통 능력 : 중장기간 집중 교육을 받으면 일반분야 업무를 큰 어려움 없이 수행할 수 있음. **(High Intermediate Level of Communicative Competence)**
3+급 Level 3+	501-600	전반	외국인으로서 중급 수준의 의사소통 능력 : 중장기간 집중 교육을 받으면 한정된 분야의 업무를 큰 어려움 없이 수행할 수 있음. **(Mid Intermediate Level of Communicative Competence)**
3급 Level 3	401-500	전반	외국인으로서 중하급 수준의 의사소통 능력 : 중장기간 집중 교육을 받으면 한정된 분야의 업무를 다소 미흡하지만 큰 지장은 없이 수행할 수 있음. **(Low Intermediate Level of Communicative Competence)**
4급 Level 4	201-400	전반	외국인으로서 하급수준의 의사소통 능력 : 장기간의 집중 교육을 받으면 한정된 분야의 업무를 대체로 어렵게 수행할 수 있음. **(Novice Level of Communicative Competence)**
5급 Level 5	101-200	전반	외국인으로서 최하급 수준의 의사소통 능력 : 단편적인 지식만을 갖추고 있어 의사소통이 거의 불가능함. **(Near-Zero Level of Communicative Competence)**

TEPS

Test of English Proficiency
developed by
Seoul National University

SCORE REPORT

NAME HONG GIL DONG	**REGISTRATION NO.** 0123456
DATE OF BIRTH JAN. 01. 1980	**TEST DATE** MAR. 02. 2008
GENDER MALE	**VALID UNTIL** MAR. 01. 2010

NO : RAAAA0000BBBB

TOTAL SCORE AND LEVEL

SCORE	LEVEL
768	**2+**

SECTION	SCORE	LEVEL	%	0%	100%
Listening	307	2+	77 / 59		
Grammar	76	2+	76 / 52		
Vocabulary	65	2	65 / 56		
Reading	320	2+	80 / 61		

■ your percentage   ■ average

OVERALL COMMUNICATIVE COMPETENCE

768

89.89%

A score at this level typically indicates an advanced level of communicative competence for a non-native speaker. A test taker at this level is able to execute general tasks after a short-term training.

SECTION			PERFORMANCE EVALUATION
Listening	PART I	86%	A score at this level typically indicates that the test taker has a good grasp of the given situation and its context and can make relevant responses. Can understand main ideas in conversations and lectures when they are explicitly stated, understand a good deal of specific information and make inferences given explicit information.
	PART II	66%	
	PART III	86%	
	PART IV	66%	
Grammar	PART I	84%	A score at this level typically indicates that the test taker has a fair understanding of the rules of grammar and syntax and has internalized them to a degree enabling them to carry out meaningful communication.
	PART II	75%	
	PART III	99%	
	PART IV	21%	
Vocabulary	PART I	72%	A score at this level typically indicates that the test taker has a good command of vocabulary for use in everyday speech. Able to understand vocabulary used in written contexts of a more formal nature, yet may have difficulty using it appropriately.
	PART II	56%	
Reading	PART I	68%	A score at this level typically indicates that the test taker is at an advanced level of understanding written texts. Can abstract main ideas from a text, understand a good deal of specific information and draw basic inferences when given texts with clear structure and explicit information.
	PART II	90%	
	PART III	66%	

THE TEPS COUNCIL

Part 1
문법
고득점 전략

동사

동사는 하나의 품사지만 따져야 할 요소가 무려 4가지(수일치, 시제, 능·수동태, 형태)나 되는 복합적 품사이자 문장 성분이다. TEPS에서는 동사에 관한 문제를 단편적으로 하나의 요소에만 국한시키지 않고, 여러 가지 요소를 복합적으로 동시에 물어보는 경우가 많다.

Sample Question

A: Is Jacob on the Presidential Commission on Women's Affairs?

B: No. The committee _____ of females only.

(a) consists
(b) is consisted
(c) have consisted
(d) had been consisted

해석 A: 제이콥이 여성 특별 위원회 소속입니까?
B: 아닙니다. 위원회는 여성들로만 구성되어 있습니다.

해설 • 태 구별(능동태 vs. 수동태) (a), (c) vs. (b), (d)
• 시제 구별(단순 현재 vs. 현재완료 vs. 과거완료) (a), (b) vs. (c) vs. (d)
• 수일치 구별(단수 vs. 복수) (a), (b) vs. (c)
• consist는 자동사이므로 수동태 불가능 ⇨ (b), (d) 탈락
• 주어 the committee는 단수 주어이므로 동사의 복수형 불가능 ⇨ (c) 탈락
• consist of는 '구성하다'라는 뜻으로 일반적 사실과 상태를 나타내어 단순 현재로 쓰는 것이 일반적이다.
• 정답은 (a)이다.

해결 선택지에 동사만 나열된 경우. 4가지 요소(수, 시제, 태, 형태)를 복합적으로 생각해서 정답을 골라야 한다.

1 수일치

🔍 학습 가이드

동사의 수일치는 주어에 달려 있다. 일반적인 주어의 단·복수를 파악하는 것은 쉽다. 하지만 고득점자를 대상으로 하는 까다로운 수일치 문제에는 오답으로 착각하기 쉬운 함정이 몇 가지 있으니 반드시 유의해야 한다.

착각하기 쉬운 주어 유형

(1) 동명사·부정사 주어

동명사나 부정사는 항상 단수 취급한다.

To feel satisfied with your paper published in the *Journal of Medicine* **is** to pride yourself on it.

〈의학 저널〉에 실린 당신의 논문에 만족하는 것은 본인의 논문에 자부심이 있다는 것이다.

(2) 단위 명사

시간, 거리, 가격, 무게 등의 단위 명사는 형태상 복수지만 단수 취급한다.

24 hours is a long time for me.

24시간이 내게는 긴 시간이다.

Twenty dollars was clearly a low estimate.

이십 달러면 분명 낮은 견적 가격이다.

단, 시간 단위 명사가 동사 pass와 결합하면 복수로 취급한다.

Four years have passed since my father died.

아버지께서 돌아가신 지 4년이 흘렀다.

(3) 등위 상관접속사의 수일치

등위 상관접속사는 상황에 따라 수일치 방법이 다르다.

Either A or B Neither A nor B Not only A but also B Not A but B	B에 일치
A as well as B	A에 일치
Both A and B	복수 취급

Not you but **I was** wrong.

네가 아닌 내 잘못이야.

(4) 주격 관계대명사

주격 관계대명사가 이끄는 절의 동사의 수는 선행사에 일치시킨다.

David, who usually **doesn't drink** alcohol, had two bottles of wine.
평소에는 술을 안 마시는 데이빗이 어젯밤 와인을 두 병이나 마셨다.

(5) of 명사구

주어 자리에 of가 있는 경우 수일치 방법은 다양하다.

① 단수 주어+of 명사구+동사의 단수형

> one, each, either, neither, etc.+of ⇨ 동사의 단수형과 결합

One of the most popular movies in 1999 **was** *Titanic*.
1999년 인기가 가장 많았던 영화 중 하나는 〈타이타닉〉이었다.

② 복수 주어+of 명사구+동사의 복수형

> two, both, many, several, etc.+of ⇨ 동사의 복수형과 결합

Many of the seats **were** unoccupied yesterday.
어제 좌석이 많이 차지 않았다.

③ of 뒤 명사에 따라 단·복수 결정

> all, most, half, percent, 분수, some, part, the rest, etc.+of
> ⇨ of 뒤 명사의 수에 따라 동사의 단·복수일치

Most of his **acquaintances were** black.
그가 아는 대부분의 사람들이 흑인이었다.

④ a number of/ the number of

> **a number of**+복수명사 ⇨ 동사의 복수형과 결합

A number of different types of medications **are** used in treating severe arthritis.
다양한 종류의 약물치료법이 중증 관절염을 치료하는 데 이용된다.

> **the number of**+복수명사 ⇨ 동사의 단수형과 결합

The number of traffic accidents **has** sharply increased over the last decade.
교통사고 건수가 지난 10년간 크게 증가했다.

(6) 주어가 -s로 끝나면 복수로 착각하기 쉽다. 동사의 단수형과 결합하는 복수형 주어를 알아 두자.

학문 명사 -s로 끝나지만 단수 취급		politics, mathematics 등 대부분의 학문 명사는 단수 취급한다. *c.f.* ethics(예법)와 statistics(통계수치), politics(정견)은 단 · 복수 둘 다 가능하다. ex) Mr. Lee's ethics in business are excellent. 이 씨의 직업상 윤리 의식은 정말 대단하다. ex) Statistics show that much more people speak Spanish than English in the world. 통계에 따르면 전 세계에서 영어보다 스페인어를 사용하는 사람들이 훨씬 더 많다.
병명	단수	Measles takes a long time to get over. 홍역은 회복하는 데 오랜 시간이 걸린다.
게임	단수	billiards
나라 이름	단수	the United States, the Philippines, the Netherlands

(7) 수식어를 동반하는 주어는 주어와 동사의 거리가 멀기 때문에 수식어를 지우고 나서 주어 동사 관계를 봐야 한다.

The marketing director with her three administrative assistants **is** going to complete a project within a year.
마케팅 이사는 행정 비서 3명과 함께 일 년 이내에 프로젝트를 끝낼 것이다.

Mr. Kim, together with some other politicians, **is** planning an investigation into the disaster.
김 씨는 다른 정치인들과 함께 이번 재난에 대한 조사를 계획 중이다.

(8) 단 · 복수의 형태가 같은 단어들은 부정관사가 있으면 단수로 취급한다. 부정관사가 없는 명사는 복수로 취급한다.

생선류	carp, fish, salmon, trout, deer, sheep
기타	means, species

Scientists have discovered **a new species of Eucalyptus tree.**
과학자들은 신종 유칼립투스 나무를 발견했다.

A new species of ant has been discovered.
신종 개미가 발견되었다.

Species of coral reef **exist** in the Pacific.
태평양에는 여러 산호초 종이 있다. (단독으로 쓰면 복수로 취급)

1 Materials used in class _____ a carefully selected group of newspaper and weekly magazine articles.

(a) is
(b) are
(c) has
(d) have

해석 수업 시간에 사용되는 자료는 신문 기사와 주간지에서 엄선한 것이다.
해설 주어는 class가 아니라 materials이므로 복수 주어이다. materials와 빈칸 뒤에 있는 group of 이하 명사구는 동격이므로 be동사를 써야 한다.
정답 **(b)**

2 Today some 45 percent of adults in the United States _____ cigarettes.

(a) smoke
(b) smokes
(c) is smoked
(d) have been smoked

해석 오늘날 미국 성인 중 약 45퍼센트가 흡연을 한다.
해설 〈percent+of+명사〉에서는 명사의 수에 동사의 수를 일치시킨다. of 뒤에 오는 명사 adults가 복수이므로 동사의 복수형을 써야 하며, 목적어 cigarettes가 있으므로 수동태는 답이 될 수 없다. 따라서 (a)가 정답이다.
정답 **(a)**

2 시제

🔍 **학습 가이드**

시제는 동사 문제 중 가장 난이도가 높은 유형으로 두 가지 이상의 출제 요소를 물어보는 경우가 많다. 그렇기 때문에 섣불리 정답을 고르기보다 시제에 관련된 여러 가지 세부 요소를 면밀히 분석한 후 정답을 골라야 한다.

(1) 현재 · 과거 · 미래의 구별

시간을 나타내는 표현을 통해 현재 · 과거 · 미래시제를 구별한다.

> 과거시제: last week[night/ month], ago, just now
> 현재시제: now, currently
> 미래시제: next, upcoming, shortly, soon

Their gamble **served** as the epicenter of **last year's** global financial crisis.
그들의 모험은 지난해 국제 금융 위기의 핵심 원인이다.

Since those implicated are now under investigation, all the mysteries **will shortly** be unraveled.
관련자들에 관한 수사가 진행되고 있으므로 모든 의혹이 곧 밝혀질 것이다.

(2) 단순시제와 완료시제

문맥상의 시점(단순)과 기간(완료)의 차이를 통해 단순시제와 완료시제를 구별한다.

You could tell us how the Korean economy **has changed over the last ten years**.
지난 10년간 한국 경제에 얼마만큼의 변화가 있었는지 말씀해주세요.

(3) 진행형

순간적 · 일시적 동작이 강조되면 진행형을 사용한다.

Midas Inc. **is currently seeking** high-qualified and innovative candidates.
마이다스 사는 현재 능력 있고 참신한 지원자를 모집하고 있습니다.

시제 유의 사항

① **현재진행형으로 미래를 표현한다.**

We **are departing** for France at the end of May.
우리는 5월 말에 프랑스로 떠난다.

② **사람의 성격을 나타내는 형용사를 진행형으로 쓰면 일시적 상태를 나타낸다.**

I **was being stupid**. 잠시 바보 같았어.

He **was being** very **polite** when we had dinner. 함께 저녁 식사를 했을 때 그는 무척 정중했다.

③ 불변의 진리, 일반적 사실은 항상 단순 현재시제를 사용한다.

Water **is** composed of hydrogen and oxygen.
물은 수소와 산소로 구성되어 있다.

(4) 상황적 시제 구별

시제에 관련된 표현이 직접 제시되지 않고 각각의 상황에 맞게 시제를 구별하는 문제는 따로 익혀야 한다.

A: I **forgot** my professor's appointment.
교수님과의 약속을 깜박했어.

B: Not again. You shouldn't do it again.
다시는 그러지 마.

(5) 혼동할 수 있는 시제

단순 과거	단순 미래	단순 과거
과거완료	미래완료	단순 과거진행

① 과거와 과거완료는 둘 다 과거라는 점에서 같으나 과거의 시점일 경우 단순 과거, 과거 속의 기간일 경우 과거완료를 사용한다.

I **bumped** into my friend in Seoul **the other day.** (과거 속 시점)
요전 날 서울에서 우연히 내 친구를 만났다.

My father **had lived** in New York **for a long time.** (과거 속 기간)
우리 아버지는 오랫동안 뉴욕에서 사셨다.

c.f. 시제상 단순 과거보다 앞선 시제를 대과거라 한다.

When my parents **came back** home, I **had already finished** my homework.
부모님이 집에 돌아 오셨을 때, 난 이미 숙제를 다했다.

② 단순 미래와 미래완료는 미래를 나타낸다는 점에서 같은 시제이나 단순 미래는 미래의 한 시점을 나타낼 때 쓰고, 미래완료는 미래 속 기간을 나타낼 때 사용한다.

The six-party talks **will be held** in Seoul **at 4 p.m. tomorrow.** (미래 시점)
6자 회담은 서울에서 내일 4시에 열립니다.

By tomorrow morning, hurricane Rito **will have moved** to Miami. (현재를 중심으로 내일 아침까지의 기간)
내일 아침까지 허리케인 리토는 마이애미 지역까지 이동할 것이다.

③ 단순 과거와 단순 과거진행은 동일한 과거 상황 속에서 진행형의 차이만 있다. 진행형을 쓰면 일시적인 순간을 강조하는 느낌이 강하다.

Rick **was careful** about what he ate. (지나간 과거 사실)
릭은 먹는 음식에 매우 신중했다.

The newly hired waitress **was being** very careful with the hot coffee in order not to spill it. (과거 특정 시점을 강조)
신입 종업원은 뜨거운 커피를 안 쏟으려고 매우 신경을 쓰고 있었다.

1 The sharp decline in the prevalence of smoking over the past three decades _____ a great public health achievement.

(a) be
(b) being
(c) has been
(d) have been

> **해석** 지난 30년간 급격한 흡연 감소는 공중 보건상의 실로 대단한 업적이다.
> **해설** 주어 decline이 단수이고 over the past three decades는 시점이 아닌 기간으로서 완료시제를 이끄므로 단수이자 완료시제인 (c)가 정답이다. decline 뒤부터 빈칸 앞까지는 주어를 꾸며주는 수식어구이다.
> **정답** (c)

2 Eight years ago a leading diabetes doctor _____ the agency of a worrisome trend in cardiovascular deaths.

(a) warn
(b) warns
(c) warned
(d) warning

> **해석** 한 최고 권위의 당뇨병 전문 의사가 8년 전에 심혈관계 질환으로 인한 사망에 대한 걱정스러운 추세를 관계 기관에게 경고했다.
> **해설** warn A of B의 형태로 쓰여 'A에게 B를 경고하다'는 의미를 나타내며 빈칸은 문장의 동사가 들어갈 자리이다. ago는 항상 과거시제와 함께 쓰인다. 따라서 정답은 (c)이다.
> **정답** (c)

---

3 능동태와 수동태

🔍 **학습 가이드**

동사의 능·수동태 구별 문제는 목적어의 유무에 따라 쉽게 구별되기 때문에 쉽다. 하지만 동사의 종류에 따라 수동태의 형태가 달라지므로 주의해야 한다. TEPS에서 능·수동태 구별 문제 중 고난도 유형은 자동사와 관련한 문제이다.

(1) 자동사의 수동태

자동사는 수동태로 쓰이지 않는다.

We have got to do what we can to make adoption **be happened** more openly and widely. (X)

입양이 활성화되고 확산돼 나가도록 노력해야 한다.

⇨ **happen**은 목적어가 없는 동사이다 ⇨ 수동태가 불가능하다 ⇨ 능동태로 바꿔야 한다.

(2) 수여동사의 수동태

수여동사는 목적어가 두 개이므로 두 가지 종류의 수동태가 가능하다는 것에 유의한다.

Kevin gave **Jenny a watch**.

⇨ **Jenny** was given **a watch** by Kevin.

⇨ **A watch** was given **to Jenny** by Kevin.

케빈은 제니에게 시계를 주었다.

(3) 5형식의 수동태

5형식 동사는 동사에 따라 수동태가 다양하므로 주의하자.

① call, name: 목적격 보어(명사)가 그대로 남는다.

People **call** their youngest daughter **Serena**.

⇨ Their youngest daughter **is called Serena**.

사람들은 그들의 막내딸을 세레나라고 부른다.

② **지각동사, 사역동사**: 목적격 보어(동사원형)가 to부정사 형태로 온다.

I never **saw** Daniel **smile**.

⇨ Daniel **was** never **seen to smile**.

난 다니엘이 웃는 것을 본 적이 없다.

My mother **made** me **finish** homework by 6 p.m.

⇨ I **was made to finish** homework by 6 p.m.

엄마는 나보고 6시까지 숙제를 끝내라고 하셨다.

③ let은 수동태로 전환 시 be allowed to가 된다.

His parents **let** his sons do whatever they like.

⇨ His sons **were allowed to** do whatever they like.

그의 부모님은 아들들이 좋아하는 것을 하도록 내버려 두셨다.

(4) 의미상 수동태가 불가능한 동사

의미상 수동태를 쓰지 못하는 동사는 따로 기억해야 한다.

have, let, resemble, cost, befall, lack, become, suit

John **resembles** his father. (O)
His father **is resembled** by John. (X)

존은 그의 아버지를 닮았다.

1 He _____ access to the lab.

    (a) denied

    (b) was denied

    (c) being denied

    (d) have been denied

    해석 그는 실험실 출입이 금지되었다.

    해설 deny는 4형식 동사로 간접목적어를 주어로 한 수동태만 가능하다.

    정답 **(b)**

2 My brother _____ a present by his girlfriend.

    (a) gives

    (b) given

    (c) giving

    (d) was given

    해석 우리 형은 여자 친구한테 고급 시계를 받았다.

    해설 give는 간접목적어, 직접목적어 둘 다 주어로 수동태가 가능하다.

    정답 **(d)**

4 형태

🔍 **학습 가이드**

동사의 형태는 일반적으로 흔히 signal이라고도 하는 동사 앞의 단서가 결정적인 요소로 작용한다. 부정사 to면 동사원형이 오지만 전치사 to라면 뒤에 동명사를 쓰는 등 기본적인 개념에 유의한다.

(1) 조동사+동사원형

Even a small personal computer **can store** vast amounts of information.
매우 작은 개인용 컴퓨터도 방대한 양의 정보를 저장할 수 있다.

(2) 부정사 to+동사원형

Have you got permission **to stay** here?
여기 머물러도 된다는 허락을 받았나요?

(3) 전치사 to＋동명사(-ing)

I am looking forward **to seeing** you again.
나중에 꼭 다시 뵙기를 바랍니다.

📝 Check-Up Quiz

1 The competition among suppliers has often _____ damage.

    (a) do
    (b) did
    (c) done
    (d) doing

    해석 공급업체 내 경쟁이 종종 피해를 야기하곤 한다.
    해설 has와 빈칸에 동사가 들어가는 것으로 볼 때 완료시제임을 알 수 있다. 완료시제 조동사 have 다음에 과거분사를 취하
        므로 (c) done이 정답이다.
    정답 (c)

2 Our country remains especially vulnerable when it comes to _____ with such acute conditions as strokes.

    (a) deal
    (b) dealt
    (c) dealing
    (d) deals

    해석 우리나라는 뇌졸중과 같은 급성질환 대처에 특히 취약하다.
    해설 when it comes to는 '～에 관한'이란 뜻으로 to는 전치사다. 그러므로 동사는 동명사의 형태를 취해야 한다.
    정답 (c)

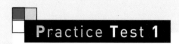

Part I

1   A: Why are you upset with Reina today?
    B: She _____ the backdoor open again, allowing the dog to enter the room.

    (a) was leaving
    (b) have left
    (c) leaves
    (d) left

2   A: What must developing countries meet to secure emergency international loans?
    B: The IMF requires that they _____ their public sector, including even health services.

    (a) will shrink
    (b) shrink
    (c) shrinks
    (d) had shrink

3   A: Where do you put the Korean job market in your perspective twenty years from now?
    B: Well, almost half of senior citizens _____ gotten unprecedented employment opportunities.

    (a) will be
    (b) will have
    (c) has been
    (d) will have been

4   A: Along with other ocean-dwelling species, the numbers of tuna has been in free fall for decades.
    B: Obviously the rising consumption of the Japanese is _____.

    (a) blamed
    (b) to blame
    (c) blaming
    (d) to be blamed

5   A: Oh, honey. How did you get a grease spot on your suit?
    B: I _____ careful enough when eating lunch at work.

    (a) will not have been
    (b) was not been
    (c) was not being
    (d) am not being

6   A: How long have you been married?

       B: Next December, it _____ twenty years.

       (a) will have been

       (b) has been

       (c) is

       (d) has

7   A: Hey, Mike. Have you eaten Kimchi? It is a really fiery but delicious Korean side-dish.

       B: Not yet, but I _____ it whenever I get the chance.

       (a) have

       (b) had

       (c) will have

       (d) have had

8   A: I am taking the train for Incheon at 3 o'clock.

       B: Then please call me as soon as you _____.

       (a) arrive

       (b) will arrive

       (c) will have arrived

       (d) will have been arrived

Part II

9   A Korean-U.S. free trade pact _____ up by thorny farm trade issues.

       (a) held

       (b) hold

       (c) is held

       (d) is being held

10   Statistics _____ that about 30% of new businesses fail in their first year.

       (a) are shown

       (b) is shown

       (c) shows

       (d) show

11 Mr. Lee is said _____ arson in a subway train last night.

(a) to commit
(b) to have committed
(c) that he committed
(d) to have been committed

12 Parents must _____ for their children's weight, smoking, drinking, and drug abuse.

(a) hold accountable
(b) be accountable held
(c) be held accountable
(d) hold be accountable

13 An estimated 30% of teenagers in America _____ soda.

(a) are hooked on
(b) is being hooked to
(c) hooked on
(d) is hooked

14 The paint _____ off the wall in places.

(a) was peeled
(b) was peeling
(c) being peeled
(d) was being peeled

15 What _____ most in life is how money is spent, not how much you have.

(a) have mattered
(b) to matter
(c) matters
(d) is mattered

16 Daniel and I became friends in 1999, although we _____ several years before.

    (a) actually met
    (b) had actually meeting
    (c) actually have meeting
    (d) had actually met

Part III

17 (a) A: I would like to book a reservation for a compact car for 5 days from July the second to the sixth.

    (b) B: Just a second, please. It's about $65.45 per day.

    (c) A: Is it included unlimited mileage, insurance and taxes?

    (d) B: I am afraid not. The price includes only the unlimited mileage.

18 (a) A: Hello, I have an appointment for a haircut.

    (b) B: Hi. How would you like your hair done?

    (c) A: Just the way I have been had it done, please.

    (d) B: All right, you always want the same hairdo as usual.

Part IV

19 (a) Even if we are already in the twenty-first century, people still follow and use traditional methods of healing. (b) They may resort to old systems of medicine which has been developed and used since ancient times. (c) Examples of such practices that have been developed in certain countries are acupuncture, which is the Chinese way of relieving pain and treating illnesses, and ayurveda which is the Indian art of easing pain and eradicating the roots of diseases. (d) These kinds of healing have been popular since they originated and have been known even in countries other than their origin.

20 (a) Mel Gibson, who is an actor, director, producer and writer, was born on January 3, 1956 in New York. (b) After his railroad brakeman father won in the game show called *Jeopardy* in 1968, he with his parents and ten siblings moved to Australia when he was twelve years old. (c) In 1979, he debuted in the movie *Mad Max* which made him instantly famous. (d) He starred in many other Australian and American movies, received acting and directing awards, and chose as Man of the Year, Favorite Actor, and Sexiest Man Alive.

02

한정사

한정사(determiner) 중 관사는 우리나라 사람들에게 특히 어려운 파트이다. 우리말에는 관사가 없기 때문이다. 또한 보통 명사를 파악할 때 의미 위주로 이해하기 쉬우나 실제 시험에서는 가산·불가산 여부와 상황에 따른 의미 차이를 구별하는 문제가 출제되고 있다. 또한 이런 관사와 여러 한정사를 출제하기 때문에 출제 범위는 더 다양할 수밖에 없다.

🎯 Sample Question

The hunters captured rabbits and other _____.

(a) wild game
(b) a wild game
(c) the wild games
(d) any wild games

해석 사냥꾼들은 토끼와 다른 야생 사냥감을 포획했다

해설 • 단수와 복수의 구별 (a), (b) vs. (c), (d)
• 부정관사와 정관사의 구별 (b) vs. (c)
• game이 가산명사인지 불가산명사인지 확인, game은 문장에서 '사냥감'의 의미로 쓰였으므로 불가산명사
  ⇒ (b), (c), (d) 탈락
• 정답은 (a)이다.

해결 명사가 가산명사인지 불가산명사인지를 먼저 판단하고 상황에 맞는 한정사를 선택한다.

1 부정관사

학습 가이드

부정관사는 가산명사 앞에 쓰는 한정사로서 기본적으로 '하나(one)'라는 의미 외에 여러 출제 포인트가 있으니 그 용법을 충실히 익혀야 한다.

(1) a/ an의 구별

철자가 아닌 발음으로 구별하며, 자음 앞엔 a, 모음 앞엔 an을 쓴다.

① 철자는 자음, 발음은 모음인 경우

a X-ray machine (X)	an X-ray machine (O)

Peter plays **an** FBI agent on the trail of a murderer.
피터는 한 살인범을 추적하는 연방 요원역할을 맡고 있다.

② h가 묵음인 경우

a heir (X)	an heir (O)

Patterson studies for **an** hour every day.
패터슨은 매일 한 시간씩 공부를 한다.

③ u가 [ju]로 발음될 경우

an university (X)	a university (O)

What I saw last week was **a** UFO.
내가 지난주에 본 것은 미확인 비행 물체였다.

④ u가 [ʌ]로 발음될 경우

a umbrella (X)	an umbrella (O)

Why open **an** umbrella before it starts to rain.
비가 오기 전에 왜 우산을 펴느냐. (앞날의 걱정을 미리 하지 말라.)

⑤ y는 항상 자음 처리

an young student (X)	a young student (O)

Last week, my parents spent a whole week together to sail on **a** yacht in Haiti.
지난주 우리 부모님께서는 아이티 섬에서 함께 일주일 내내 요트를 타셨다.

(2) 정해지지 않은 하나(one)

부정관사 a(an)은 하나의 뜻을 가지고 있기 때문에 단수 가산명사 앞에 사용한다.

I got **an** F in biology test.
나는 생물 시험에 낙제했다.

(3) the same(같은)의 의미

Birds of **a** feather flock together.
유유상종이다.

(4) per(마다)의 의미

Letters were delivered once **a** week only.
편지는 일주일에 딱 한 번만 배송되었다.

(5) a certain(어떤)의 의미

There is **a** Mr. Scofield on the phone.
스코필드 씨라는 분의 전화가 와 있습니다.

(6) 한 종족의 대표

A bear is a large, strong wild animal with thick fur and sharp claws.
곰은 두꺼운 털과 날카로운 발톱을 가진 몸집이 크고 힘센 야생 동물이다.

(7) 구체적 숫자가 들어 있는 관용 표현

Korea is home to **an** estimated 300,000 undocumented foreign works.
30만 명으로 추산되는 불법 체류 노동자가 한국에 거주하고 있다.

Check-Up Quiz

1 Scrooge earns four thousand dollars _____ month.

(a) a
(b) the
(c) per a
(d) in the

해석 스크루지는 한 달에 4천 달러를 번다.
해설 다른 전치사나 한정사의 도움 없이 부정관사만으로 per의 뜻을 지닌다.
정답 (a)

2 A small business often limits its operations to _____ neighborhood.

(a) single
(b) a single
(c) all single
(d) the single

해석 소기업은 흔히 자신들의 회사 운영을 인근의 한 지역으로 국한한다.
해설 single 자체는 뒤에 단·복수명사를 모두 취하며, single 뒤에 단수 가산명사가 올 경우 부정관사를 빠뜨리면 안 된다.
정답 (b)

2 정관사

🔍 **학습 가이드**

정관사는 말 그대로 정해진 느낌이 강하며 부정관사와는 달리 수에 한정성이 없다. 하지만 그 자체로도 여러 가지 용법이 있기 때문에 주의해야 한다.

(1) 앞에서 언급된 내용을 다시 말할 때

I ordered **a pizza** and **salad**. **The pizza** was nice but **the salad** was disgusting.

피자와 샐러드를 주문했다. 피자는 괜찮았는데, 샐러드는 구역질이 날 정도였다.

(2) 서로 이미 알고 있는 것을 말할 때

말하는 사람과 듣는 사람이 상황상 서로 이미 알고 있는 것을 말할 때 쓴다.

Please close **the door** behind you.

나갈 때 문 좀 닫아주세요.

(3) 한정어구가 붙을 때

명사의 의미를 제한하는 한정적 수식어구가 붙을 때 쓴다.

That's **the school** that I went to.

저기가 내가 다녔던 학교야.

Grace sneered at **the birthday card** from Ed.

그레이스는 에드가 보낸 생일 카드를 보고 비웃었다.

(4) 최상급/ 서수 앞에서

Daniel is **the tallest** boy in his class.

다니엘은 교실에서 가장 키 큰 소년이다.

As far as I can remember, this is **the second** time we've met.

내 기억으로는 이번이 우리 두 번째 만남이에요.

> **부사의 최상급에는 정관사 the를 붙이지 않는다.**

I've met him a few times but Tina knows him **best**.

두세 번 그를 만나 봤지만 티나가 그에 대해 제일 잘 안다.

(5) 유일 존재 앞에서

정관사와 함께 쓰이는 유일 존재 명사에는 the world, the earth, the moon, the universe 등이 있다.

The Prime Minister is visiting Russia at the moment.

국무총리는 현재 러시아를 방문 중이다.

(6) the+형용사=복수 보통명사

형용사 앞에 정관사가 붙을 경우 복수 보통명사로 사용된다.

The Obama administration is planning to create jobs for **the unemployed**.
오바마 행정부는 실업자들을 위한 일자리 창출을 계획하고 있다.

(7) 관용 표현

정관사는 관용적으로 사용되는 용례가 많으니 다음 사항은 꼭 암기해야 한다.

서수, 최상급	the second World War, the best director
강, 바다, 호수, 운하, 해협	the Yellow River, the Pacific, the Suez Canal, the English Channel
연대, 세기	in the 1950s, the 21st century
위치, 방향 명사	the top, the bottom, the center, the East, the West, the right, the left
시간 명사	the morning, the afternoon, the past, the present, the future

(8) 정관사가 오답으로 등장하는 경우

life, life time, career, age 등의 명사는 소유주를 확실히 해야 명사의 성격이 살아나므로 정관사가 아닌 소유격을 써야 하며, 정관사를 오답으로 하여 자주 출제된다.

During **his lifetime** Bolton had witnessed two world wars.
볼튼은 일생 동안 두 번의 세계 대전을 목격했다.

1 There's a controversy about whether _____ have the right to take their own lives.

(a) the terminally ill
(b) a terminally ill
(c) terminally ills
(d) terminally ill

> **해석** 불치병 환자들의 죽을 권리에 대한 논란이 계속되고 있다.
> **해설** 〈the+형용사=복수 보통명사〉를 묻는 유형으로 전치사 about 다음에 나오는 명사절 내의 주어를 묻고 있다. (a) the terminally ill은 terminally ill people과 같다.
> **정답** (a)

2 _____ in the bottle seems to be adulterated.

(a) Milk
(b) A milk
(c) The milk
(d) Every milk

> **해석** 병에 들어 있는 우유가 다른 물질과 혼합된 것 같다.
> **해설** milk는 불가산명사이지만 수식구로 한정되면 정관사를 붙여야 한다. every는 단수 가산명사하고만 결합할 수 있다.
> **정답** (c)

---

3 기타 한정사

🎧 **학습 가이드**

그 밖의 한정사(some, any, each)도 관사처럼 독특한 용법을 가지고 있다. 관사와 차별되는 일부 한정사의 용법을 알고 있어야 한정사를 명확하게 구별할 수 있다.

(1) some+단·복수명사: 약간

한정사 some은 주로 평서문, 긍정문에 쓰이며 '약간'의 의미를 가지고 있다. 가산명사일 경우 복수의 형태를, 불가산명사일 때는 단수의 형태를 써야 한다.

I need **some** apples for this recipe.
이 요리에는 사과가 필요해.

We are seeking applicants with **some** experience.
저희 회사는 경력 사원을 모집하고 있습니다.

(2) some＋단수명사: 어떤

한정사 some이 '약간'이란 뜻이 아닌 '어떤'의 의미로 쓰일 때에는 가산 · 불가산 여부에 상관없이 단수를 쓴다.

Some guy called for you while you were gone.
너 없을 때 누가 찾아왔었어.

(3) any＋단 · 복수명사: 약간

한정사 any는 주로 의문문, 부정문에 사용하며 의미는 some과 유사하며, some처럼 가산명사일 경우 복수 형태를, 불가산명사일 경우 단수 형태를 써야 한다.

Are there **any** other questions?
다른 질문 있나요?

Do you need **any** further information?
더 필요하신 정보가 있으신가요?

(4) any＋단수명사: 어느, 어떤

한정사 any가 평서문이나 긍정문에 쓰일 경우, '어느, 어떤'의 의미로 사용되며 가산 · 불가산에 상관없이 단수 형태를 일반적으로 쓴다.

Take **any** pen you want.
아무 펜이나 맘에 들면 가져.

(5) each＋단수명사

each는 단수이면서 가산명사와만 결합하기 때문에 불가산명사나 복수명사와의 결합은 옳지 않다.

Each member of the team is given a particular job to do.
각 팀원들은 각각 특정 업무를 부여받았다.

✎ Check-Up Quiz

1 My father has inherited _____ from his father.

(a) a land

(b) any land

(c) the lands

(d) some land

해석 아버지는 할아버지로부터 땅 일부를 물려 받으셨다.

해설 land는 불가산명사로 a land나 lands의 형태가 될 수 없으므로 (a)와 (c)는 옳지 않다. 또한 any는 부정문과 의문문에서 주로 사용되므로 (b)도 적당하지 않다. some은 평서문에 주로 사용되어 가산·불가산 앞에 모두에 사용될 수 있으므로 정답은 (d)이다.

정답 (d)

2 _____ child who breaks the rules will be punished.

(a) All

(b) Which

(c) Any

(d) Some

해석 규정을 위반한 어린이는 누구라도 처벌을 받을 것이다.

해설 한정사 any가 평서문, 긍정문에 쓰일 경우가 있는데 이때 any는 특정 집단 모두에게 적용되는 '어떤, 어느, 아무' 등의 의미로 쓰이며, 가산·불가산에 상관없이 단수명사와 결합한다.

정답 (c)

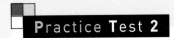

⇨ Answer Keys P 4

Part I

1   A: Ted got _____ from Purdue University.
    B: Great. He has a high level of education.

    (a) MBA
    (b) a MBA
    (c) an MBA
    (d) the MBA

2   A: Let's grab something to eat for lunch.
    B: No, thank you. I've already eaten _____.

    (a) a pasta
    (b) the pasta
    (c) any pastas
    (d) some pasta

3   A: I've decided to start my own business in New York.
    B: That's great, but you need to purchase _____.

    (a) many new furnitures
    (b) some new furnitures
    (c) much new furniture
    (d) any new furniture

4   A: Excuse me. Do you have _____?
    B: It's two thirty.

    (a) time
    (b) a time
    (c) the time
    (d) some time

5   A: Sunny's mother died of _____ following surgery.
    B: My heart bleeds for her.

    (a) the complications
    (b) any complications
    (c) complication
    (d) complications

6   A: I would like to confirm my reservation for _____ 814 Chicago.

B: Okay. What is your flight number?

(a) Flight

(b) a Flight

(c) the Flight

(d) that Flight

7   A: I think stalkers are on the rise regardless of their target's age or gender.

B: Yes. Even if victims report it, the law is such that _____ gets is a slap on the wrist.

(a) every the stalker

(b) all the stalkers

(c) all the stalker

(d) every stalker

8   A: I am fed up with _____.

B: So am I. For most, dealing with it has become a daily chore.

(a) spam

(b) a spam

(c) the spam

(d) any spam

Part II

9   If a light cigarette gives smokers too small _____ in each puff, most will make up the difference by smoking more.

(a) dose

(b) a dose

(c) the dose

(d) the doses

10   When a wolf did finally appear, nobody took _____ notice of his warning.

(a) a

(b) any

(c) some

(d) each

11 The goods, with _____ street value of £40,000 per kilo, are smuggled out of the country every year.

(a) an estimated
(b) estimated
(c) some estimated
(d) each estimated

12 As a rule, day workers are paid by _____.

(a) a week
(b) weeks
(c) the week
(d) some week

13 Some patients find _____ language used by doctors confusing.

(a) medical
(b) a medical
(c) some medical
(d) the medical

14 He has hung _____ in the living room since he passed away.

(a) a portrait of his grandfather's
(b) portrait of his grandfather
(c) a portrait of his grandfather
(d) any portrait of his grandfather

15 Of all my music albums, I like this one _____.

(a) best
(b) better
(c) the best
(d) the better

16 Many tourists watched the St. Patrick's Day parade on _____ Avenue.

    (a) Fifth
    (b) a Fifth
    (c) the Fifth
    (d) another Fifth

Part III

17 (a) A: Professor Joseph, Can I turn in my science paper on Friday?

    (b) B: The due date is this Wednesday. You know my rule.

    (c) A: Yeah, I know. But I have to attend to a urgent family occasion early this week.

    (d) B: I am sorry, but I must submit grades to the department by Friday.

18 (a) A: Mike! When is the deadline for the project?

    (b) B: We've only got couple of weeks.

    (c) A: Really? We have very little time left.

    (d) B: Yeah, we have to get the job done as soon as possible.

Part IV

19 (a) Men who have never grown up are now widely seen as products of a Peter Pan syndrome. (b) Of late, what's called "aging phobia" is increasingly becoming a common sight among those in their 40s and 50s. (c) Aging phobia, a mid-life phenomenon, is a reference to fear of 'looking old' and/ or 'getting old,' which leads to excessive care for physical appearance like facial features and body figure. (d) The obsession is fast becoming the norm as people put greater weight on their appearance than ever before, a trend evidenced by newly-coined words like eoljjang, momjjang and dongan.

20 (a) Illegal on-line trade of medication is now prevalent in society. (b) In fact, the news comes as no surprise given the burdensome prices of medicine unaffordable to many. (c) List of drugs traded range from painkillers, impotence drugs, to weight-loss medications. (d) Lack of professional supervision on medication leads to people growing increasingly ignorant of the dangers of their unauthorized use of drugs.

03

준동사

준동사란 원래 동사였다가 문장 내에서 다른 품사로 변형되어 사용되는 것으로 부정사, 동명사, 분사가 있다. TEPS에서는 준동사별 세부적 용법을 따지는 문제보다는 문맥과 상황에 따라 달라지는 준동사를 구별하는 고난도 문제가 출제된다.

Sample Question

Secondhand smoke _____ by bystanders claims 40,000 deaths each year in America.

(a) inhale
(b) inhaled
(c) inhaling
(d) to inhale

해석　길거리를 지나가다 들이마신 간접흡연으로 미국에서 매년 사만 명이 사망한다.

해설
- 동사와 준동사의 구별 (a) vs. (b), (c), (d)
- 분사와 부정사의 구별 (b), (c) vs. (d)
- 분사끼리 구별 (과거분사 vs. 현재분사) (b) vs. (c)
- 문장 전체의 동사는 claims ⇒ (a) 탈락
- 부정사는 명사를 수식할 때 '~할'(미래적 의미)이란 의미 ⇒ (d) 탈락
- 현재분사는 목적어를 취하고, 과거분사는 목적어를 취하지 않음 ⇒ (c) 탈락
- 정답은 (b)이다.

해결　선택지가 동사와 준동사로 이루어진 경우, 다음 순서대로 오답을 선별하자.
- 문장 내 동사 여부 확인 ⇒ 목적어 유무 확인 ⇒ 해석 차이 확인

1 분사 vs. 부정사

🔍 **학습 가이드**

(   ), S V O.: 주절 앞에 콤마를 찍고 빈칸이 위치한 경우 정답의 범위는 분사와 부정사로 압축된다.

(1) 현재분사 vs. 과거분사

목적어가 있으면 현재분사, 목적어가 없으면 과거분사를 써야 한다.

Prodded by Dr. Smith's article, the FDA has issued a safety alert.
스미스 박사가 쓴 논문에 자극을 받은 미국 식품의약국은 안전 경보를 발행했다.

> 목적어가 없다 ⇨ 과거분사

Stealing some CDs in the store, Jack was caught by the store owner.
상점에서 시디 몇 장을 훔치다 잭은 상점 주인에게 걸렸다.

> 목적어 some CDs가 있다 ⇨ 현재분사

(2) 단순분사 vs. 완료분사

분사구문이 주절과 같은 시제면 단순분사, 주절보다 앞선 시제면 완료분사를 사용한다.

Feeling tired, Chuck went to bed earlier than usual.
척은 피곤해서 평소보다 일찍 잠자리에 들었다.

> 피곤함을 느끼는 시점 = 잠자리에 드는 시점 (같은 시점) ⇨ 현재분사

Having started out as nothing more than a search engine, Google now becomes a behemoth in the Internet business.
단순한 검색 엔진으로 출발했던 구글이 이제는 인터넷 업계의 거물이 되었다.

> 구글 사업 초기 상황 ≠ 현재 상황 (주절보다 분사구문이 앞선 상황) ⇨ 완료분사

(3) 부정사 vs. 분사

부정사는 일반적으로 '~하기 위하여'(목적)로 해석이 되고, 분사는 목적을 제외한 시간, 양보, 조건, 결과 등 다양한 해석이 가능하다. 즉, 목적으로 해석되면 부정사, 그 외 해석은 분사로 구별한다.

Not knowing how to use the machine, I was forced to call the repairman.
기계 작동법을 몰라서 수리공에게 전화할 수밖에 없었다.

> 분사구문과 주절의 관계는 원인과 결과 ⇨ 분사

To pass the bar examination, you should do your utmost.
사법고시에 합격하기 위하여 최선을 다해라.

> '사법고시에 합격하기 위하여'(목적)로 해석 ⇨ 부정사

S V O, (　　).: 주절 뒤에 콤마가 있고 빈칸이 오는 경우 부정사는 정답에서 제외되고 분사만 정답이 된다.

■ **목적어를 수반하는 현재분사**

주절 뒤 콤마 다음에 빈칸이 나올 경우, 빈칸 뒤쪽에 목적어가 있으면 현재분사를 사용한다.

The Internet has taken gambling to a whole new plane, **allowing** anyone to place bets, anytime, from anywhere.

인터넷은 언제 어디서나 배팅을 할 수 있는 환경을 만들면서 도박의 새로운 장을 형성했다.

> 목적어 anyone이 있다 ⇨ 현재분사 allowing

단, 자동사는 항상 현재분사를 사용함에 유의하자.

📝 **Check-Up Quiz**

1 More frequent travels among nations have made it faster for viruses to spread across the globe, _____ the resistance issue an international bone of contention.

(a) to make
(b) making
(c) made
(d) make

> **해석** 국제 교류가 활발해지면서 바이러스가 퍼지는 속도도 빨라진 탓에 내성 문제가 국제적 쟁점이 되고 있다.
> **해설** 주절 뒤에 콤마가 있으므로 분사가 와야 한다. 목적어 the resistance issue가 있으므로 현재분사 (b)가 정답이다.
> **정답** (b)

2 _____ hopes of a pick-up in the economy, the dawn of a new year has been greeted by a surge in prices as always.

(a) Dashing
(b) To dash
(c) Dashed
(d) Dash

> **해석** 새해가 되자마자 경기 회복에 대한 희망과 달리 여느 때처럼 물가 급등을 맞이했다.
> **해설** 문두에 빈칸이 올 경우 목적으로 해석되면 부정사를, 아니면 분사를 쓴다. 문맥상 목적으로 해석되지 않으므로 부정사 형태인 (b)는 답에서 제외된다. 목적어 hopes가 있으므로 현재분사 (a)가 정답이다.
> **정답** (a)

2 현재분사 & 과거분사

학습 가이드

(　) N: 여러 개의 준동사 중에서 명사를 앞에서 수식할 수 있는 것은 분사뿐이다. 이때 현재분사와 과거분사를 구별하기 위해서는 수식하는 명사와의 관계를 살펴야 한다.

(1) 현재분사

① 수식받는 명사가 수식하는 동사의 주체일 때 능동의 현재분사를 사용한다.

Hibernating turtles are usually found in a shallow burrow.
동면하는 거북이는 종종 얕은 굴에서 발견된다.

> 수식받는 명사 turtles = Hibernating의 주체 turtles ⇒ 현재분사

② 수식하는 동사가 자동사일 경우 수식하는 명사에 상관없이 현재분사를 사용한다.

A lot of **working** mothers have difficulty taking care of their children.
많은 워킹맘들이 육아에 어려움을 겪는다.

> 자동사 ⇒ 항상 현재분사

(2) 과거분사

수식받는 명사가 수식하는 동사의 주체가 아닐 때 수동의 과거분사를 사용한다.

I usually order some **frozen food** through your website.
저는 보통 귀사의 웹 사이트를 통해 냉동식품을 주문합니다.

> 수식받는 명사 food ≠ frozen의 주체 냉동고 ⇒ 과거분사

📝 Check-Up Quiz

1 The _____ 19.3 trillion won takes up about 13.3% of the government's national budget this year.

(a) propose
(b) proposed
(c) proposing
(d) to propose

해석 제시된 19조 3000억 원은 올해 정부 예산의 13.3%에 달하는 금액이다.
해설 분사의 전치 수식의 경우 수식하는 명사가 주어적 역할을 하면 현재분사, 그렇지 않으면 과거분사를 쓴다. 돈이 스스로 제안하지는 못하며 '제안된 돈'이므로 과거분사를 사용해야 한다.
정답 (b)

2 There is _____ concern over the safety of the missing child.

(a) growing
(b) growth
(c) grown
(d) grow

해석 실종된 어린이의 안전에 대한 우려가 커지고 있다.
해설 grow는 자동사로 항상 현재분사만 가능하다.
정답 (a)

🔍 학습 가이드

N (   ): 여러 개의 준동사 중에서, 명사를 뒤에서 수식할 수 있는 것은 분사와 부정사이다. 현재분사와 과거분사, 부정사를 각각 구별하여 살펴보자.

(1) 현재분사

수식하는 분사에 목적어가 존재하면 능동의 현재분사를 사용한다.

These tasks **lacking** any intrinsic interest are really boring.
본래 흥미가 없는 과업은 정말 지루하다.

> 명사 후치 수식/ 목적어 any intrinsic interest가 있음 ⇒ **능동의 현재분사**

(2) 과거분사

수식하는 분사에 목적어가 존재하지 않으면 수동의 과거분사를 사용한다.

Only 25 percent of the lab top computers **tested** met the requirements of consumers.
검사 받은 노트북 컴퓨터 중 25퍼센트만이 고객 요구 사항을 만족시키고 있다.

> 명사 후치 수식/ 목적어가 없음 ⇒ **수동의 과거분사**

(3) 부정사

① 앞에 위치한 명사를 수식할 때 미래의 행위를 내포한 경우 분사가 아닌 부정사를 사용한다.

Could you give me a pen **to write** with?
쓸 펜 좀 주시겠어요?

> 사용하고 있는 펜이 아니라 앞으로 사용할 펜 (미래의 행위 내포) ⇨ **부정사**

② 수식하는 명사에 서수, 최상급, the only 등의 강한 의미가 있는 한정어구가 포함된 경우 강조의 목적으로 분사가 아닌 부정사를 사용한다.

When dollars grow scarce, selling more and buying less abroad is **the only way to avert** another foreign exchange crisis.
달러가 빠져 나가는 상황에서는 수입보다 수출을 많이 해야 환율 급등으로 인한 외환 위기를 막을 수 있다.

✎ Check-Up Quiz

1 Markets _____ second-hand goods were known as a flea market.

(a) sell
(b) sold
(c) to sell
(d) selling

해석 중고 제품을 판매하는 시장은 벼룩시장으로 알려졌다.
해설 빈칸 뒤에 목적어 second-hand goods가 있으므로 현재분사 형태인 (d)가 정답이다.
정답 (d)

2 Those _____ were carried to the nearby hospital.

(a) wound
(b) wounded
(c) wounding
(d) to be wounded

해석 부상당한 사람들은 인근 병원으로 옮겨졌다.
해설 빈칸 뒤에 목적어 없으므로 과거분사 형태인 (b)가 정답이다. 대명사는 후치 수식함에 유의하자.
정답 (b)

3 동명사

동명사는 명사 역할을 하므로 문장 내에서 명사의 위치에 온다. 따라서 문장 구조를 분석하여 정확한 명사의 위치를 파악하고 있어야 한다.

(1) 주어는 동사보다 앞에

Doubling Africa's health workforce **would cost** about 3 billion dollars in the first year.
아프리카의 보건 인력을 2배로 증강시키는 것은 첫 해에 약 3십억 달러가 소요될 것이다.

It will be interesting **to see** whether Microsoft can transplant some of its innovative gaming DNA into its main business
마이크로소프트 사가 자사의 게임 핵심 기술을 주력 사업에 이식할지 여부가 관심을 끌고 있다.

> 동명사(-ing) 주어 ⇨ 문두에 위치
> to부정사 주어 ⇨ 문두에 가주어 It, 진주어 to부정사는 뒤로 이동

(2) 목적어는 타동사 뒤에

Does Christina **fancy going** to Chile for her holidays?
크리스티나는 휴가 때 칠레로 가고 싶은 거야?

(3) 전치사의 목적어는 전치사 뒤에

She was duped **into thinking** that he was the son of a big corporation CEO.
그녀는 속아서 그 남자가 큰 회사 사장의 아들인 줄 알았다.

Check-Up Quiz

1 I am not interested in _____ the issue.

  (a) talk
  (b) to talk
  (c) talked
  (d) talking

해석 그 문제에 관해 별로 이야기하고 싶지 않아.
해설 전치사 뒤에 오는 동사는 동명사의 형태가 되어야 한다. 따라서 정답은 (d) talking이다.
정답 (d)

2 Andrew, scolded by his homeroom teacher, finally confessed to _____ the pen.

(a) steal

(b) stealing

(c) have stolen

(d) having stolen

> **해석** 담임선생님께 혼나고 나서 마침내 앤드류는 펜을 훔쳤다고 자백했다.
>
> **해설** 문장 전체의 동사는 confessed이고, 훔친 것이 야단맞고(scolded) 고백한(confessed) 것보다 이전에 일어난 일이다. 따라서 완료시제를 취해야 하며, confessed to에서 to는 to부정사가 아닌 전치사이므로 완료 동명사 형태인 (d)가 정답이다.
>
> **정답** (d)

4 사역동사

🔍 학습 가이드

사역동사의 목적 보어는 목적어에 따라서 원형 부정사와 과거분사 중 하나의 형태를 취한다. 사역동사의 종류를 숙지하고 목적어와의 관계에 따른 알맞은 보어 고르기에 신경 써야 한다.

(1) 원형 부정사

목적어와 목적격 보어가 〈주어+동사〉의 구조를 이루는 능동 관계이면 원형 부정사를 쓴다.

Mike **had** the bouncers **throw** the gangsters out of the store.

마이크는 문지기들에게 시켜서 깡패들을 상점에서 몰아내게 했다.

> 능동 관계 the bouncers(주어)+throw(동사) ⇨ 원형 부정사

(2) 과거분사

목적어와 목적격 보어의 관계가 〈목적어+동사〉의 구조를 이루는 수동 관계이면 과거분사를 쓴다.

I don't like **having** my pictures **taken**.

사진 찍는 것을 안 좋아해.

> 수동 관계 my pictures(목적어)+taken(동사) ⇨ 과거분사

(3) get

get은 의미상 사역동사와 비슷하나 능동의 경우 to부정사, 수동의 경우 과거분사를 취함에 유의하자.

We couldn't **get Ted to sign** the agreement.

우리는 테드가 합의서에 서명하도록 할 수가 없었다.

We must **get this work finished** on time.
우리는 이 업무를 제 시간에 마무리해야 한다.

> 능동 관계 Ted(주어)+to sign(동사) ⇨ to부정사
> 수동 관계 this work(목적어)+finished(동사) ⇨ 과거분사

📝 Check-Up Quiz

1 I will make Maria _____ overseas to study English whether she wants to or not.

(a) go
(b) to go
(c) going
(d) to be gone

해석 마리아가 원하든 원하지 않든 간에 꼭 어학연수를 보낼 거야.
해설 make는 사역동사로 목적어(Maria)와 보어(go) 사이의 관계가 능동이므로 원형 부정사 (a)가 정답이다.
정답 (a)

2 You should have the tooth _____ out.

(a) pulled
(b) pulling
(c) to pull
(d) be pulled

해석 이빨을 빼야겠어.
해설 have는 사역동사로 목적어(the tooth)와 보어(pull)의 관계가 수동이므로 과거분사 형태인 (a)가 정답이다.
정답 (a)

5 지각동사

🔍 학습 가이드

지각동사의 목적 보어는 목적어에 따라서 원형 부정사와 분사 중 하나의 형태를 취한다. 사역동사와 마찬가지로 지각동사의 종류를 숙지하고 목적어와의 관계에 따른 알맞은 목적격 보어 고르기에 신경 써야 한다.

(1) 원형 부정사

목적어와 목적격 보어의 관계가 능동일 때 원형 부정사를 사용한다.

I **saw** Jessica **leave** a few hours ago.
몇 시간 전 제시카가 나가는 걸 보았다.

능동 관계 Jessica(주어)+leave(동사) ⇒ 원형 부정사

(2) 과거분사

목적어와 목적격 보어의 관계가 수동일 때 과거분사를 쓴다.

I **heard** my name **called**.
누군가 내 이름을 부르는 것을 들었다.

수동 관계 my name(목적어)+called(동사) ⇒ 과거분사

(3) 현재분사

목적격 보어가 진행 중이거나 일시적인 동작을 나타낼 경우 현재분사를 쓴다.

The police **caught** Rachel **putting** some DVDs into her bag.
경찰은 레이첼이 가방에 DVD 몇 개를 넣는 것을 포착했다.

catch는 '현장을 잡다'라는 뜻의 지각동사이다. 직접 넣는 장면을 목격했기 때문에 현재분사를 써서 강조하였다.

Rachel(목적어)이 putting하는 순간을 The police(주어)가 포착함 ⇒ 현재분사

📝 Check-Up Quiz

1 I could hear someone _____ in the next room.

(a) sings
(b) singing
(c) to sing
(d) sang

해석 난 누군가 옆방에서 노래하는 소리를 들을 수 있었다.
해설 노래를 누군가 직접 부르고 있는 것을 들었으니 능동과 진행의 성격을 가지고 있는 현재분사를 써야 한다.
정답 (b)

2 I watched the kids _____ in the playground.

(a) plays
(b) played
(c) to play
(d) playing

해석 아이들이 운동장에서 노는 것을 지켜보았다.
해설 watch는 지각동사이다. 아이들이 운동장에서 노는 상황은 능동과 진행으로 이해할 수 있으므로 현재분사인 (d)가 정답이다.
정답 (d)

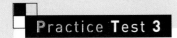
Part I

1   A: _____ before in public, I am very nervous.
B: Don't sweat it. I will keep my fingers crossed for you.

(a) Not speaking
(b) Not having spoken
(c) Having spoken not
(d) Not to have spoken

2   A: I am smoking more cigarettes these days. How should I give up the tobacco habit?
B: _____ the temptation to smoke, you must have strict self-discipline and a
very strong will.

(a) Overcoming
(b) To overcome
(c) Having overcome
(d) To have to overcome

3   A: Jenny! Why didn't you come on time for the movie? It already started.
B: I am so sorry. I missed my stop _____ on the bus ride to the theater.

(a) dozing off to sleep
(b) to doze off to sleeping
(c) being dozed off to sleep
(d) having dozed off to sleeping

4   A: How many adults are addicted to nicotine in America?
B: Currently, some 45 million in America smoke cigarettes, and four out of five are
hooked, _____ their efforts to quit.

(a) to be frustrated
(b) to frustrate
(c) frustrating
(d) having frustrated

5   A: Did you read the article comparing the impacts of disposable and reusable diapers?
B: Although there is no substantial difference in the environmental impacts of the two
products _____ , it did show where each could be improved.

(a) studied
(b) studying
(c) to study
(d) having studied

6 A: Catherine! Did you see my laptop computer that I bought yesterday?

B: Yes. I saw it _____ on the table this morning.

(a) lay

(b) lain

(c) to lie

(d) lying

7 A: Can I get the checks _____?

B: Sorry. I am afraid not. It will be difficult if you don't bring your photo identification.

(a) cashing

(b) cashed

(c) to cash

(d) to have cashed

8 A: Thank you for taking the trouble _____ our office.

B: Don't mention it. The pleasure is mine.

(a) to visit

(b) visiting

(c) to be visited

(d) having visited

Part II

9 A new study _____ in France by a quasi-government environmental organization may fuel the debate even further.

(a) released

(b) to be releasing

(c) having released to

(d) have been released

10 _____ food to cool at a slower rate reduces the likelihood that it will spoil.

(a) Allow

(b) Allowing

(c) To be allowed

(d) Having allowed

11 _____ no way to predict which candidate would be elected, we just watched how the situation developed.

(a) Being
(b) It being
(c) There being
(d) There having

12 Students _____ for the after-school tutoring program by July 7th can get a 30% discount.

(a) register
(b) registering
(c) to register
(d) being registered

13 Beginning professionals have some way _____ their true career goals, although many are anxious to succeed as quickly as possible.

(a) to go achieving
(b) to going to achieve
(c) to go to achieve
(d) going to achieve

14 This childcare center in Dublin has _____ by the Office for Standards in Education.

(a) described as satisfied
(b) described as satisfactory
(c) been described as satisfying
(d) been described as satisfactory

15 Having been liberated from their masters, _____ to achieve self-governance.

(a) many colonies have been made all efforts
(b) all efforts have made many colonies
(c) many colonies have made all efforts
(d) all efforts have made by many colonies

16 Given that Mr. Han is down on his luck, his excessive spending habits need

_____.

(a) to revamp

(b) revamping

(c) revamped

(d) revamp

Part III

17 (a) A: Hey, Tom. What do you say to play basketball tomorrow?

(b) B: Great. I am free tomorrow afternoon.

(c) A: Okay, Let's meet at 2 p.m. at Do-san Park.

(d) B: Yes then, it's settled. See you there.

18 (a) A: Nicole was annoying you didn't like her proposal.

(b) B: But I wasn't criticizing her, just the proposal.

(c) A: She took it personally though.

(d) B: I had no intention of upsetting her.

Part IV

19 (a) When we hear the word abortion, the first thing that coming to our mind is the intended removal of an embryo from a woman's womb. (b) This is a misconception, for abortion doesn't only mean the consented removing of an embryo but also the unintentional ejection of it. (c) The former is called induced abortion and the latter is called spontaneous abortion or simply miscarriage. (d) So the next time we hear this term, we shouldn't automatically think it is the induced one.

20 (a) Studying psychology, especially developmental psychology, was the best part of my university life. (b) I learned a lot of interesting things which I didn't expect to learn. (c) I came to know that this branch of psychology commonly knowing as the study of human development is concerned with the continuous mental, social, physical, and emotional changes human beings undergo from birth to old age. (d) Through it, I realized that a life is not only grouped into childhood, adolescence, and adulthood but is divided into infancy, toddlerhood, early childhood, childhood, adolescence, early adulthood, middle age and old age.

04

도치

도치는 강조하고자 하는 어구가 있을 때 쓰는데 일반적인 어순이 아니며, 강조할 대상이 문두로 이 동하였음을 표시하기 위하여 도치를 쓴다. 도치 어구에 따른 문장 구조를 자세히 살펴보자.

Sample Question

Not until 2005 _____ commercialization.

(a) did hybrid vehicles reach
(b) reached hybrid vehicles
(c) do hybrid vehicles reach
(d) hybrid vehicles reached

해석 2005년이 되어서야 하이브리드 차량은 상용화 단계에 이르렀다.

해설 • 〈주어+동사〉 vs. 〈동사+주어〉 (d) vs. (a), (b), (c)
    ⇨ 부정어(Not until 2005)가 문두로 이동 ⇨ 도치 ⇨ (d) 탈락
• 조동사 먼저 vs. 본동사 먼저 (a), (c) vs. (b)
    ⇨ 도치가 일어날 때 일반동사는 〈조동사+주어+동사원형〉의 어순 ⇨ (b) 탈락
• 과거 동사 vs. 현재 동사 (a) vs. (c)
    ⇨ 2005년은 현재 시점에서 볼 때 과거 ⇨ (c) 탈락
• 정답은(a)이다.

해결 부정어가 문두로 도치된 문장이므로 〈조동사+주어+동사원형〉의 어순을 취한다.

1 장소 어구 도치

학습 가이드

부사(구)를 문두로 내보내면 동사도 따라서 앞으로 이동하는 현상이 일어난다.

> **S+V+장소의 부사(구)** ⇨ 장소의 부사(구)+V+S

A castle stood **at the summit.**=**At the summit** stood a castle.
산 정상에 성 하나가 있다.

Some papers lie **on the desk.**=**On the desk** lie some papers.
책상 위에 일부 서류가 놓여있다.

Check-Up Quiz

1 Outside the theater _____ waiting in line to buy the tickets for the concert.

 (a) a lot of people were
 (b) were a lot of people
 (c) was a lot of people
 (d) has a lot of people

> **해석** 수많은 사람들이 콘서트 표를 구매하기 위해서 공연장 밖에서 줄을 서서 기다리고 있었다.
> **해설** 장소의 전치사구(Outside the theater)가 문두에 위치하면 도치가 일어난다. 〈장소의 부사구+동사+주어〉의 어순이
> 되어야 하며, 주어 people이 복수이므로 복수형 were가 쓰인 (b)가 정답이다.
> **정답** (b)

2 Six miles beyond the mountain _____ with its flames reaching up to the sky.

 (a) were a fire
 (b) have a fire
 (c) was a fire
 (d) a fire was

> **해석** 산 너머 6마일에 걸쳐 하늘로 치솟는 화염을 동반한 화재가 발생했다.
> **해설** 전치사구가 문두로 이동하였으므로 〈장소의 부사구+동사+주어〉의 어순으로 도치가 일어난다. a fire가 단수이므로 단
> 수 동사인 (c)가 답이다.
> **정답** (c)

2 형용사 도치

🔍 학습 가이드

형용사(보어)를 문두로 보내어 강조하면 주어와 동사의 순서가 바뀌는 도치문이 된다.

> **S+V+형용사(보어)** ⇨ **형용사(보어)+V+S**

Mike's proposal was **so absurd** that few would accept it.
⇨ **So absurd** was Mike's proposal that few would accept it.
마이크의 제안은 너무나도 터무니없어서 받아들이려는 사람은 거의 없었다.

📝 Check-Up Quiz

1 _____ to any child's academic success and progress that the school system must develop down-to-earth approaches.

(a) Imperative reading is
(b) So imperative is reading
(c) So imperative reading is
(d) It is so imperative reading

> **해석** 아이의 학업의 성공과 발전에 있어 독서는 매우 필수적이기 때문에 학제는 현실적인 접근법을 개발해야만 한다.
> **해설** so ... that 구문에서 〈so+형용사〉가 문두로 이동하였다. 따라서, 〈so+형용사+동사+주어〉의 어순으로 도치된 (b)가 정답이다.
> **정답** **(b)**

2 _____ are poor in spirit.

(a) Blessed are those who
(b) Those who blessed are
(c) Are blessed those who
(d) Blessed who are those

> **해석** 심령이 가난한 자는 복이 있다.
> **해설** 원래 문장은 Those who are poor in spirit are blessed이다. 여기서 형용사를 강조하기 위해 blessed를 문두로 옮기면서 도치되었다.
> **정답** **(a)**

3 부정어 도치

부정어를 문두로 보내면 결합했던 be동사나 조동사도 문두로 이동하면서 도치가 일어난다.

> 부정어가 문두에 올 경우 S+be[have/ can] not+V ⇨ Not be[have/ can]+S

I have **never** seen him **before**. → **Never before** have I seen him.
전에 그 남자를 본 적이 없다.

Check-Up Quiz

1 Never before _____ tired and depressed about being in front of the audience.

(a) Susie has looked
(b) has Susie looked
(c) has looked Susie
(d) has Susie been looked

해석 수지가 청중 앞에 서는 것 때문에 피곤하고 의기소침해 보이는 경우는 이제껏 없었다.
해설 문두에 부정어구 never before가 왔으므로 도치가 일어나 〈부정어구+조동사(has)+주어(Sucre)+동사(looked)〉의 어순이 되므로 (b)가 정답이다. look은 자동사로 수동태로 쓸 수 없다.
정답 **(b)**

2 Not until the 1970s _____ allowed.

(a) bilateral trade between Korea and Japan
(b) was bilateral trade between Korea and Japan
(c) bilateral trade between Korea and Japan was
(d) were bilateral trade between Korea and Japan

해석 한일 양자 무역은 1970년대 이후에야 가능해졌다.
해설 문두에 부정어구 Not until the 1970s가 왔으므로 〈부정어구+동사+주어〉의 어순으로 도치되어야 한다. 주어 bilateral trade는 단수이므로 단수형 was와 수일치를 이루는 (b)가 정답이다.
정답 **(b)**

4 기타

장소의 부사구, 형용사, 부정어 외에도 도치가 일어나는 경우가 있다.

(1) Only+V+S

only가 문두에 오는 경우, 부정어 도치와 같이 Only+V+S 어순으로 도치가 일어난다.

Only then did he tell his wife about the accident.

그제서야 그는 아내에게 사건에 대해 얘기했다.

(2) Such+V+S

such가 문두에 오면 도치가 일어난다. 의미는 so great이다.

The force of the explosion was **such** that windows were blown out.

=**Such** was the force of the explosion that windows were blown out.

폭발력이 너무 세서 창문이 다 날아가 버렸다.

(3) So+V+S

긍정문 뒤 So+V+S는 앞 문장의 내용과 동일한 상황을 말하는 구문으로 '역시 ~하다'의 의미를 나타낸다.

A: I miss you.　　　　B: **So do I.**

A: 네가 그리워.　　　　B: 나도 그래.

Your car is expensive. **So is mine.**

네 차는 비싸지. 내 차도 비싼데.

(4) Nor/ Neither+V+S

부정문 뒤 Neither+V+S는 앞 문장과 내용상 동일한 상황을 말하는 구문으로 '역시 ~하지 않다'의 의미를 나타낸다.

A: I didn't miss you.　　　B: **Neither did I.**

A: 네가 보고 싶지 않았어.　　　B: 나도 그래.

주절 이후 콤마로 다른 절이 연결 ⇨ nor 혹은 and neither

I didn't like hunting, **nor** did my husband.

= I didn't like hunting, **and neither** did my husband.

= I didn't like hunting. **Neither** did my husband.

≠ I didn't like hunting, **neither** did my husband. (X)

나는 사냥을 좋아하지 않았고, 남편도 마찬가지였다.

1   Alvin was a little upset, and _____.

    (a) so did I

    (b) so was I

    (c) nor I was

    (d) neither was I

    해석 앨빈도 화가 좀 났고, 나도 그랬어.

    해설 앞 문장이 긍정문일 때 '역시'라는 말을 표현하는 방법은 ⟨so+V+S⟩이다. 동사는 앞 문장과 동일한 동사를 쓰므로 (b)가
         답이다.

    정답 **(b)**

2 Jake didn't believe what his friend said, and _____.

    (a) neither did the police

    (b) neither the police did

    (c) nor did the police

    (d) nor the police do

    해석 제이크는 친구가 한 말을 믿지 못했고, 경찰도 역시 그랬다.

    해설 앞 문장이 부정문일 때, '역시'라는 말을 표현하는 방법은 ⟨nor+V+S⟩ 혹은 ⟨and neither+V+S⟩이다. 접속사 and가
         있기 때문에 ⟨and neither+V+S⟩ 형태가 되어야 하므로 (a)가 정답이다.

    정답 **(a)**

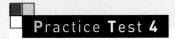

⇨ Answer Keys P 10

Part I

1   A: A recent survey indicates America is the single-largest country in terms of drug
       trafficking.
    B: Right. _____ of a problem than in the U.S.

    (a) Nowhere is drug abuse more
    (b) Nowhere drug abuse is more
    (c) Drug abuse is nowhere much
    (d) Drug abuse is nowhere most

2   A: Please teach me how to swim.
    B: Sorry, my son. I never learned to swim, _____.

    (a) nor does your father
    (b) and neither your father did
    (c) and neither did your father
    (d) or neither did your father

3   A: Has he lost all his fortune at the gambling table?
    B: _____.

    (a) So has he
    (b) So they say
    (c) Nor does he
    (d) Neither they say

4   A: What did you think of the movie last night?
    B: Don't even talk about it. Only after _____ that I had seen it before.

    (a) the film started did I realize
    (b) did the film start I realized
    (c) the film started I realized
    (d) did the film start did I realize

5   A: Did you finish your math homework?
    B: Sorry, Mom. _____ I forgot to do my math homework.

    (a) So excited was the soap opera that
    (b) So exciting was the soap opera that
    (c) The soap opera was so excited as to
    (d) The soap opera was so exciting as to

6   A: You have been overworking these days.

       B: You can say that again. Scarcely _____ I fell asleep on the couch.

    (a) had I arrived home when

    (b) I had arrived home until

    (c) had I arrived home after

    (d) I had arrived home before

7   A: The soap opera 'Secret Garden' is enjoying high viewer ratings.

       B: Right. _____ that the streets are deserted whenever it is on.

    (a) Such the popularity of it is

    (b) Such is the popularity of it

    (c) So is the popularity of them

    (d) So the popularity of them is

8   A: It will take much longer to buy tickets. So many people are waiting in line.

       B: Wow! _____ have I seen such a long line for a movie.

    (a) Ever

    (b) Even

    (c) None

    (d) Never

Part II

9   _____ when he got divorced last year.

    (a) Mr. Kane comes down in reputation

    (b) In reputation came down Mr. Kane

    (c) Down Mr. Kane came in reputation

    (d) Down came Mr. Kane in reputation

10   _____ to both English instructors and learners.

    (a) Of book great is value

    (b) This book is great value

    (c) Of great value is this book

    (d) Great is of value this book

11 Only in their junior year _____ strictly on academic performance.

(a) will students at Benedict College be judged
(b) students at Benedict College will be judged
(c) students will be judged at Benedict College
(d) will students at Benedict College judge

12 Not since the 1980s _____ raised about abortion.

(a) concerns have been
(b) have concerns been
(c) were concerns been
(d) concerns have

13 _____ is the cover letter that you requested in the job ad.

(a) Enclosable
(b) Enclosure
(c) Enclosing
(d) Enclosed

14 I didn't expect the bike to cost that much, _____ expect it to stop working.

(a) nor did I
(b) neither I did
(c) and did I nor
(d) and neither I did

15 _____ to his vehicle that it would cost thousands of dollars to repair.

(a) So damage was
(b) The damage such was
(c) So was the damage
(d) Such was the damage

16 _____, Lisa is afraid of getting a flu shot.

    (a) As is often the case with children

    (b) As children often are the case with

    (c) With children often the case is

    (d) Children are often the case as

Part III

17   (a) A: What did you think of the charity event we attended last night?

    (b) B: It was an act good in intention, but I didn't think it offered much practical value.

    (c) A: So did I. Moreover, it was so boring.

    (d) B: Let's not attend it again next year.

18   (a) A: I am sorry to hear that your son got acute pneumonia.

    (b) B: Thank you for your concern. Little I thought that my son would be susceptible to it.

    (c) A: What did the doctor say?

    (d) B: He said my son would recover soon after the treatment.

Part IV

19   (a) The lack of trained medical personnel is a two-sided problem in a lot of developing countries. (b) Not only many countries lack the universities to train and educate all the personnel they need, but often the nurses and doctors they do produce decide to leave their own countries for better pay. (c) This brain drain is worsened by the inability of several countries, including the United States and Britain, to provide enough nurses and doctors for their own population's needs. (d) It would be unfair and a violation of their rights to deny medical personnel the right to work in other countries.

20   (a) The geopolitical world is in disarray with tensions and tempers flaring. (b) Rarely the world has been in such a boisterous mood in the beginning of a new year. (c) Talks of hope and peace that once dominated the headlines at the dawn of the new millennium have given way to uncertainties and talk of imminent war. (d) Though the prominent target of war is Iraq, attention seems to hover on North Korea as well.

05

가정법

가정법은 있는 그대로의 사실을 전달하는 직설법과는 대조적으로 어떤 일에 대한 상상이나 바람 등을 표현하는 방법이다. 용법과 예외가 많은 구문 중 하나이기 때문에 가정법의 형태와 구체적 용법을 정확히 익혀야 한다.

Sample Question

If the first engine hadn't caught fire, the jet _____ an emergency landing.

(a) made
(b) can make
(c) could make
(d) could have made

해석   첫 번째 엔진에 불이 붙지 않았더라면 제트기는 비상 착륙을 할 수 있었을 텐데.

해설   • if로 시작하면 가정법 혹은 조건절이 된다.
       사실 그대로를 표현한 직설법 ⇨ 조건절을 이끄는 if
       실제 사실에 반대되는 표현 ⇨ 가정법을 이끄는 if
   • if절 동사 hadn't caught ⇨ 가정법 과거완료
   • 가정법 과거완료 ⇨ 〈If+S+had p.p., S+조동사의 과거형+have+p.p.〉
   • 정답은 (d)이다.

해결   가정법 if절의 시제와 주절의 시제를 문형에 맞추어 일치시킨다.

1 가정법 과거

가정법 과거는 현재 사실에 반대되는 일을 가정할 때 쓴다. 가정법 과거는 if절에 과거형 동사를 써야 하며, be동사일 경우 인칭과 수에 상관없이 were만을 쓴다. 주절에는 〈조동사 과거형+동사원형〉을 쓴다.

가정법 과거	If+S+동사 과거형, S+would+V were · could · should · might	현재 사실의 반대

If we **moved** the convenience store downtown, we **would attract** more customers.
만약 우리가 편의점을 시내로 옮긴다면, 더 많은 고객을 유치할 수 있을 텐데.

Check-Up Quiz

1 If we improved the lighting, it _____ the restaurant feel more romantic.

(a) makes
(b) will make
(c) would make
(d) would have made

해석 만약 우리가 조명을 개선한다면, 식당 분위기가 더 로맨틱할 텐데.
해설 if절의 동사가 과거(improved)인 가정법 과거로 주절에는 〈조동사 과거형+동사원형〉이 와야 하므로 정답은 (c)이다.
정답 (c)

2 If it weren't for all the homework I have to, I _____ with you.

(a) will go
(b) shall go
(c) would go
(d) could have gone

해석 해야 할 숙제만 없다면 나랑 지금 갈 텐데.
해설 if절의 동사가 과거(weren't)이기 때문에 주절에는 가정법 과거 형태에 맞는 〈조동사 과거형+동사원형〉이 와야 하므로 정답은 (c)이다.
정답 (c)

2 가정법 과거완료

학습 가이드

가정법 과거완료는 과거 사실에 반대되는 일을 가정할 때 쓴다. 가정법 과거완료는 if절에 과거완료만을 써야 하며, 주절에는 〈조동사 과거형+have p.p.〉를 쓴다.

가정법 과거완료	If+S+had p.p., S+would+have p.p. could should might	과거 사실의 반대

If the pilot **hadn't made** a sharp turn at the end of the runway, he **would have crashed** into a neighborhood.
만약 조종사가 활주로 끝에서 급커브를 틀지 않았더라면 인근 마을과 충돌했을 거야.

Check-Up Quiz

1 If the air mechanics had checked the plane, the problem _____.

(a) would find
(b) will be found
(c) would have found
(d) would have been found

해석 비행기 정비사들이 비행기를 점검했더라면, 문제점이 발견되었을 텐데.
해설 if절에 동사가 had checked(과거완료)이므로 가정법 과거완료임을 알 수 있다. 따라서, 주절은 〈조동사 과거형+have p.p.〉의 형태를 취해야 한다. 주절의 동사(find)에 대한 목적어가 없으므로 수동태인 (d)가 정답이다.
정답 **(d)**

2 If my son had studied hard at high school, he _____ Harvard University.

(a) would have entered
(b) will have entered
(c) entered
(d) would have been entered

해석 우리 아들이 고등학교 때 열심히 공부했더라면, 하버드 대학에 입학할 수 있었을 텐데.
해설 if절에 동사가 had studied로 가정법 과거완료이다. 따라서, 주절은 〈조동사 과거형+have p.p.〉의 형태를 취해야 한다. 주절 동사(enter)의 목적어로 Harvard University가 있으므로 능동태 (a)가 정답이다.
정답 **(a)**

3 가정법 미래

🔍 학습 가이드

가정법 미래는 현재나 미래에 일어나기 불가능하거나 일어날 가능성이 희박할 때 쓴다. 가정법 미래는 if절에 were to나 should를 쓰며, 주절에는 조동사의 과거형 또는 현재형을 사용한다.

(1) If+S+should+동사원형: 가능성

if절에 should를 사용하는 경우는 일어나지 않을 것으로 가정하지만, 가능성을 완전히 배제하지는 않을 경우이다.

미래 ❶	If+S+should+V, S+would[will]+V should[shall]	가능성 있는 경우

If I **should** be late, would you wait for me?
만약 제가 늦으면, 기다려 주실 건가요?
⇨ 늦지는 않을 것으로 가정을 하지만 가능성을 배제하지는 않음

(2) If+S+should+동사원형, 명령문: 정중함

if절에 should를 사용하고 주절에 명령문을 사용하면 화자의 정중한 요청을 나타낸다.

미래 ❷	If+S+should+V, V(명령문)	말하는 사람의 정중한 태도

If you **should** change your mind, **please let** me know.
마음이 변하시면, 꼭 제게 알려 주세요.
⇨ 정중함을 표현

(3) If+S+were to+동사원형

if절에 were to를 사용하면 현재 상태나 미래에 대한 실현 가능성이 희박한 불가능한 일을 가정할 때 사용한다.

미래 ❸	If+S+were to+V, S+would+V should	불확실, 불가능

What would happen to your family if you **were to** die on the road?
만약 당신이 교통사고로 죽게 된다면 가족들은 어떻게 될까요?
⇨ 교통사고로 죽을 가능성이 희박하지만 가정해서 말하고 있음

1 If you _____ want to know more about the procedure of the court, please visit our website.

(a) will
(b) could
(c) might
(d) should

> **해석** 재판 절차에 대해서 자세히 알고 싶으시면, 당사 홈페이지를 방문해 주시기 바랍니다.
> **해설** 주절에 명령문을 쓰고 if절에 should를 사용하여 화자의 정중한 요청을 나타낸다. 따라서 정답은 (d)이다.
> **정답** (d)

2 If the sun _____ with the moon, our planet would be destroyed.

(a) was to collide
(b) were to collide
(c) were colliding
(d) collided

> **해석** 만약 태양이 달과 충돌하게 되면 지구는 파괴될 것이다.
> **해설** 태양과 달이 충돌한다는 것은 현재나 미래에 있어서 가능성이 희박한 일로, if절에 were to를 사용한 (b)가 정답이다.
> **정답** (b)

4 혼합 가정법

학습 가이드

혼합 가정법은 과거 사건의 결과가 현재까지 영향을 주는 경우를 나타낼 때 쓰는 문장의 형태이다. if절에는 과거완료시제 had+p.p.를 사용하고, 주절에는 〈조동사 과거형+원형〉을 사용한다. 보통 주절에는 현재를 나타내는 부사 today, now 등이 나오는 경우가 많다.

가정법 혼합	If S+had+p.p., S+would+V could should might	조건절 – 과거 사실의 반대 주절 – 현재 사실의 반대

If we **had taken** the subway instead of the bus, we **would arrive** on time.
만약 버스 대신 지하철을 탔더라면, 제시간에 도착할 텐데.

1 If my wife had not brought a kitten home, there _____ so many cats here now.

(a) would be

(b) had been

(c) wouldn't be

(d) wouldn't have been

해석 만약 아내가 예전에 새끼 고양이를 집에 데려오지 않았더라면, 지금 이렇게 많은 고양이는 없었을 텐데.

해설 과거에 고양이를 데려온 사실이 현재에 영향을 미치고 있는 혼합 가정법이다. 따라서 주절에는 〈조동사 과거형+동사원형〉인 (c)가 정답이다.

정답 **(c)**

2 If Ted had taken my advice, he _____ in trouble with his boss now.

(a) wouldn't have landed

(b) wouldn't land

(c) had landed

(d) landed

해석 만약 테드가 나의 충고를 들었더라면 지금 그의 사장과 난처한 상황이 되지는 않을 텐데.

해설 과거에 충고를 듣지 않은 것이 현재까지 문제가 되고 있으므로 과거와 현재의 상황을 합친 혼합 가정법을 사용한 (b)가 정답이다.

정답 **(b)**

5 if 외의 가정법

🔍 학습 가이드

if 외에 가정법을 나타낼 수 있는 구문은 많다. 각 구문의 정확한 용법을 이해하고 상황에 맞게 쓰는 법을 연습해야 한다.

(1) I wish 가정법

① 과거

I wish S+과거 동사[조동사의 경우 could]	현재 이룰 수 없는 소망에 대한 아쉬움

I wish **I didn't have to go** to work today.
오늘 일하러 가지 않으면 좋을 텐데.

② 과거완료

I wish+S+had p.p.	과거 사실에 반대되는 소망

I wish you **had called** me to let me know you couldn't come.
못 올 것 같다고 전화해줬으면 좋았을 텐데.

③ 미래

I wish+S+would+V	앞으로 일어나기 힘든 일에 대한 바람

I wish it **would rain**.
비가 왔으면 좋겠어요.

📝 Check-Up Quiz

1 I wish I _____ you with your work, but I have something else planned at the moment.

(a) help
(b) can help
(c) could help
(d) had helped

해석 당신의 업무를 도와주고 싶지만 지금 당장 하기로 한 일이 있네요.
해설 but 이하 직설법의 시제가 현재(have)인 것으로 보아 I wish 다음에 나올 시제는 현재 상황에 대한 아쉬움을 나타내는 가정법 과거이다. 그러므로 〈조동사 과거형+동사원형〉 형태의 (c)가 옳다.
정답 (c)

2 I wish I _____ at the staff meeting this morning.

(a) was
(b) were
(c) could be
(d) could have been

해석 오늘 아침 직원 회의에 참석하기 바랐는데 못했네요.
해설 this morning으로 보아 과거 상황에 대한 유감을 나타내고 있다. 따라서 가정법 과거완료 시제이므로 I wish 다음에 〈조동사 과거형+have p.p.〉형태인 (d)가 옳다.
정답 (d)

(2) as if[as though] 가정법

① as if[as though] 가정법 과거

S+V+as if[as though]+S+동사 과거형	가능성 희박한 일 (주절의 시제 = as if절의 시제)

Mr. Smith lives **as if** he **were** a billionaire.
스미스 씨는 마치 자기가 억만장자인 것처럼 산다.

⇨ as if 이하의 시제와 주절의 시제가 둘 다 현재로 동일

② as if[as though] 가정법 과거완료

| S+V+as if+S+had p.p. | 가능성이 희박한 일 (주절의 시제 ≠ as if절의 시제) |

She greeted an old guy **as if** she **had met** him before.
그녀는 전에 만난 것처럼 한 노인에게 인사를 건넸다.

⇨ 전에 만나 본 것 같은 상황이 인사를 건네는 주절의 상황보다 앞선다. 즉, as if절의 시제와 주절의 시제와 다를 때 과거완료형 동사를 쓴다.

③ as if[as though] 직설법

| S+V+as if+S+V | 사실일 가능성이 높은 경우 |

The man looks as if he **hasn't slept** all night.
그 남자는 밤새 한숨도 못 잔 것처럼 보인다.

⇨ 직설법이므로 주절과 같은 시제를 쓴다.

Check-Up Quiz

1 It sounds as if Kathy _____ really ill.

(a) were
(b) has been
(c) had been
(d) would have been

해석 캐시가 정말 많이 아픈 것 같아.
해설 내용상 캐시가 아픈 것은 사실일 가능성이 높으므로 직설법을 사용한다. 주절의 시제가 현재이므로 as if절이 현재완료인 (b)가 정답이다.
정답 (b)

2 There is no shortage of convicted celebrities getting back on the scene after a while as if nothing _____.

(a) happened
(b) had happened
(c) were happened
(d) had been happened

해석 시간이 흐르면서, 기소된 후 마치 아무 일 없었던 것처럼 활동을 재개하는 연예인이 적지 않다.
해설 연예인들의 복귀 전에 그들이 범죄를 저질렀다는 것이므로, 주절보다 한 시제 앞선 가정법 과거완료를 써야 한다. 또한 happen은 수동태로 쓸 수 없다.
정답 (b)

(3) It is (high/ about) time 가정법

예정된 시간에 이루어져야 할 일이 아직 이루어지지 않았을 때, 이에 대한 원망과 불평을 전달할 때 쓰는 가정법으로 동사의 과거형만 사용한다.

> **It is high[about] time+S+동사의 과거형**

It is high time you fed your kitten.
고양이한테 먹이 줄 시간이야.

⇨ 먹이를 줄 시간이 지났는데도 아직 주지 않음에 대한 불만이 내포되어 있다.

(4) would rather 가정법

현재나 과거의 상황에 대해서 어떤 일이 일어나기를 바랄 때 쓰는 가정법으로 과거와 과거완료형만 사용한다.

> **would rather+S+동사의 과거형(-ed)** ⇨ **현재의 바람**
> **had p.p.** ⇨ **과거의 바람**

I'd rather you didn't go out alone.
난 네가 혼자 밖에 안 나갔으면 좋겠다.

I would rather he hadn't done it.
그가 그것을 하지 않았으면 좋았을 것을.

📝 Check-Up Quiz

1 It is about time the government _____ action to stop the rise in oil prices.

   (a) had taken
   (b) will take
   (c) takes
   (d) took

   해석 정부가 유가 상승을 막기 위한 조치를 취할 때다.
   해설 It is about time 뒤에는 항상 가정법 과거가 오므로 동사의 과거인 (d)가 정답이다.
   정답 (d)

2 I would rather he _____ anything about this crime.

   (a) hasn't done
   (b) had done
   (c) didn't do
   (d) does

   해석 그 사건에 대해서 그가 아무 것도 하지 않았으면 좋겠어.
   해설 would rather 뒤에는 과거나 과거완료형이 올 수 있다. 따라서 정답은 과거형인 (c)이다.
   정답 (c)

6 if 생략

가정법 if절에 동사 were, had, should가 오는 경우, if를 생략하고 주어와 동사를 도치시킬 수 있다. 주절의 형태를 보고 if가 생략된 것을 한눈에 파악해야 한다.

Were I your boss, I would insist you work harder.
내가 당신 사장이라면, 더 열심히 일하라고 했을 텐데.

Had I thought of the right words, I would have told him while I was thinking.
적절한 말이 생각났더라면, 당장 그에게 내 생각을 말했을 텐데.

Should you need some more money, take an extra ten percent of the revenue.
돈이 더 필요하면, 수입의 10퍼센트를 추가로 가져가세요.

📝 Check-Up Quiz

1 _____ this copier run out of paper, please report to the office.

(a) If
(b) Could
(c) Should
(d) Unless

해석 혹시나 복사기에 용지가 부족하시면 사무실로 연락주세요.
해설 접속사와 조동사를 구별해야 하는 가정법 문제이다. 주어 this copier가 단수인데 동사의 형태가 원형인 것으로 보아 조동사가 사용되었음을 알 수 있다. 또한 주절의 형태가 명령문이므로 〈If+S+should+동사원형, 동사원형〉의 형태라는 것을 알 수 있으므로 문두에 should가 와야 한다. 따라서 (c)가 정답이다.
정답 (c)

2 _____ my sister, you would have thought she was beautiful, too.

(a) If you knew
(b) Had you known
(c) Were you known
(d) Have known you

해석 만약 당신이 내 여동생을 알았다면, 당신 역시 그녀가 아름답다고 생각했을 텐데.
해설 주절의 시제가 would have thought인 것으로 보아 가정법 과거완료 구문인 것을 알 수 있다. 그렇다면 〈If+S+had p.p.〉의 형태가 되어야 하는데 선택지에 그런 형태가 없으므로 if를 생략하여 주어와 동사의 순서가 바뀐 것을 알 수 있다. 따라서 〈Had+S+p.p.〉의 형태인 (b)가 답이 된다.
정답 (b)

7 가정법 현재

제안·주장·명령·요구·필요 등의 의미를 나타내는 동사, 형용사, 명사 다음 that절에서는 가정법 현재를 쓴다. that절 이하의 동사에 〈(should)+동사원형〉의 형태를 취하며, should는 생략 가능하다.

(1) 제안·주장·명령의 동사

> **suggest, recommend, demand, insist, order**

I **insisted** that Theodore (**should**) **be** set free.
난 시어도어가 석방되어야 한다고 주장했다.

c.f. suggest와 insist가 객관적인 사실이나 암시적 의미를 전달할 때 ⇨ **주절과 if절의 시제 일치**

Opinion polls **suggest** that only 20% of the population **trusts** the government.
여론 조사 결과 인구의 20퍼센트만이 정부를 신뢰한다는 것을 말해준다.

Julia **insisted** that she **was** innocent.
줄리아는 자신이 결백하다고 우겼다.

(2) 제안·주장·명령의 형용사

> **essential, necessary, vital, important, urgent**

It is **imperative** that a graduate student (**should**) **maintain** a grade point average of B in his study.
대학원생은 학업 성적이 평점 B를 반드시 유지해야만 한다.

(3) 제안·주장·명령의 명사

> **wish, suggestion, order, decision**

The city council made the **suggestion** that the plant (**should**) **be built** on this site.
시 의회는 공장이 이 장소에 건축되어야 한다고 제안했다.

1 Doctors strongly recommend that fathers _____ present at their baby's birth.

(a) should have been
(b) were
(c) are
(d) be

해석 의사들은 아이 아버지들이 아이가 태어날 때 반드시 그 자리에 있어야 한다고 강력히 권고한다.
해설 recommend는 '권고하다'는 의미로, that절 이하에 《(should)+동사원형》의 형태를 취하므로 정답은 (d)이다.
정답 (d)

2 Her friends insisted she _____ no connection with drugs.

(a) had
(b) does
(c) would
(d) should

해석 그녀의 친구들은 그녀가 마약과 아무 연관성이 없다고 우겼다.
해설 insist가 당위성이 아닌, '우기다, 고집하다'의 뜻일 때에는 《(should)+동사원형》이 아니므로, 주절과 시제 일치를 이루는 동사를 써야 한다. 주절의 시제가 과거이므로 알맞은 동사는 (a)이다.
정답 (a)

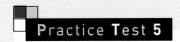

Part I

1 A: The road is heavily congested. We are not going to make it at this rate.

   B: If we _____ the subway instead, we would reach our destination on time.

   (a) take
   (b) taken
   (c) had taken
   (d) should have taken

2 A: Our company is now having trouble recruiting.

   B: If the boss had not been cutting the staff last year, it _____ rapidly.

   (a) will expand
   (b) would expand
   (c) were to expand
   (d) should have expanded

3 A: North Korea announced that it refuses to be involved in the six-party talks.

   B: It would be a tragedy if that _____ an end to the conversation.

   (a) mean
   (b) meant
   (c) had meant
   (d) would meant

4 A: Today, elementary school kids and even some preschoolers learn to speak English.

   B: Yeah. It's not difficult to find those who would say they wish they _____ born
   in an English-speaking country.

   (a) was
   (b) were
   (c) has been
   (d) had been

5 A: I think Tiffany has thin features but did you see her face was swollen up today?

   B: Yes, she looks as if _____ knocked down by a blow to the face.

   (a) she has been
   (b) she had been
   (c) she had
   (d) she

6 A: The North's level of threats and provocative action is growing.

B: Right. It is high time both Seoul and Washington _____ sanctions against the North.

(a) imposes
(b) imposed
(c) to impose
(d) would impose

7 A: I need to step out for a moment but will return soon.

B: I'd rather you _____ step out in such stormy weather.

(a) don't
(b) didn't
(c) haven't
(d) shouldn't

8 A: _____ a billionaire, I would not have to worry about saving money.

B: You are always chopping your teeth.

(a) If I am
(b) Were I
(c) Should I
(d) Had I been

Part II

9 An expert panel from the Institute of Medicine recommends that Congress _____ the FDA the authority to regulate nutritional supplements.

(a) grant
(b) grants
(c) be granted
(d) should have granted

10 All the _____ in recent years.

(a) evidence suggests that the problem improve
(b) evidences suggest that the problem improve
(c) evidence suggests that the problem has improved
(d) evidences suggest that the problem has improved

11 I wish you _____ me to let me know you couldn't come to the meeting.

(a) to call
(b) called
(c) would call
(d) had called

12 If I _____ a sea lion on the rocks, I would have pulled out my camera to photograph it.

(a) saw that there was
(b) saw that there were
(c) had seen that there was
(d) had seen that there were

13 _____ out that you are 20 weeks pregnant, I would feel more shocked than anything.

(a) If I found
(b) Had I find
(c) Should I found
(d) If I were to find

14 If the White Star Line company had included more life boats in the design of the Titanic, all the people _____.

(a) would survive
(b) will have survived
(c) would have survived
(d) would have been survived

15 _____ a famous chef, we would have more customers.

(a) Hired we
(b) If we hired
(c) Had we hired
(d) If had hired we

16 She went into a long ramble as if she _____.

(a) were intoxicating
(b) were intoxicated
(c) had been intoxicating
(d) had been intoxicated

Part III

17 (a) A: I am going backpacking through Europe with my girlfriend.

(b) B: Wow, that's great. Do you have any specific plans?

(c) A: We are making out a detailed itinerary. Why don't join us?

(d) B: I really would if I don't have a part-time job.

18 (a) A: I wish that this week should be over soon.

(b) B: Do you have any trouble this week?

(c) A: Yes. I have to cram for the finals.

(d) B: Keep your chin up; you will do well on them.

Part IV

19 (a) On the 57th anniversary of the Universal Declaration of Human Rights, a debate is raging over the human rights issue in North Korea. (b) The United Nations passed a resolution concerning the matter last month, and other organizations concerned are expected to hold an 'International Conference on Human Rights in North Korea' in Seoul this month. (c) On top of all this, even liberal groups who've been mum about the issue have come forward to have their voice heard too. (d) All these signs would suggest that the issue be to make its way into public discourse.

20 (a) William Hubbard, a former top agency official, told a House oversight subcommittee that the FDA has lost some 200 food scientists over the last five years. (b) He also noted that the small budget increase the White House has proposed for food safety next year would be a decrease after accounting for inflation. (c) As if that was discouraging enough, the committee's chief investigator described how porous the current safety shield is. (d) Agency personnel, he said, inspect less than 1 percent of all imported foods and conduct laboratory analyses on only a tiny fraction of those.

06

관계사

관계사는 다른 말로 형용사절 접속사라고도 한다. 일반 접속사처럼 절과 절을 연결하는 기능을 하면서 선행사인 명사를 수식하는 형용사의 역할을 하기 때문이다. 그 종류가 방대하고 특수 용법이 세분화되어 시험에 출제되었을 때 정답을 고르기가 쉽지 않다.

🔊 Sample Question

I am pleased with the manner _____ we did it.

(a) what
(b) whom
(c) which
(d) in which

해석 우리가 했던 그 방식이 맘에 들어.

해설 • 선행사가 사람 vs. 선행사가 사물 관계대명사 (b) vs. (c)
　　⇨ 선행사 the manner는 사물 ⇨ (b) 탈락
　• 관계대명사 vs. 전치사+관계대명사 (c) vs. (d)
　　⇨ 〈관계대명사+불완전한 문장〉 vs. 〈전치사+관계대명사+완전한 문장〉 ⇨ (c) 탈락
　• 선행사를 포함하는 관계대명사 what
　　⇨ 선행사 the manner가 있음 ⇨ (a) 탈락
　• (d)가 정답이다.

해결 선택지가 관계사로 나열된 경우, 다음 3가지 요소를 복합적으로 생각해서 정답을 골라야 한다.
　1. 선행사 파악
　2. 뒤 문장의 완전성
　3. 특수관계사의 특성

1 선행사

관계대명사의 기본 기능은 선행사 수식이다. 그러므로 모든 관계대명사와 선행사의 관계를 따지는 것이
우선이다.

선행사 파악	
사람	who(m)/ that
사물	which/ that
시간	when/ 전치사+which
장소	where/ 전치사+which
구, 절	, which
선행사 무관	that/ whose
선행사 없음	what/ how

Did you see **the letter which** came today?
오늘 온 편지 봤어?

Teddy would like to discuss the matter with **his brother, who** is a lawyer.
테디는 변호사인 형과 그 문제에 관해 논의하고 싶어 한다.

There are lots of things **that[which]** I need to buy before the trip.
여행가기 전에 사야 할 것이 많다.

1 We traded in our car _____ was old for a new one.

(a) who
(b) that
(c) what
(d) in which

해석 우리는 새 차를 구입하기 위해 오래된 차를 처분했다.
해설 관계대명사 that은 선행사와 무관하게 쓸 수 있다. 빈칸 뒤의 문장이 불완전하며 car가 선행사이므로 정답은 (b)이다.
정답 **(b)**

2 The clerk _____ sold me the diamond ring disappeared.

(a) who
(b) which
(c) in that
(d) whom

해석 나에게 다이아몬드 반지를 판 점원이 사라졌다.
해설 선행사가 사람이므로 (a) who, (d) whom 중 하나가 답이 될 수 있다. 빈칸 뒤에 주어가 없으므로 주격 관계대명사인 (a) who가 적당하다.
정답 **(a)**

2 뒤 문장의 구조

🔍 **학습 가이드**

관계사는 크게 관계대명사와 관계부사로 나뉜다. 차이점은 관계사절 내에서 대명사와 부사 중 어느 역할을 하는가이다. 관계대명사는 대명사의 기능, 즉 명사를 대신할 수 있는 기능 때문에 뒤 문장이 불완전하다. 반면, 관계부사는 부사의 기능을 하므로 뒤 문장이 완전하다. 동사의 특징을 익혀두면 관계사절의 완전 · 불완전 여부를 구별하는 데 도움이 된다.

뒤 문장의 완전성		
관계대명사	who, whom, which, that, what	불완전
관계부사	when, where, why, how	완전
전치사+관계대명사		완전

① 관계대명사 뒤 문장은 주어나 목적어가 빠진 불완전한 문장이다.

The license **that** he was looking at had expired the week before.
그가 보고 있던 운전면허증은 일주일 전에 만기된 것이었다.

⇨ at의 목적어가 없는 불완전한 문장

② 관계부사 뒤 문장은 주요 문장 성분이 빠지지 않은 완전한 문장이다.

I remember **the moment when** I first saw him after the operation.
수술 후 그를 처음 봤던 그 순간을 기억해.

③ 〈전치사+관계대명사〉 뒤는 관계부사와 마찬가지로 문장 성분이 빠지지 않은 완전한 문장이 온다.

They rented a room **in which** they would proceed the program.
=They rented a room **where** they would proceed the program.
그들은 방을 빌려 프로그램을 착수하려고 했다.

✐ Check-Up Quiz

1 The floor _____ I work is the thirteenth.

(a) on which
(b) at which
(c) which
(d) who

해석 내가 일하는 곳은 13층이다.
해설 선행사(The floor)가 사물이며 work는 자동사로 빈칸 뒤 문장은 완전하다. 따라서 장소를 나타내는 관계부사 where 또는 〈전치사+which〉가 와야 한다. floor는 on과 결합하므로 (a)가 정답이다.
정답 (a)

2 The 1960s, _____ "flower children" thrived, was a colorful decade in history.

(a) on which
(b) which
(c) where
(d) when

해석 히피족이 번영했던 1960년대는 역사상 다채로운 10년이었다.
해설 선행사(The 1960s)가 시간을 나타내는 명사이며 시간 중 기간에 해당한다. 따라서 in which 또는 (d) when을 써야 한다. thrive는 자동사로 빈칸 뒤 문장이 완전하므로 (d)가 정답이다.
정답 (d)

3 특수 관계사

🔍 학습 가이드

관계사는 일반적 기능 외에 독특하고 세분화된 용법을 가지고 있다. 따라서 각 관계사의 세부 특수 용법을 익혀야 한다.

		특수 용법		
that	선행사 무관	전치사와 결합 못함	콤마 뒤에 쓸 수 없음	특별한 선행사를 취함
what	선행사 없음	뒤 문장 항상 불완전	항상 명사의 자리에 쓰임	
which		명사, 구 절 등 다양한 선행사를 취함. 단, 콤마를 찍고 사용		
whose	선행사 무관	뒤 문장 명사로 시작	of which와 구별	

(1) that

① that은 선행사가 사람이든, 사물이든 모두 가능하다.

The astronomical amount of **money that** is being lost makes cancer more than simply about the individual patients and their families.
환자와 그 가족만의 문제로 치부하기에는 암은 너무 많은 비용이 든다. (선행사 사물)

The person that you can't see is hiding.
안 보이는 그 사람은 숨어 있다. (선행사 사람)

② that은 콤마 뒤에 쓸 수 없다.

The car**, that** is very small, is economical to drive. (X)
The car**, which** is very small, is economical to drive. (O)
그 차는 아주 작은데, 운전하기에 돈이 덜 든다.

③ that은 전치사 뒤에 쓸 수 없다.

A language is nothing more than a communication tool and far from a yardstick **with that** it will define someone. (X)

A language is nothing more than a communication tool and far from a yardstick **with which** it will define someone. (O)
언어는 상호간의 의사소통 수단이지 한 사람을 판단하는 잣대가 아니라는 것이다.

④ 선행사가 부정대명사, 서수 혹은 최상급, 의문대명사일 경우는 반드시 that을 쓴다.

All that glitters is not gold.
반짝인다고 다 금은 아니다. (선행사가 부정대명사)

Einstein was one of **the greatest** men **that** ever lived.
아인슈타인은 역사상 가장 위대한 과학자 중 한 명이다. (선행사가 최상급)

Who that is sane can do such a thing?
제정신이라면 누가 그런 짓을 할 수 있겠어? (선행사가 의문대명사)

(2) what

① what은 이미 선행사를 포함하므로 선행사를 취하지 못한다.

American CEOs rake in **what** 400 average Americans would earn.
미국 CEO의 급여가 자그마치 미국 노동자 평균의 400배까지 뛰어올랐다.

② what의 뒤 문장은 항상 불완전하다.

What she did was morally wrong.
그녀가 했던 일은 도덕적으로 옳지 않았다. (동사 did의 목적어가 없는 불완전한 문장)

③ what은 문장 내에서 명사를 꾸미는 형용사가 아닌, 명사의 자리에 온다.

I absolutely believe **what my parents told me**.
부모님께서 내게 해주신 말을 전적으로 신뢰한다. (what 이하는 believe의 목적어)

(3) which

which는 선행사로 앞 문장 전체를 받을 수 있다. 이때 앞에 콤마를 수반한다.

One of the guests was mean and rude to me, **which** annoyed me intensely.
손님 중 한 분이 제게 아주 무례하게 굴어서 몹시 화가 났어요. (콤마 앞 문장 전체가 선행사)

(4) whose

① whose의 선행사는 사람이든 사물이든 무관하다.

It is the building **whose** wall is painted blue.
그것은 벽이 파란색으로 칠해진 건물이다. (선행사가 사물인 the building)

② whose의 뒤 문장은 명사로 시작해야 한다.

She is Jenny **whose** brother passed the bar examination.
그녀는 남동생이 사법 고시에 합격한 제니이다.

③ of which도 소유격의 기능을 갖고 있으나 뒤에 〈관사+명사〉의 경우만 수식을 한다.

This is the car **of which** the price is very high.
이것은 값이 엄청나게 비싼 차이다.

c.f. 수량 표현이 관계대명사와 함께 쓰일 경우, 〈수량 표현+of 관계대명사+동사〉의 형태를 취한다.

Seoul organized a team of scientists, **few of whom were** from the U.S.
서울시에서는 과학자 팀을 구축했는데, 그중 미국인은 거의 없었다.

Check-Up Quiz

1 I found my wife reading a novel _____ the cover had a picture of a luxury automobile.

(a) of which
(b) whose
(c) when
(d) what

해석 겉표지에 고급 승용차 그림이 있는 소설을 읽고 있는 아내를 보았다.
해설 소유격 관계대명사 whose와 of which의 구별은 관계대명사절 내에 수식받는 명사에 관사가 있는지 없는지가 관건이다. the cover에 관사가 포함되어 있으므로 정답은 (a) of which이다.
정답 (a)

2 The woman _____ husband is from Italy is going to be the CFO of the company.

(a) of which
(b) in which
(c) whose
(d) what

해석 남편이 이태리인인 그 여자는 회사 재무 담당 최고 책임자가 될 예정이다.
해설 소유격 관계대명사의 수식을 받는 명사 husband가 무관사이므로 (c) whose가 정답이다.
정답 (c)

4 관계사의 생략

관계대명사가 드러난 문장에서 용법을 분석하는 것은 비교적 쉽지만, 관계대명사가 생략된 상태에서 그 용법을 예측하는 것은 쉽지 않다. 어느 경우에 생략되는지 정확히 인지하고 구체적인 용법을 이해해야 한다.

① 목적격 관계대명사는 생략 가능하다.

The new district attorney **(whom)** I consulted gave me some useful advice.
내가 상담했던 신임 지방 검사는 내게 유용한 조언을 해주었다.

② 보격 관계대명사는 생략 가능하다.

Calvin is not the man **(that)** he used to be.
캘빈은 예전의 그가 아니다.

③ there is 구문 앞에 쓰인 관계대명사는 생략 가능하다.

Beckham is one of the best soccer players **(that)** there are in the world.
베컴은 세계에서 가장 훌륭한 축구 선수 중 한 명이다.

📝 Check-Up Quiz

1 The frigate bird is probably the fastest bird _____ is in the world.

(a) it
(b) there
(c) what
(d) each

해석 군함조는 세상에서 가장 빠른 새일 것이다.
해설 there is 구문이 쓰이면 관계대명사의 생략이 가능하다. 선행사 bird 뒤에 관계사가 없는 것으로 보아 뒤에 there is가 있음을 알 수 있으므로 (b)가 정답이다.
정답 **(b)**

2 This is the project _____ plan to develop.

(a) I
(b) my
(c) me
(d) who

해석 이것은 내가 개발을 계획하고 있는 프로젝트이다.
해설 develop의 목적어가 없다는 것은 목적격 관계대명사 which가 있다는 뜻이다. 목적격 관계대명사는 생략 가능하고 〈목적격 관계대명사+주어+동사〉의 구조이므로 주어에 해당하는 (a)가 답이다.
정답 **(a)**

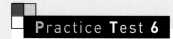

Practice Test 6

⇨ Answer Keys P 15

Part I

1   A: The man, _____ is now 70, was arrested last week and charged with three counts of theft.
    B: I don't understand how he could have done such things.

    (a) who
    (b) which
    (c) whom
    (d) of whom

2   A: The price _____ you are purchasing this laptop is somewhere from 30 percent to 70 percent off the current list price.
    B: Wow, it is dirt-cheap.

    (a) what
    (b) which
    (c) at what
    (d) at which

3   A: I saw Brian at the library yesterday.
    B: Speaking of _____, I heard that he got a full scholarship.

    (a) whom
    (b) which
    (c) that
    (d) it

4   A: I am looking for my mother _____ I haven't spoken to since the war.
    B: I wish you all the luck in the world.

    (a) whose
    (b) whom
    (c) what
    (d) of whom

5   A: How much money would you have right now if you had saved 10% of all the money _____ has ever passed through your hands?
    B: I don't know exactly, but through the years, that 10% will really add up.

    (a) that
    (b) in that
    (c) in which
    (d) of whose

6 A: I heard that your wife was given only 3 months to live.

B: Yes, I will spend _____ little time I have with her making precious memories.

(a) that

(b) what

(c) where

(d) in which

7 A: Excuse me, but aren't you the boy _____ mother was a chef on TV?

B: Yes I am. How well do you know my mother?

(a) whose

(b) when

(c) of whose

(d) of which

8 A: _____ may be expected, the blouse I want is really expensive.

B: Let me show you a less expensive one.

(a) Such

(b) What

(c) As

(d) So

Part II

9 There are about 130 species of crows and their relatives worldwide, _____ have been recorded in Leicestershire.

(a) eight of which

(b) which of eight

(c) eight which

(d) eight of what

10 From time to time we must look up words _____ we do not know.

(a) meanings of which

(b) whose meanings

(c) whose the meanings

(d) of which meanings

11 Charles didn't want to take any risks, _____ small.

(a) how
(b) what
(c) however
(d) whatever

12 _____ the rationale, the claim that hot food can somehow interfere with the circulation of cold air in the refrigerator is wrong.

(a) What
(b) Whatever
(c) However
(d) Whatsoever

13 Sarah has shown no interest _____ in anything mathematical.

(a) whatever
(b) however
(c) whichever
(d) wherever

14 Workers' demands for a better working environment are transforming the _____ developers put up buildings in Tokyo.

(a) way which
(b) way how
(c) way to
(d) way

15 The deeper lesson of this movie is _____ a boy learns to become a mature and moral individual.

(a) who
(b) how
(c) what
(d) which

16 Huey was late for work half an hour again, _____ annoyed the president very much.

(a) that

(b) what

(c) which

(d) in what

Part III

17 (a) A: Hello, I am here to return the book what I borrowed.

(b) B: OK let's see… you owe the library $7 for your overdue book.

(c) A: But it's overdue only one week.

(d) B: Sorry, but that's what the policy says.

18 (a) A: Finding a job I want is really difficult.

(b) B: You have our support, whichever you do.

(c) A: Thank you for saying that.

(d) B: Don't mention it. Just don't give up and do your best.

Part IV

19 (a) What sets bribes apart from a gift in the ethical sense? (b) They both have value but bribes are things given in return for something else. (c) Some might argue that the line could be drawn at the monetary value, the degree of feeling 'burdened,' whether it is given before or after a specific action, or that it is from a higher-up. (d) However, those lines are in most cases blurry so that careful discretion is always advisable.

20 (a) Homicide, as its Latin etymology connotes, is the taking away of human life. (b) Homicidal crimes, depending on the power of the court hearing the case and the state of mind of the killer, can be called murder, manslaughter, or criminal homicide. (c) There are further categories, all of them have different names and descriptions depending on the crime. (d) Some examples are parricide, which is the killing of one's parents, mariticide, which is the killing of one's spouse, and genocide, which is the killing of an ethnic or religious group.

07

조동사

조동사는 그 종류와 어법이 매우 많다. 또한 시제적 차이점도 지니고 있다. 그러나 매달 꾸준히 출제되고 있는 문법 요소이므로, 상황과 시제에 맞게 정확하게 정리를 해둘 필요가 있다.

⊚ Sample Question

A: I'm stuffed and can't eat anymore.

B: Didn't I tell you? You _____ so much food.

(a) shouldn't have ordered

(b) cannot have ordered

(c) shouldn't order

(d) must order

해석　A: 과식해서 더 이상 못 먹겠어.

　　　　B: 거 봐! 그렇게 많은 음식을 주문하는 게 아니었어.

해설　• 현재 상황 〈조동사+동사원형〉 vs. 과거 상황 〈조동사+have p.p.〉 (c), (d) vs. (a), (b)
　　　　⇨ 배가 부른 것은 지금이지만 주문한 시점은 과거 상황 ⇨ (c), (d) 탈락

　　　　• 과거의 아쉬움과 유감 〈should have p.p.〉 vs. 과거의 강한 추측 〈cannot have p.p.〉
　　　　⇨ 너무 많이 시킨 것에 대한 유감을 나타내고 있음 ⇨ (b) 탈락

　　　　• 정답은 (a)이다.

해결　• 시제를 통한 구별: 〈조동사+동사원형〉 vs. 〈조동사+have p.p.〉

　　　　• 의미를 통한 구별: 각 조동사의 독특한 의미를 따져봐야 한다.

1 시제 구별

조동사는 동사의 역할을 보조하는 기능을 하며 동사처럼 조동사 역시 시제가 중요하다.

(1) 조동사의 시제

현재	조동사+동사원형
과거	조동사+have p.p.

① 조동사 뒤에 동사원형이 오면 시제상 현재를 나타낸다.

It is generally accepted that when women take up more than half of the workforce, you **can't** take care of your children on your own.

일반적으로 여성이 노동력의 50% 이상을 차지하면 스스로 육아를 해결할 수 없다고 본다.

② 조동사 뒤에 have p.p.가 오면 시제상 과거를 나타낸다.

You **should have seen** the look on his face when I **told** him I'd won first prize.

내가 일등했다고 말했을 때 네가 그의 표정을 봤어야 하는데.

(2) 조동사의 과거 시제

과거의 추측	과거의 유감
must have p.p. ~였음에 틀림없다(긍정적)	**should[ought to] have p.p.** ~했어야 했는데
cannot have p.p. ~였을 리 없다(부정적)	**need not have p.p.** ~할 필요는 없었는데
may[might] have p.p. ~였을지도 모른다	**would rather have p.p.** ~하는 게 나았을 텐데

① must have p.p.
: 과거 상황에 대한 강한 확신을 나타낼 때 사용한다.

My cellular phone isn't in my suitcase. I **must have left** it at the office.

휴대 전화가 여행 가방에 없어요. 사무실에 놓고 왔나 봐요.

② cannot have p.p. ↔ must have p.p.
: 과거 상황에 대한 강한 부정적 확신이나 상황상 있을 수 없는 명백한 증거가 있을 때 사용한다.

A: I heard that Jack **got caught** shoplifting yesterday afternoon.

어제 오후에 잭이 물건을 훔치다 잡혔다는 소식을 들었어.

B: He **can't have done** it. He and I were at the movies all afternoon.

그럴 리 없어. 잭하고 나는 어제 오후 내내 영화관에 있었는데.

③ may have p.p.

: 과거 상황에 대한 불확실한 추측을 나타낼 때 사용한다.

c.f. must have p.p.에 비해 확신의 정도가 약하다.

My friend isn't home. He **may have gone** to a movie.

친구가 집에 없네. 아마 영화 보러 갔나 봐. (어디에 갔는지 확실치 않음)

④ should have p.p.

: 과거에 꼭 했어야 했는데 하지 못했다는 과거 상황에 대한 유감을 표현한다.

A: Did you finish Lesson 6 today?

오늘 6과 끝냈어?

B: Yes, but I **should have finished** it last Thursday.

응. 목요일에 끝냈어야 했는데. (목요일에 끝내지 못한 아쉬움)

⑤ need not have p.p.

: 과거에 할 필요가 없었는데 했다는 과거 상황에 대한 유감을 표현한다.

I **needn't have watered** the flowers in the garden, for it is going to rain.

정원에 있는 꽃에 물을 줄 필요가 없었어. 왜냐하면 비가 올 거니까. (물을 줄 필요가 없었는데 준 상황)

⑥ would rather have p.p.

: 과거 상황에 대한 아쉬움을 표현한다.

I'd **rather have gone** to the theater.

차라리 극장에 갈 걸. (이미 다른 곳을 간 상황에서 극장을 가는 게 나았을 거라는 유감을 나타냄)

2 의미 구별

🔍 학습 가이드

조동사는 종류도 다양하고 하나의 조동사가 여러 의미를 갖고 있기도 하다. 그렇기 때문에 의미 구별 자체가 쉽지 않다. 실제 시험에서 다양한 의미 구별 문제가 출제되고 있으니 상황에 맞게 적용할 필요가 있다.

(1) can

① 능력

Gina **can** speak Spanish fluently.

지나는 스페인어를 유창하게 할 줄 안다.

The Internet **can** transfer video files onto personal computers.

인터넷을 이용해 영상 파일을 개인용 컴퓨터로 전송시킬 수 있다.

② 가능성

I am confident that a solution can be found.
해결책이 있을 거라고 확신해.

There can be no doubt that Shannon is guilty of murder.
섀넌이 살인죄가 있다는 것에는 의심의 여지가 없다.

③ 허가, 허락

You can't park here—it's a no parking zone.
여기에 주차하시면 안 돼요. 주차 금지 구역입니다.

Can we turn on the air conditioner?
에어컨 틀어도 돼요?

④ 요청

Can I have a carrier, please?
카트 좀 주시겠어요?

Can you help me unload my stuff from the trunk?
트렁크에서 짐 내리는 것 좀 도와주시겠어요?

⑤ 지각 · 인식동사와 함께 쓰여 강조할 때

지각동사	see, hear, feel, taste, smell
인식동사	understand, remember

Can you smell something burning?
뭔가 타는 냄새가 나지 않나요?

I can't understand why you have the death penalty.
당신이 왜 사형 선고를 받았는지 도무지 이해할 수 없어요. (강조)

⑥ cannot: 사실이라고 믿기 힘든 일

Cathy cannot be a pretty trustworthy woman to tell such a lie.
캐시가 그런 거짓말을 하다니 정말 믿을 만한 사람일 리 없어.

Julie may be ill. No she can't be. She is enjoying rock music in the concert, laughing and chatting with her friends.
줄리가 아픈 가봐. 아니야 그럴 리 없어. 지금 콘서트장에서 친구들과 웃고 떠들며 록 음악을 즐기고 있거든.

This can't be a real sapphire because its color is not blue.
이것은 파란색이 아니기 때문에 진짜 사파이어일 리가 없다.

⑦ 가끔 일어나는 일

It can be quite cold here in the morning.
여긴 아침에 가끔 추워.

David can be rude.
데이빗은 가끔 무례할 때가 있어.

⑧ 놀라움과 노여움

You **can't be** serious. You are having me on.
설마. 농담이겠지. 날 놀리고 있구나.

How **can** you **be** so stupid!
그렇게 멍청할 수가 있어?

can 관용 표현
cannot help -ing=cannot but 동사원형=have no choice but to부정사 '~하지 않을 수 없다' I **cannot help laughing** at him. = I **cannot but laugh** at him. = I **have no choice but to laugh** at him. 그를 비웃지 않을 수 없다.
can't...too '아무리 ~해도 지나치지 않다' We **can't** tell our children **too** often to put their seat belts on. 아이들에게 아무리 자주 안전벨트를 매라 해도 지나치지 않다.
can't+비교급 최상의 의미 A: How are you doing? 어떻게 지내? B: (It) **Couldn't** be **better.** 이보다 더 좋을 수는 없지.
I wish I could, but 누군가의 제안을 거절할 때 I **wish I could, but** I have tickets for the theater. = I **would like to, but** I have tickets for the theater. 나도 그러고 싶지만 연극표가 있어서.

1 Now I _____ see why Cathy's parents are so fit because they go jogging every day.

(a) can

(b) might

(c) should

(d) used to

해석 캐시의 부모님은 매일 조깅을 하시니 건강한 이유를 이제야 알겠네요.

해설 지각동사(see)는 조동사 (a) can과 함께 써서 강조할 수 있다.

정답 **(a)**

2 Hey Teddy! Do you think we _____ make it to a party in time if we take a bus?

(a) ought to

(b) should

(c) will

(d) can

해석 테디야. 우리가 버스를 타면 파티에 제시간에 도착할 수 있을까?

해설 제시간에 도착 할 수 있나, 없나의 문제는 가능성에 관한 것이므로 (d) can이 옳다.

정답 **(d)**

(2) may

① 가능성

I **may** be late, so don't wait for me.

늦을 수도 있으니까, 기다리지 마.

The warming trends **may** give rise to a natural calamity in our lifetime.

지구온난화로 인한 천재지변이 우리가 살아있는 동안에 일어날 수도 있다.

② 허락, 허가

You **may** use my vehicle whenever you like.

원할 때면 언제든지 내 차를 써도 돼.

Thank you. You **may** go now.

고마워요. 이제 가도 돼요.

③ say, ask, suggest 등의 동사와 함께 쓰여 정중함을 표현

If I **may say** so, my English is excellent when it comes to the critical issue.

제가 이런 말을 해도 될지 모르겠는데, 중대한 문제에 관한 한 제 영어 실력은 우수합니다.

May I suggest that you consider the matter further before taking any measure?

조치를 취하기 전에 그 일에 대해 신중히 생각하기 바랍니다.

④ 양보 구문

Although this **may** look so easy, it is much more difficult than I thought it would be.
매우 쉬워 보이지만 생각했던 것보다 훨씬 더 어렵다.

Strange **as** it **may** sound, UFOs exist.
이상하게 들릴지 모르지만 UFO는 존재한다.

⑤ 목적 (so that, in order that)

Her husband sacrifices his life **so that** his wife **may** live.
부인이 살도록 남편은 생명을 희생했다.

⑥ 기원

May your wishes all come true.
바라는 모든 것이 성취되길 기원합니다.

---

may 관용 표현

may well '〜은 당연하다'

He **may well** get angry with her.
그가 그녀에게 화를 내는 것은 당연하다.

may as well[had better] '〜하는 편이 좋다'

You **may as well** watch your tongue.
너는 말조심 하는 것이 좋겠어.

might as well '〜하면 좋을 텐데', '〜하면 어떨까'

I **might as well** be talking to the wall as talking to you.
너에게 얘기하느니 차라리 벽에다 얘기하는 게 낫겠다.
⇨ may as well보다 다소 약한 느낌

be that as it may '그럼에도 불구하고', '그렇기는 하지만'

I know that you have tried hard; **be that as it may**, your work is just not good enough.
네가 열심히 했다는 것을 알기는 하지만 네 작품이 흡족할 만큼 훌륭하지는 못해.

📝 **Check-Up Quiz**

1 Be that as it _____, we all still think he should come.

(a) can
(b) may
(c) shall
(d) would

해석 그렇다고 해도 우리 모두는 여전히 그가 올 거라고 생각한다.
해설 be that as it may는 in spite of something과 같은 의미의 관용 표현이다. 따라서 정답은 (b)이다.
정답 **(b)**

2 You _____ go to the concert tomorrow if you behave yourself well.

(a) used to
(b) would
(c) may
(d) will

해석 네가 처신을 잘 한다면 내일 콘서트에 가도 돼.
해설 내용상 허가, 허락을 나타내는 (c) may가 정답이다.
정답 **(c)**

(3) will

① 의지

I **will** stop smoking.
담배를 끊겠다.

I **will** never let you go.
절대 널 보내지 않을 거야.

② 미래

A seminar **will** be held next Tuesday at 7 p.m.
세미나가 다음 화요일 저녁 7시에 열릴 예정입니다.

What time **will** my sister arrive?
여동생이 몇 시에 도착할까?

③ 요청, 제안
: 주로 2인칭과 함께 쓰여 요청이나 제안을 나타낸다.

Will you send this letter for me, please?
내 대신 이 편지 좀 부쳐 주겠니?

Will you be quiet?
조용히 좀 할래? (약간 명령조이며, 화가 난 듯한 어감)

④ 사람과 사물의 일반적 습성이나 경향

If it's made of wood it will float.
목재로 만들어진 것이면 물에 뜬다.

Accidents will happen.
사고는 일어나기 마련이다.

Kids will be kids. Don't be so hard on him.
아이들이 다 그렇죠. 너무 나무라지 마세요.

Blood will tell.
피는 못 속인다.

---

will 관용 표현

will do '충분하다', '만족하다'

    A: 10 dollars will be enough?
       10달러면 되겠어?

    B: Ten dollars **will do.** (=be satisfactory)
       충분해.

Check-Up Quiz

1 A little alcohol _____ do you no harm.

   (a) will
   (b) can
   (c) must
   (d) should

해석 소량의 술은 무해하다.
해설 술의 일반적 특징을 말하고 있다. 사람, 사물의 일반적 성향을 말할 때 (a) will을 사용한다.
정답 (a)

2 _____ you stop that incessant noise and listen to me for a moment?

   (a) Do
   (b) Can
   (c) Will
   (d) Shall

해석 조용히 좀 하고 잠깐 내 말 좀 들어 볼래?
해설 남에게 요청을 할 때 Will you ...?라고 한다. 따라서 정답은 (c)이다.
정답 (c)

(4) would

① will의 과거

: 과거 시점에서 바라 본 미래 상황을 나타낼 때

He said he would meet us at the bus stop at 7: 30.
그는 버스 정류장에서 7시 30분에 우리를 만날 거라고 말했다.

Che Guevara might have known the day he'd been longing for would never come in his life.
체 게바라는 그가 그토록 바랐던 영원한 승리의 그날은 결코 오지 않을 거라는 걸 알고 있었는지도 모른다.

② 과거의 습관

: 과거에 규칙적으로 빈번히 일어난 행위를 나타낼 때 사용

When Jessy and I were in the same school, we would often have lunch together.
제시와 난 같은 학교를 다닐 때 함께 점심을 먹곤 했다.

On winter nights my grandmother would read me a bedtime story.
예전엔 겨울밤이면 할머니께서 잠자리에서 책을 읽어주시곤 했다.

c.f. **When I was young, our family would[used to] visit grandpa's every summer.**
어린 시절 매 여름 할아버지 댁을 방문하곤 했다. (would, used to 둘 다 사용 가능)

③ 요청

: will보다 겸손한 요청을 나타낸다.

Would you shut the door, please?
문 좀 닫아 주시겠어요?

Would you please tell me what's going on?
무슨 일인지 저에게 말씀 좀 해주시겠어요?

④ 정중한 제안, 초대

Would you like a coffee?
커피 한 잔 할래요?

We're going to the movie tonight. Would you be interested in coming?
오늘 밤 영화 보러 갈 건데. 같이 갈래?

Would you have dinner with me on Friday?
금요일에 저와 함께 저녁 식사하시겠어요?

⑤ would not

: 어떤 행위를 하기 위해 노력을 했는데도 잘 안 될 때 사용한다.

The cabinet door wouldn't open, no matter how hard I pulled.
아무리 당겨보아도 캐비닛 문이 열리지 않았다.

⑥ 가정법

What would you do if you won $1,000,000?
백만 달러에 당첨되면 뭐 할 거니?

I **would** be happy if I became a journalist.
기자가 되면 좋을 텐데.

would 관용 표현
would rather[prefer to] '오히려 ～하는 편이 낫다'
I **would rather** stay at home than go to the movies.   영화 보러 가는 것보다 집에 있는 게 좋겠어.

Check-Up Quiz

1 In the morning, I found that my car _____ not start.

(a) should
(b) would
(c) could
(d) might

해석 아침에 차가 시동이 걸리지 않는 것을 알았다.
해설 어떤 행위를 하기 위해 노력을 했는데도 잘 안 될 때 would not을 사용한다. 시동을 걸려고 시도를 했지만 잘 안 되었
    다는 내용이므로 정답은 (b)이다.
정답 **(b)**

2 If the motorcycle had not been driven so carelessly on, it _____ not have dashed against the electric pole.

(a) can
(b) will
(c) would
(d) should

해석 오토바이를 그렇게 막 몰지 않았더라면 전봇대에 부딪치는 일이 없었을 것이다.
해설 가정법의 상황에서 상태를 설명할 때 (c) would를 쓴다.
정답 **(c)**

(5) must

① 의무와 법칙, 규정

All passengers **must** wear seat belts.
전 승객 여러분은 안전벨트를 착용해야 합니다.

For this machine to work, the blue button **must** be pushed.
기계를 작동하려면 파란 버튼을 눌러야 합니다.

② 강한 추측과 가능성

Clara **must** be almost 70 years old now.
클라라는 지금 거의 70세 정도일 거야.

There **must** be something wrong with the machine.
기계에 문제가 생긴 게 분명해.

③ must not: 강한 부정

You **must not** go there.
넌 거기 가선 안 돼. (must not ≠ don't have to)

c.f. You **need not** go there.=You **don't have to** go there.
거기 갈 필요 없어. (need not=don't have to)

④ must의 시제

미래시제 will have to	현재시제 must	과거시제 had to

I **had to** meet her **yesterday**. (과거)
I **must** meet her **yesterday**. (X)
⇨ 과거시제에는 must만을 쓸 수 없다.

I **will have to** meet her tomorrow. (미래)

⑤ 명사 must

: must가 명사로 쓰이면 가산명사이고 보통 단수인 a must 형태로만 사용된다.

His new novel is **a must** for all lovers of crime fiction.
그의 신작 소설은 모든 범죄 소설 애호가들이 꼭 읽어야 할 책이다.

If you'll be out all day, sunscreen is **a must**.
오늘 하루 종일 밖에 있을 거면 자외선 차단제는 필수야.

📝 Check-Up Quiz

1 The policy that was written on the back of your receipt told you what you
_____ do for a cash refund.

(a) must
(b) had to
(c) would
(d) have to

해석 영수증 뒷면에 쓰인 정책은 현금으로 환불받기 위해 해야 할 일에 관한 것이다.
해설 주어(The policy)에 관한 의무 사항을 얘기하고 있으며, 전반적인 시제가 과거이므로 (a) must가 아닌 (b) had to가
옳다.
정답 (b)

2 You _____ be worn out after rowing the boat for an hour.

  (a) have to
  (b) should
  (c) had to
  (d) must

해석 한 시간 동안 노를 저었으니 넌 분명 지칠 거야.
해설 강한 추측과 가능성을 나타내고 있으므로 (d) must가 가장 적절하다.
정답 (d)

(6) shall

① 1인칭 단순 미래
: 1인칭의 의지가 아닌 단순히 미래의 시간을 나타낼 때 사용한다.

I shall graduate from high school this year.
올해 고등학교를 졸업할 것이다.

② 2, 3인칭 화자의 의지
: 주어는 2, 3인칭이지만 실제로는 말하는 화자의 의지를 나타낼 때 사용한다.

You **shall** have this book.=I **will** let you have this book.
이 책을 주겠다. (2인칭을 썼지만, I의 의지)

You **shall** die.=I **will** kill you.
넌 죽었어. (2인칭을 썼지만, I의 의지)

You shall have the answer by tomorrow.
=I will let you have the answer by tomorrow.
내일까지 답을 주겠다. (2인칭을 썼지만, 결국 I의 의지)

③ 의문문
: 1, 3인칭과 함께 쓰여 상대방의 의지를 묻는 데 사용한다.

Shall I send you the magazine?
그 잡지를 보내 드릴까요?

Shall we dance?
우리 춤출까요?

1 You _____ regret what you did if you don't give yourself up to the police.

(a) shall
(b) may
(c) will
(d) can

해석 경찰에 자수하지 않으면 네가 한 짓을 후회하게 될 거야.
해설 2인칭과 (a) shall을 함께 쓰면 화자의 의지를 담게 된다. 즉, You라고 했지만, 결국, '내가 널 후회하게 해주겠어'라는 화자의 의지를 담고 있다.
정답 (a)

2 If I read the novel 'Scarlet Letter' once more, I _____ have read it four times.

(a) can
(b) will
(c) may
(d) shall

해석 소설 〈주홍글씨〉를 한 번 더 읽으면 네 번 읽은 셈이 될 겁니다.
해설 1인칭의 의지가 아닌 단순히 4번째가 된다는 것은 1인칭의 단순 미래로 볼 수 있으므로 답은 (d) shall이다.
정답 (d)

(7) should[ought to]

① 올바른 행동, 바른 삶, 이치에 맞는 것, 조언

People **should** be honest and not steal creative work.
인간은 정직해야 하며 창작을 몰래 훔쳐서는 안 된다.

You **shouldn't** talk on your cell phone when you are with someone.
다른 사람과 함께 있을 땐 전화 통화하면 안 돼.

② 예상과 추측

The roads **should** be less crowded today.
오늘은 도로가 덜 복잡할 것이다.

It **should** be raining now, according to the weather forecast.
일기 예보에 의하면 지금쯤 비가 와야 하는데. (비가 오지 않음)

③ 제안 · 주장 · 명령 · 요구 동사

suggest, insist, demand, request, ask, order, move	+that+(should)동사원형	제안 · 주장 · 명령 · 요구 동사

The residents **require that** there (**should**) be a senior citizen center.
주민들은 경로당이 있어야 한다고 요구했다.

④ 이성 형용사

necessary, important, urgent, required, proper, natural, rational, essential, insistent, imperative, advisable	+that+should+동사원형	이성 형용사

It is **essential that** children **should** have a diet rich in protein.
어린이들은 단백질이 풍부한 음식을 섭취하는 것이 필수적이다.

⑤ 감정 형용사

astonished, curious, odd, regrettable, strange, surprising, wonderful	+that+should+동사원형	감정 형용사

It's **strange that** you **should** say that.
당신이 그렇게 말하니 이상하네요.

📝 Check-Up Quiz

1 I am anxious that nobody _____ be hurt.

(a) would
(b) could
(c) might
(d) should

해석 아무도 다치지 않기를 간절히 바라요.
해설 여기서 형용사 anxious는 이성적 당위성을 나타내므로, that 뒤에는 (d) should가 알맞다.
정답 **(d)**

2 Crystal _____ get here soon—she left home at five.

(a) should
(b) must
(c) can
(d) will

해석 크리스탈이 5시에 집에서 떠났으니 곧 여기에 올거야.
해설 정황상 논리적으로 예측되는 일을 말할 때 (a) should를 쓴다.
정답 **(a)**

(8) used to

① **과거의 습관:** 과거에 일정 기간 꾸준히 해왔지만 지금은 하지 않는 행동을 말할 때

I **used to** smoke, but now I've stopped.
예전에 담배를 폈지만, 지금은 끊었다.

That building **used to** be a cinema.
저 건물이 예전엔 극장이었지. (지금은 극장이 아님)

② **과거의 상태**

There **used to** be a general hospital in the vicinity.
예전에 이 근처에 종합병원이 있었다. (지금은 없다)

> *c.f.* would vs. used to
>
> would는 과거의 습관을 표시할 수는 있지만, 과거의 상태는 나타낼 수 없다.
>
> There **would** be a medical clinic in the vicinity. (X)
> There **used to** be a medical clinic in the vicinity. (O)

③ used to의 부정: used not to, didn't use to

I **used not to** like opera, but now I do.

I **did not use to** like opera, but now I do.
예전엔 오페라를 좋아하지 않았지만, 지금은 좋다.

④ used to의 의문문: Did+S+used to+동사원형~?/ Used+S+동사원형~?

Did you used to play soccer at school?

Used you to play soccer at school?
예전에 학교에서 축구를 하곤 했어?

⑤ be used to -ing: ~에 익숙하다 (주어는 사람)

We **were used to studying** together.
=We **were accustomed to studying** together.
우리는 함께 공부하는 데 익숙하다.

c.f. be used to부정사: ~하기 위해서 사용되다 (주어는 사물)

Sexual harassment is a term that **is used to describe** behavior at work that is sexually offensive or inappropriate.
성희롱은 직장에서 성적으로 공격적이거나 부적절한 행위를 가리키는 용어이다.

1 I _____ like Terra much when we were at school.

(a) didn't used to
(b) should not
(c) must not
(d) cannot

> **해석** 우리가 학교에 다닐 때에는 내가 테라를 별로 좋아하지 않았다.
> **해설** 과거의 습관에 대해서 말할 땐 used to를 쓰고, 부정의 형태는 used not to 혹은 (a) didn't use to를 쓴다.
> **정답** (a)

2 Jung-Ah was more _____ people than I was.

(a) use to interrogate
(b) used to interrogate
(c) used to interrogating
(d) used to be interrogated

> **해석** 정아는 나보다 사람들을 심문하는 것에 익숙했다.
> **해설** 주어(Jung-Ah)가 사람이고 '~에 익숙하다'라는 의미는 be used to(전치사) -ing의 형태이므로 (c)가 정답이다.
> **정답** (c)

---

3 생략

🔍 **학습 가이드**

조동사 뒤에 동사를 써야 하는 경우와 생략하는 경우가 있는데, 중요한 점은 어떤 동사가 올 것인지 정확히 파악하고 생략하는 경우와 반드시 써야 하는 경우를 이해해야 한다.

① **일반동사:** 조동사 뒤에 일반동사가 올 경우는 무조건 생략한다.

A: Can you describe it?
자세히 설명해 주겠니?

B: Of course, I **can.**
물론이죠. (일반동사 describe 생략)

② **be동사:** 조동사 뒤에 be동사가 올 경우 be동사는 생략하면 안 된다.

Sally's lost much weight; she's five kilos lighter than she **used to be.**
그녀는 체중이 많이 줄었다. 그래서 예전보다 5kg 더 가벼워졌다.

③ **have**: 조동사 뒤에 완료시제를 쓸 경우는 have까지만 남기고 생략한다.

A: Did you say goodbye when Johnson left?
존슨이 떠날 때 작별 인사를 했니?

B: No. I suppose I really **should have.**
아니, 해야겠다고 생각하고 있었는데 못했네. (said 이하 생략)

Check-Up Quiz

1 A: Would you like to go for a driving with me tonight?
B: I wish I _____ , but I have a prior engagement.

(a) could
(b) could do
(c) could be
(d) could have

해석 A: 오늘 나랑 드라이브 갈래요?
　　　 B: 그러고 싶지만 선약이 있어요.
해설 조동사(could) 뒤에 일반동사(go)를 써야 하지만 조동사 뒤에 일반동사를 받는 경우 생략하므로 (a) could가 정답이다.
정답 (a)

2 A: Is Ted coming to Neil's retirement party?
B: He _____ since he asked me what time it starts.

(a) must
(b) must be
(c) must do
(d) must be doing

해석 A: 테드가 닐의 퇴직 파티에 올까?
　　　 B: 분명 올 거야. 몇 시에 시작하는지 물어봤거든.
해설 조동사 must 뒤에 오는 동사가 be동사라면 생략할 수 없으므로 (b) must be가 정답이다.
정답 (b)

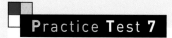

Part I

1   A: I'm so tired. I feel achy all over my body.
    B: You asked for it. you _____ have worked out that intensively.

    (a) wouldn't
    (b) couldn't
    (c) shouldn't
    (d) mustn't

2   A: Is Fedor ever going to compete in Ultimate Fighting Championship for CroCap?
    B: I think he _____ before long.

    (a) will
    (b) will do
    (c) will be
    (d) will have

3   A: Keith, don't drink too much till late at night.
    B: I _____. Don't worry about me.

    (a) mustn't
    (b) mayn't
    (c) can't
    (d) won't

4   A: I would like to have a word with you for a second.
    B: Okay. I _____ talk for about five minutes.

    (a) would
    (b) must
    (c) may
    (d) can

5   A: Hello. This is Carol speaking. I'd like to confirm my reservation to L.A. for tonight.
    B: That _____ be right. There is no such flight listed on the board today.

    (a) isn't able to
    (b) shoudn't
    (c) can't
    (d) mustn't

6 A: I was supposed to meet Charles here at five o'clock, but I don't see him.

B: Really? I think you both _____ have just missed each other.

(a) would
(b) should
(c) cannot
(d) must

7 A: *The Michael Jackson and Friends Concert* drew a great crowd.

B: Yeah, I figured it _____.

(a) would
(b) could
(c) should
(d) used to

8 A: Did you hear France lost to China with a score of one to nothing after extra time?

B: Who _____ have predicted that outcome?

(a) must
(b) could
(c) would
(d) should

Part II

9 Strong hallucinogens such as 'ketamine' and 'ecstasy' _____ sometimes cause severe muscle spasms and even knock you down cold.

(a) would
(b) might
(c) must
(d) have

10 It is strongly recommended that airplanes _____ be checked offer every flight.

(a) might
(b) would
(c) should
(d) could

11 Anderson expected to have an opportunity to go overseas to study English, but in the end he _____.

(a) didn't
(b) haven't
(c) hadn't done
(d) didn't have

12 You _____ the way Chris was skating—I didn't know he had it in him!

(a) can see
(b) would see
(c) must have seen
(d) should have seen

13 Gabrielle _____ have introduced herself to Robinson since she had met him before.

(a) can't
(b) must
(c) needn't
(d) should

14 Most people are aware that there _____ be an end to their lives.

(a) will
(b) can
(c) might
(d) should

15 We all _____ use some help when it comes to learning.

(a) mustn't
(b) should
(c) would
(d) could

16 Seeking innovative and high-qualified candidates isn't as easy as it _____.

    (a) used to

    (b) is used to

    (c) used to be

    (d) is used to being

Part III

17 (a) A: Did you hear the screaming match at the Smith's last night? I was annoyed by it.

    (b) B: No. I was really tired, so I went to bed earlier than usual.

    (c) A: You would be a deep sleeper.

    (d) B: I think so. I didn't notice it at all.

18 (a) A: I shouldn't have said what I said to you.

    (b) B: It's okay. We can't let something like that come between us.

    (c) A: You can't have felt unpleasant. I am really sorry.

    (d) B: Let's forget about the matter.

Part IV

19 (a) Throughout much of Africa, the lack of experienced medical personnel has been hurting the effort to prevent and treat HIV/ AIDS. (b) Nongovernmental organizations was expected that leaders of the G-8 nations will agree to devote major new funding to this problem at their recent meeting in China, but they failed to do so. (c) But this could not prevent the United States from taking strong action on its own. (d) Washington pledged an assistance package that would cost about $3 billion over the course of four years.

20 (a) Many people think that leftovers to be stored in the refrigerator must first be allowed to cool to room temperature. (b) One theory is that allowing food to cool at a slower rate reduces the likelihood that it will spoil in storage. (c) Another suggests that hot food should somehow interfere with the circulation of cold air in the refrigerator. (d) The notion may have originated back when food was stored in iceboxes and thus could not be too hot when stored.

08

형용사와 부사

형용사와 부사는 수식어라는 공통점이 있지만 형용사는 보어 자리에도 올 수 있는 반면 부사는 문장의 주요 성분으로 쓰이지 않는다. 형용사와 부사는 비슷하면서도 다른 특징을 갖기 때문에 TEPS 문법 영역에서도 높은 비중을 차지한다.

🎙 Sample Question

A: How do you like your new laptop computer?
B: Not so good. I deem it _____ to make a report on it.

(a) difficult
(b) difficultly
(c) more difficult
(d) most difficultly

해석 A: 새로 산 노트북 어때?
B: 별로야. 보고서 작성하기 어려운 것 같아.

해설 • 형용사 vs. 부사 (a), (c) vs. (b), (d)
  ⇨ deem은 〈목적어+목적격〉 보어를 취함
  ⇨ 목적격 보어 자리에는 명사·형용사 상당 어구가 옴 ⇨ (b), (d) 탈락
• 원급 vs. 비교급 (a) vs. (c)
  ⇨ 비교급 형용사가 답이 되려면 비교 대상이 있어야 함 ⇨ (c) 탈락
• 정답은 (a)이다.

해결 형용사와 부사의 구별
• 동사의 종류 ⇨ 보어를 필요로 하는 동사 vs. 보어 없이 완전한 문장을 이루는 동사
• 부사는 보어 자리에 오지 않는다.
• 비교급에 사용되는 than과 원급에 사용되는 as가 있는지 확인

1 형용사

학습 가이드

형용사는 명사를 수식하는 수식어적 기능과 주격 · 목적격 보어로 사용되는 문장 성분으로의 두 가지 기능을 갖는다. 그러나 명사를 수식하는 경우, 상황에 따라 전치 수식과 후치 수식이 가능하며 주격 · 목적격 보어를 취하는 동사의 수도 다양하므로 고난도 문제에 속한다.

(1) 형용사의 위치

전치 수식	일반적으로 형용사는 명사 앞에서 수식
후치 수식	형용사가 길거나 -ible, -able로 끝나는 형용사는 명사 뒤에서 수식
주격 보어	주어+동사+주격 보어 ⇨ 주어를 보충하는 역할
목적격 보어	주어+동사+목적어+목적격 보어 ⇨ 목적어를 보충하는 역할
수량 형용사	단 · 복수, 가산 · 불가산명사와의 결합에 따른 수일치를 묻는 경우가 많음

① 전치 수식

Universities have suffered a **dramatic** drop in student numbers.
대학들은 급격한 학생 수 감소로 난항을 겪고 있다.

② 후치 수식

(a) 형용사가 구를 이루어 길어진 경우, 명사 앞에 위치한다면 수식 관계가 잘 보이지 않으므로 명사 뒤에 위치한다.

A local gang **responsible for the recent burglaries** is arrested.
최근 절도 혐의를 받고 있는 한 지역 갱단이 체포되었다.

(b) 최상급이나, all, every 등이 포함된 명사를 -ible, -able로 끝나는 형용사로 수식할 때 -ible, -able로 끝나는 형용사는 명사 뒤에 위치한다.

It is **the greatest** motorcycle **imaginable**.
이것은 상상 이상의 최고의 오토바이다. (최상급+명사+-able 형용사)

③ 주격 보어

(a) 상태 (be형)

be, remain, keep, stay, look, seem, appear, feel, smell, sound, taste, prove, turn out

He **looks tired**.
그는 피곤해 보인다.

Good medicine **tastes bitter** to the mouth.
좋은 약이 입에 쓰다.

Eat right to **stay healthy**.
건강을 유지하려면 잘 먹어라.

(b) 변화 (become형)

become, get, grow, go, come, run, fall, make

Don't worry, it'll all **come right** in the end.
걱정 마. 잘 될 거야.

The crowd was **going wild** with excitement.
군중은 흥분하여 점점 거칠어졌다.

④ 목적격 보어

consider, deem, make, find+목적어+목적격 보어

Most parents do not **consider** the film **suitable** for young children.
대부분의 부모들은 그 영화가 어린 아이들에게 적절하지 않다고 생각한다.

The Prime Minister has **made** it **clear** that he is not going to change his mind.
수상은 마음을 바꾸지 않을 것이라고 명백히 밝혔다.

⑤ 수량 형용사는 명사의 가산성 여부에 따라 단·복수를 알맞게 일치시킨다.

가산 (복수)	many	a good[great] number of, a good[great] many, a host of, many a
	few	not a few, quite a few, a good few(많은), a few, few, only a few
불가산 (단수)	much	a good[great] deal of, a large[great] amount[quantity] of
	little	quite a little(많은), a little, little, only a little
가산 · 불가산 (단 · 복수)		a lot of, lots of, plenty of, some

A good few people were upset about the new tax.
많은 사람들이 새로운 세금에 화가 났다. (가산명사 people에 동사 were로 수일치)

My wife paid **little attention** to what the others were saying.
내 아내는 다른 사람들의 말에 거의 신경을 쓰지 않는다. (attention은 불가산명사)

1 It behooves the government to strive to help reduce the number of crimes and catch _____ for crimes that do occur.

(a) those responsible
(b) responsible those
(c) them responsible
(d) responsible them

해석 범죄를 줄이는 노력과 발생하는 사건의 범인을 잡는 것이 국가의 책무이다.

해설 대명사 중 수식어구를 동반할 수 있는 대명사는 that과 those뿐이다. 대명사 them은 수식어를 동반할 수 없다. 또한 -ible로 끝나는 형용사는 일반적으로 후치 수식을 하므로 정답은 (a)이다.

정답 (a)

2 I paid 60 dollars for this smart phone and it's probably _____.

(a) worthy them
(b) worth them
(c) worthy it
(d) worth it

해석 이 스마트폰에 60달러를 냈는데 그만한 가치가 있을 거야.

해설 형용사 worth와 worthy, 대명사 it와 them의 구별을 묻고 있다. 형용사 worthy는 바로 명사를 취하지 못하고 〈worthy of+명사〉로 쓰고, worth는 바로 명사나 대명사를 취할 수 있다. dollar는 비록 복수형으로 나타내지만 단위 명사는 단수로 취급한다. 따라서 (d)가 정답이다.

정답 (d)

2 부사

🔍 **학습 가이드**

형용사는 명사를 수식하는 반면, 부사는 명사를 수식하지 못한다. 형용사는 보어 자리에 사용할 수 있는 반면, 부사는 사용할 수 없다. 따라서 TEPS에서는 형용사와 구별하는 문제로 자주 출제된다. 그 밖의 여러 특수 용법이 있는 부사도 꼭 익혀두자.

부사의 위치

형용사/ 부사 수식	형용사 또는 부사 앞에 위치
동사 수식	문미에 위치 (95%), 동사 강조 시 동사 앞에 위치 (5%)
특수 부사	독특한 어법이 있는 부사

① 부사가 형용사나 부사를 수식할 경우 바로 앞에 위치한다.

This novel is **very** interesting.
이 소설은 정말 재미있어. (형용사 수식)

The traffic's moving **very** slowly this morning.
오늘 아침 교통 흐름이 너무 느리네. (부사 수식)

② 동사를 수식할 경우, 문미에 쓴다.

It's important to exercise **regularly**.
규칙적으로 운동하는 것이 중요하다.

Children are required to attend school **regularly**.
어린이들은 규칙적으로 학교에 가야 한다.

c.f. 동사를 강조할 때 동사 앞에 위치

Fred **frankly** admitted that the report was a pack of lies.
프레드는 그 보고서에 거짓이 많다는 점을 솔직히 인정했다.

c.f. 빈도부사는 일반동사 앞, be동사와 조동사 뒤에 위치

Janet **usually** wears jeans to work.
재닛은 보통 청바지를 입고 출근한다.

③ 특수 어법

(a) each: 구체적 숫자 명사 뒤

The tickets cost $20 **each**.
표는 장당 20달러이다. (구체적인 숫자 $20 뒤에)

(b) some: 구체적 숫자 명사 앞, '대략', '약'

Gloria gained **some** 20 pounds in weight during pregnancy.
글로리아는 임신 중 살이 약 20파운드 쪘다. (구체적인 숫자 20 pounds 앞에)

(c) most vs. mostly

most	(단순히) '가장 많이'
mostly+명사	(구체적인 어느 한 무리가 상당수인) '주로', '대부분'

There were about twenty people in the lobby, **mostly** women.
로비에 대략 20명 정도 있었는데 그중 상당수가 여성이었다.

(d) 부사 that: 최근 높은 출제 비율을 보이고 있다.

that	(의문문과 부정문에서) '그렇게', '그 정도로'

There aren't **that** many people here.
여기에 사람들이 그렇게 많지는 않다.

(e) 부사 well

well before[after/ above/ below] '훨씬 전에[후에/ 위에/ 아래에]'

It was **well** after 1 o'clock when my husband arrived.

남편이 도착했을 때는 1시가 훨씬 지난 후였다. (well이 after 이하 전치사구 수식)

---

well vs. very, much
공통점 모두 '매우, 훨씬'의 의미
차이점 well은 전치사구를 주로 꾸민다

(f) far

비교급 강조
전치사 강조
too many, too long, too much 등을 강조

Some people were **far** more concerned about diabetes.

일부 사람들은 당뇨병에 대해 훨씬 더 걱정하고 있다. (비교급 강조)

Frank bought a television for a price that was **far** beyond its real value.

프랭크는 실제 값보다 훨씬 높은 가격에 텔레비전을 샀다. (전치사 강조)

It would take me **far** too long to explain.

설명하자면 오래 걸릴 텐데. (부사 too long 강조)

📝 Check-Up Quiz

1 Tuberculosis(TB) claims _____ 1.7 million people each year.

(a) approximate
(b) some
(c) more
(d) any

해석 매년 결핵으로 170만 명이 목숨을 잃고 있다.
해설 숫자와 결합할 수 있는 부사는 선택지 중 (b) some뿐이다. (d) any는 부사로 비교급을 수식하기도 하지만 여기서는 비교급이 없다. 부사 approximately는 숫자와 결합이 가능하나, 형용사 (a) approximate는 숫자와 결합할 수 없다. more than은 숫자와 결합 가능하나, (c) more는 숫자와 결합할 수 없다. 따라서 정답은 (b)이다.
정답 **(b)**

2 In England, _____ before they serve half the time they receive.

(a) prisoners often are released
(b) prisoners are often released
(c) prisoners are released often
(d) often prisoners are released

해석 영국에서는 형기를 절반 정도 채우기 전에 석방되는 경우가 많다.
해설 빈도부사는 일반동사 앞, be동사나 조동사 뒤에 위치한다. 선택지 가운데 빈도 부사 often의 위치가 올바른 것은 (b)이다.
정답 **(b)**

3 비교급과 최상급

비교급과 최상급을 나타낼 수 있는 품사는 형용사와 부사뿐이기 때문에 TEPS에서는 비교급과 최상급 문제를 일반 형용사, 부사와 혼합하여 출제한다. 출제자의 의도를 명확히 파악해야만 풀 수 있는 난이도 높은 유형이다.

원급 vs. 비교급	〈as+원급+as〉 vs. 〈비교급+than〉
형용사 vs. 부사	**비교급, 최상급은 형용사와 부사만 가능** ⇨ 비교급과 최상급 문제에서는 형용사 혹은 부사가 아니면 정답이 될 수 없음 　형용사　문장의 주요 요소로 쓰이므로 생략할 수 없음 　부사　생략해도 완전한 문장을 이룸
강조 어구	강조어구의 종류와 어순 유의
기타	이중 비교급, the+비교급

① 비교급, 최상급은 두 단어가 하나의 pair로 사용되므로 함께 쓰는 어구를 통해 판단할 수 있다.

I saw an old woman with hair **as white as** snow.
난 눈처럼 하얀 머리를 가진 여자를 보았다. (원급)

Jake's family is much **more important** to him **than** his career.
제이크에게는 일보다 가족이 훨씬 더 중요하다. (비교급)

② 원급 비교의 경우 비교 표현을 빼도 문장이 완전하다면 부사의 원급 비교이며, 그렇지 않다면 형용사의 원급 비교가 된다.

His works of art are as (**great**/ ~~greatly~~) as Tom's.
그의 예술 작품들은 탐의 것만큼이나 훌륭하다. (as 이하는 be동사 뒤 보어자리, 즉 형용사의 원급 비교)

③ 원급, 비교급, 최상급을 강조하는 어구

원급 강조	very, really, so
비교급 강조	much, far, by far, even, still, a lot
최상급 강조	much, by far, the very, far and away

The fishing industry is **very** important to the area.
어업은 이 지역에 매우 중요하다. (원급 강조)

It was **much** easier doing the letter on the computer than by handwriting.
손으로 쓰는 것보다 컴퓨터로 문서 작업하는 것이 훨씬 쉽다. (비교급 강조)

We only use **the very best** ingredients.

우리는 최고의 재료만을 사용한다. (최상급 강조)

c.f. much와 by far 모두 비교급과 최상급 강조

It's **much** the best way to do it.

이것이 최선의 방법이다. (최상급 강조)

The first of these reasons is **by far** the most important.

이 중에서 첫 번째 이유가 단연코 가장 중요하다. (최상급 강조)

④ 기타

이중 비교급	**the+비교급, the+비교급**
특수 비교급	**the+비교급+of the two**

The higher the waves are, **the more dangerous** the surfing is.

파도가 높으면 높을수록 서핑은 더 위험하다. (이중 비교급)

Jordan is **the more intelligent of the two** boys.

두 소년 중 조단이 더 영특하다. (of the two 앞에 the+비교급)

📝 Check-Up Quiz

1 There're not enough golf courses at home, making it that _____ harder to step on the field and thus expensive.

(a) so
(b) too
(c) very
(d) much

해석 국내에서는 골프를 배울 만한 곳이 충분치 않아 필드에 나가는 것이 더욱 어렵고 가격도 비싸다.

해설 비교급 형용사 harder를 강조할 수 있는 부사는 선택지 중 (d) much 뿐이다. harder 뒤에 to부정사가 있어서 (b) too 를 고를 수도 있으나 여기서 to부정사는 가목적어 it의 진목적어에 해당하므로 옳지 않다.

정답 (d)

2 Corn is becoming _____ of an energy source than foodstuff and the land it grows on is getting pricier.

(a) many
(b) much
(c) most
(d) more

해석 옥수수가 식량이 아닌 에너지 연료로 쓰이면서 재배지의 값도 오르고 있다.

해설 뒤에 than이 있는 것으로 보아 빈칸에는 비교급이 온다는 것을 알 수 있다. 따라서 정답은 (d) more이다.

정답 (d)

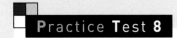

Practice Test 8

Part I

1 A: Have these tablet PCs been selling well recently?

B: Sure. The demand is twice as _____ as the supply.

(a) greatest
(b) greater
(c) greatly
(d) great

2 A: How do you like your new smart phone?

B: It's fantastic. But I find it _____ to use.

(a) difficult
(b) difficultly
(c) more difficult
(d) most difficult

3 A: I heard you failed in your first business. I am a little concerned about you.

B: I am none _____ worse for a single failure.

(a) by far
(b) much
(c) the
(d) so

4 A: Do you want to purchase a four-door sedan or a two-door?

B: _____ would be fine.

(a) Any
(b) Some
(c) Every
(d) Either

5 A: Is your house far from here?

B: No. It's only _____ way from here.

(a) few
(b) little
(c) a short
(d) a little

6 A: I heard you are very familiar with our final destination, Hidden Valley in Manila.

B: Yes. I've been there quite _____ times.

(a) a little
(b) a few
(c) little
(d) few

7 A: Jeffery, has anyone called?

B: Yes, _____ guy called for you in the afternoon.

(a) every
(b) many
(c) some
(d) any

8 A: How did your parents like your suggestion?

B: Their resistance wasn't nearly as _____ as I expected.

(a) great
(b) greatly
(c) greater
(d) greatest

Part II

9 Whites are _____ to be mugged as non-whites.

(a) less half than likely
(b) likely than as half as
(c) as less than half likely
(d) less than half as likely

10 The onions grown in this region seem the _____ best in quality.

(a) far
(b) by far
(c) quite
(d) very

11 Calvin spent much more than he originally planned and he took _____ to finish the work.

(a) twice as long
(b) as twice as long
(c) twice as long as
(d) as long twice as

12 We are getting on with the job as _____ as we can.

(a) faster
(b) quick
(c) speedy
(d) rapidly

13 Regrettably these rules are _____ too often ignored.

(a) so
(b) far
(c) very
(d) really

14 There was a difference in salary between men and women but, to be honest, not _____ much of a difference.

(a) so
(b) such
(c) real
(d) that

15 He goes to work _____ every other Saturday.

(a) all
(b) some
(c) most
(d) the most

16 Police say that masked gunmen killed 21 Iraqi contractors, _____ men, after dragging them off buses south of Baghdad.

   (a) most
   (b) mostly
   (c) almost
   (d) the most

Part III

17 (a) A: Congratulations, I heard the surgery was very successful.

   (b) B: We took this radically new approach for the first time.

   (c) A: Is there dangerous anything about the new procedure?

   (d) B: As far as I am concerned, it's the safest way ever to do it.

18 (a) A: It's been that long since I saw you last. I'm so glad I ran into you.

   (b) B: Then let's go get some coffee.

   (c) A: Sounds great. Do you know any good place nearby?

   (d) B: There's a café nearby that I go to. Let's go there.

Part IV

19 (a) It may come as a surprise for some people to learn that tattoos have been around for centuries. (b) Ancient kings had tattoos to demonstrate their rank and authority and they have long been recognized for their aesthetic beauty in many parts of the world. (c) In modern times however, tattoos haven't enjoyed wide acceptance. (d) But in recent years, tattoos have started to catch on again as a fashion and a personal statement since celebrities have embraced them with eager.

20 (a) At present, there are more than 20 medications available to treat diabetes. (b) But currently Fuzeon is the only medication that can curb the disease at its early stage before it invades the entire body. (c) However, due to its complex production process, the drug is more than three times expensive than other diabetes medicines, costing patients $25,000 per year. (d) Fuzeon is currently sold exclusively by F. Hoffmann-La Roche Ltd, the Swiss-based pharmaceutical company.

접속사

접속사는 단어와 단어, 구와 구, 절과 절을 연결해 주는 기능을 하며, 단순한 연결 기능 뿐만 아니라 문장 내에서 접속사마다 각기 특유의 논리적 기능을 하기 때문에 쉽지 않은 유형에 속한다.

Sample Question

_____ China has plenty of human resources, its economy is becoming bustling.

(a) Since
(b) Once
(c) When
(d) Although

해석 중국은 풍부한 인적 자원을 가지고 있기 때문에, 경제가 점점 활성화 되어가고 있다.

해설 • 콤마를 중심으로 양쪽 절의 논리적 단서를 파악
  ⇨ 풍부한 인적 자원과 경제의 활성화(원인과 결과)
  • 접속사별 특징
  (a) Since: 원인
  (b) Once: 조건
  (c) When: 시간
  (d) Although: 양보
  • 정답 고르기
  〈Since+원인, 결과〉의 구조를 가지며 원인이 긍정적이면 결과 또한 긍정적이다. 따라서 (a)가 정답이다.

해결 접속사의 구별은 단순한 해석을 넘어 절과 절의 논리성까지 파악해야 한다.

1 등위접속사

🔍 학습 가이드

등위접속사는 대등한 논리로 절과 절을 연결하는 접속사이다. 문두에 오지 않으며 콤마와 밀접한 관계가 있다는 것을 염두에 두고 각 접속사를 구별한다.

(1) 등위접속사의 구별

① and: 첨가

Gwen copied **and** filed the relevant documents.

그웬은 관련 서류를 복사하고 정리했다.

② or: 선택

Would you like a cup of coffee **or** tea?

커피나 차 한 잔 하시겠어요?

③ but[yet]: 대조

I am poor, **but[yet]** happy.

나는 가난하지만 행복하다.

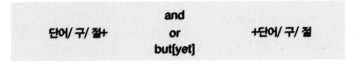

④ for: 원인

Mr. Smith had to stay at home, **for** it snowed heavily.

폭설이 내렸기 때문에 스미스 씨는 집에 있을 수밖에 없었다. (for+원인)

⑤ so: 결과

I had a toothache, **so** I went to bed earlier than usual.

치통이 있어서 평소보다 일찍 잠자리에 들었다. (so+결과)

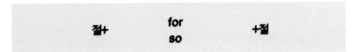

⑥ nor: 부정 뒤에서 다시 부정

The first isn't good, **nor is the second**.

첫 번째 것도 좋지 않고, 두 번째 것도 좋지 않다.

⇨ 〈nor+동사+주어〉 도치 어순에 유의한다.

✏️ Check-Up Quiz

1 **Mr. Han doesn't like any Western food, _____.**

(a) nor his son does

(b) nor does his son

(c) does his son nor

(d) his son does nor

해석 한 씨는 서양 음식을 좋아하지 않는다. 그의 아들 역시 좋아하지 않는다.

해설 부정 뒤에 부정이 연결될 때, 등위접속사 nor를 사용한다. 이때, 주어(his son)와 동사(does)의 도치가 일어나므로 어순에 맞는 정답은 (b)이다.

정답 **(b)**

2 **I did not need to introduce myself to Susan, _____ I had met her before.**

(a) yet

(b) nor

(c) but

(d) for

해석 전에 수잔을 만났기 때문에 나를 소개할 필요가 없었다.

해설 콤마 앞뒤 절의 논리 관계를 따졌을 때, 결과와 원인의 관계이다. 따라서 〈결과+for+원인〉의 구조를 이루는 (d) for가 정답이다.

정답 **(d)**

(2) 등위접속사 구문

① **명령문+and: '~해라 그러면 …일 것이다'**

Study hard, **and** you will enter the university you want.

열심히 공부해. 그러면 네가 원하는 대학에 진학할 수 있을 거야.

② **명령문+or: '~해라 그렇지 않으면 …일 것이다'**

I have to defend myself **or** else John will kill me.

나 스스로를 보호하지 않으면 존이 나를 죽일 겁니다. (명령문 자리에 have to)

③ **제안을 거절하는 응답을 할 경우, 관용적으로 but 사용**

I would like to go with you, **but** I have a prior engagement.

너와 같이 가고 싶지만 선약이 있어.

I wish I could, **but** I can't afford to buy it.

그러고 싶지만 그걸 살 여유가 없어.

1 We must try to protect our environment, _____ it may lead to a bad result.

    (a) or
    (b) so
    (c) but
    (d) and

    해석 환경 보호를 위해 노력하지 않으면 좋지 않은 결과를 초래할지도 몰라.
    해설 주절에 명령법에 준하는 조동사 must, should 등이 나오고 뒤에 (a) or가 나오면 '그렇지 않으면'으로 해석한다.
    정답 (a)

2 More people should carpool to work, _____ the roads will be less congested.

    (a) or
    (b) but
    (c) yet
    (d) and

    해석 더 많은 사람들이 카풀로 출근하면 도로는 덜 정체될 것이다.
    해설 주절에 명령법에 준하는 조동사 shoud가 있고 빈칸 뒤가 긍정적인 결과를 나타내므로 (d) and가 정답이다.
    정답 (d)

(3) 등위 상관접속사의 수일치

① 동사 바로 앞에 나오는 명사 상당어구와 수일치

Either you **or he is** cute.

Neither you **nor I am** good at figures.

Not only she **but also her parents are** rude to me.

Not you **but I am** selected.

② 접속사 앞에 나오는 명사 상당어구와 수일치

Her parents as well as she **are** rude to me.

③ 복수 취급

Both you **and I are** diligent.

Check-Up Quiz

1 Instrumental music as well as operas _____ written by Mozart.

(a) are
(b) was
(c) have been
(d) to have been

> **해석** 오페라뿐만 아니라 연주곡도 모차르트가 작곡했다.
> **해설** A as well as B에서 동사의 수는 A에 일치시킨다. 빈칸 바로 앞 operas를 보고 동사의 복수형으로 착각할 수 있으나 music에 일치시켜 정답은 (b) was이다.
> **정답** (b)

2 The question is not whether Microsoft will eat into Sony's market share, _____ how much it will do so.

(a) so
(b) or
(c) but
(d) and

> **해석** 문제는 마이크로소프트 사가 소니의 시장 점유율을 잠식할지 안 할지가 아니라 얼마만큼 하는가이다.
> **해설** 콤마 앞 절에 not이 쓰임에 주의하자. not과 결합할 수 있는 등위접속사는 not A but B 구조를 갖는 (c) but뿐이다.
> **정답** (c)

---

2 부사절 접속사

🔍 학습 가이드

부사절 접속사는 목적, 원인, 이유, 결과, 양보, 시간 등 많은 논리성을 나타낼 수 있으며 종류 또한 많다.

(1) 양보

양보의 접속사	although, even though, though, while, whereas, even if, albeit, however, as, whether
양보	접속사 앞뒤 문장의 논리가 반대

as가 양보의 뜻을 나타낼 때 어순이 변한다.

⇒ 형용사[무관사 명사]+as+S+V, S+V

Poor as I am, I am happy.
나는 비록 가난하지만 행복하다.

⇒ 동사원형+as+S+조동사, S+V

Try as he might, he couldn't win her back.
그가 아무리 노력해도 그녀를 되찾을 수는 없었다.

However도 어순에 변화가 있다.

⇒ However+형용사[부사]+S+V, S+V

However hard you work, you can never beat him.
아무리 열심히 해도 그를 절대 이길 수 없어.

The jewels are fake, **although** they look real.
보석들이 진짜처럼 보여도 가짜예요.

Check-Up Quiz

1 _____ uncomfortable they may be, helmets, goggles, and gloves absolutely must be worn by anyone entering the construction site.

(a) Despite
(b) However
(c) Although
(d) Nevertheless

해석 비록 불편하지만 건설 현장에 들어가기 전에 헬멧, 보호 안경, 장갑을 반드시 착용해야 한다.
해설 선택지 모두 양보의 의미를 가지고 있지만, 빈칸 뒤 어순이 〈형용사+주어+동사〉로 도치된 것으로 보아 (b) However가 정답이다.
정답 (b)

2 _____ Prime Foods now exports only one variety of orchid, by next year the company will be exporting a total of five varieties.

(a) Until
(b) Once
(c) Unless
(d) Although

해석 프라임 푸드 사는 지금은 비록 난초 품종 하나를 수출하고 있지만, 내년까지 총 5개의 품종을 수출할 것이다.
해설 부사절 only one(매우 적은 수)과 주절의 a total of five varieties(많은 수, 증가한 수)는 양적으로 대조되고 있다. 이처럼 대조 구조를 연결할 때 쓰는 접속사는 양보의 접속사로 정답은 (d) Although이다.
정답 (d)

(2) 원인

원인의 접속사	because, since, as, now that, in that
원인	결과+원인의 접속사+원인
주의 사항	in that과 주로 함께 나오는 단어를 미리 익혀두자. ⇨ important, similar, different, unique, etc. They seem to be **similar in that** they have the same hobbies. 취미가 같다는 점 때문에 그들은 비슷한 것 같다.

Jane was criticized **because** she insulted the handicapped.
제인은 장애인을 모욕해 비난을 받았다. (criticized는 결과, insult는 원인)

📝 Check-Up Quiz

1 Mr. Kim did not get the package in time _____.

(a) because of it was lately delivered
(b) because it was delivered late
(c) since it was late delivered
(d) as it was delivered lately

> **해석** 김 씨는 소포 배달이 늦어져서 제시간에 받지 못했다.
> **해설** because, since, as는 모두 원인의 접속사이다. 그러나 (a)에 쓰인 because of는 전치사로 절이 올 수 없으며, lately 역시 '최근에'란 의미로 알맞지 않다. late는 부사로 동사를 수식하므로 (b)가 정답이다.
> **정답** (b)

2 The Mr. Smith chose to take a trip to the Mediterranean _____ it was advertised as adventurous and intrigued.

(a) unless
(b) so that
(c) although
(d) because

> **해석** 스미스 씨 가족은 지중해가 모험적이고 호기심을 돋우는 곳으로 광고되어서 지중해 여행을 선택하였다.
> **해설** 여행 결정을 한 것과 지중해가 모험적이고 흥미거리가 있다는 것 사이에는 '결과와 원인'의 관계가 성립하므로 (d) because가 정답이다.
> **정답** (d)

(3) 조건

조건의 접속사	if, unless, suppose, supposing, provided (that), providing (that), on condition that, in the event that, as long as
조건	주절과 조건절의 시제를 파악하면 정답이 보인다. ⇨ 조건절에서는 미래시제를 쓰지 않고 현재시제를 쓴다는 것에 유의하자.
주의 사항	in case는 if와 같은 의미도 있지만, '~일 경우에 대비하여'라는 뜻으로 더 많이 쓰인다. **Take your umbrella in case it should rain.** 비가 올 경우에 대비해 우산을 챙겨라.

I will come **provided (that)** it is fine tomorrow.
내일 날씨가 좋으면 올게. (주절은 미래시제지만 조건절은 현재시제)

✎ Check-Up Quiz

1 The KLC company's sales revenue during the second quarter will increase, _____ the lucrative contract with Krofair Securities can be finalized before next month.

(a) as if
(b) whether
(c) whereas
(d) provided

해석　만약 크로페어 시큐러티 사와의 채산성이 높은 계약이 다음 달 전에 마무리만 된다면 케이엘씨 사의 2분기 판매 수익은 증가할 것이다.

해설　계약이 성립될 경우 수익이 증가할 것이라는 것은 아직 이루어지지 않은 시점에서 미래에 일어날 일에 대한 조건을 말하므로 조건의 접속사 (d) provided가 정답이다.

정답　(d)

2 I always kept candles in the house _____ there was a power cut.

(a) in that
(b) so that
(c) in case
(d) unless

해석　정전이 될 경우를 대비해서 난 항상 집에 촛불을 구비해 두고 있다.

해설　정전이 되는 경우와 촛불을 가지고 있는 경우는 만일의 사태에 대비하는 것이므로 '~인 경우에 대비하여'라는 의미인 (c) in case가 정답이다.

정답　(c)

(4) 목적

목적의 접속사	긍정 so that, in order that 부정 lest (that), for fear that
목적	목적의 접속사가 있는 절에서 조동사가 중요한 역할을 하는 경우가 많으므로 조동사를 찾으면 답이 보인다. 긍정의 목적절 대부분의 경우 조동사를 포함 부정의 목적절 조동사 should 또는 동사원형을 사용
주의 사항	so that은 문두에 쓸 수 없다.

Siena studies hard **(so) that** she **may** succeed.
시에나는 성공하기 위해 열심히 공부한다.

Sean studies hard **lest** he (**should**) fail in the exam.
숀은 시험에서 떨어지지 않기 위해 열심히 공부한다.

📝 Check-Up Quiz

1 The employees are requested to treat one another with courtesy _____ that they can maintain a fair and friendly environment.

(a) then

(b) as

(c) so

(d) if

해석 공정하고 밝은 업무 환경을 유지하기 위해 직원들이 서로 예의를 갖추어 대할 것이 요구된다.
해설 빈칸 뒤 that과 결합할 수 있고 조동사 can이 쓰인 것으로 보아 목적의 접속사 so that이 정답임을 알 수 있다.
정답 (c)

2 Much too nervous _____ she be considered nobody, Calvin's wife is careful to dress way up whenever she goes out.

(a) though

(b) since

(c) lest

(d) if

해석 하찮은 사람으로 생각되지 않을까 신경이 쓰여, 캘빈의 부인은 외출할 때면 언제나 정장을 한껏 차려 입는다.
해설 주어 she 다음에 동사원형 be가 있는 것으로 보아, 〈lest(that)+주어+(should)동사원형〉 구문이 쓰였음을 알 수 있다.
정답 (c)

(5) 결과

결과의 접속사	so … that vs. such … that
결과	such 다음에는 명사가 오지만 so 다음에는 명사가 오지 않는다. 〈such+명사+that〉 vs. 〈so+형용사/ 부사+that〉
주의 사항	so … that 사이에 명사가 오는 예외적인 경우를 알아 두자. so+(수량 형용사+N)+that so+(형용사+부정관사+단수명사)+that *c.f.* 주어+be+such+that+주어+동사: such는 so great의 의미이다. The force of his personality was **such that** I was impressed. 그의 인격이 너무도 훌륭해서 감동을 받았다.

Some people are extremely rich and have **so** much money **that** they do not know what to do with it.
어떤 사람들은 지나칠 정도로 부유하고 너무 많은 돈을 가지고 있어서 주체할 줄을 모른다.

Mellisa's condition deteriorated to **such** an extent **that** emergency surgery was considered necessary.
멜리사의 상태는 긴급 수술이 필요한 상태까지 악화되었다.

📝 Check-Up Quiz

1 There was _____ much talk behind us that we couldn't hear the actors.

(a) such
(b) too
(c) as
(d) so

> **해석** 우리 뒤에서 잡담을 너무 많이 해서 배우들이 하는 말을 거의 듣지 못했다.
> **해설** 빈칸 뒤에 that으로 보아 such 또는 so가 올 수 있다. 수량 형용사 much가 있으므로 정답은 (d) so이다.
> **정답** (d)

2 Mendel was _____ scientist that his theories were well ahead of those of people who lived in his time.

(a) so brilliant
(b) such brilliant
(c) such brilliant a
(d) such a brilliant

> **해석** 멘델은 너무나 영리한 과학자여서 그의 이론은 그가 살던 시대의 사람들의 이론보다 훨씬 앞섰다.
> **해설** 〈so+형용사+부정관사+명사〉 또는 〈such+부정관사+형용사+명사〉이다. 따라서 (d)가 정답이다.
> **정답** (d)

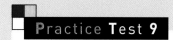

Part I

1   A: I'm really sorry you had to miss my graduation exhibition.

B: Well, I'd have been there _____ I had had more notice.

(a) as if
(b) once
(c) if only
(d) unless

2   A: Did you hear that Jason can remember any words after looking at them only once?

B: Yes I did, but _____, he doesn't have a good personality.

(a) he is a genius
(b) genius as he is
(c) as he is a genius
(d) a genius as is he

3   A: Could I have your info so I can get in touch with you _____ I return to my country?

B: Sure, I will write it down.

(a) once
(b) while
(c) since
(d) provided

4   A: I am sorry, but I have to leave for the train.

B: Just stay a little longer. It's been a _____ we've all gotten together like this.

(a) long since
(b) while since
(c) since a while
(d) meanwhile since

5   A: This project is quite different from the previous one.

B: Yes, This is really important _____ it is matter of life and death for the company.

(a) if not
(b) in that
(c) unless
(d) in case

6 A: My friend Ian persuaded me to invest thousands of dollars in multi-level marketing.
B: Don't do it _____ you know what it is.

(a) if
(b) since
(c) unless
(d) because

7 A: Do you think Sally has a right to be angry with me?
B: As _____ I'm concerned, you did nothing wrong.

(a) good as
(b) long as
(c) well as
(d) far as

8 A: Could I change this sweater for something else?
B: Of course, _____ it hasn't been worn.

(a) once
(b) in that
(c) unless
(d) provided that

Part II

9 _____ the UN condemned the actions by that government, they have not taken any definite actions yet.

(a) Since
(b) Although
(c) In case
(d) In that

10 _____ illicit drugs are traded under the table, they can be hard to trace.

(a) For
(b) Once
(c) Since
(d) Although

11 Pregnant women should be tested for all infectious diseases which can harm the fetus _____ left untreated.

(a) even if
(b) once
(c) as if
(d) if

12 It was _____ weather that we went for a walk.

(a) so nice
(b) so nice a
(c) such nice
(d) such a nice

13 I would really appreciate _____ you'd keep an eye on my bicycle while I am in the café.

(a) it that
(b) it if
(c) that
(d) if

14 In Switzerland, assisting suicide is a crime only _____ it is done for personal gain.

(a) even if
(b) unless
(c) as if
(d) if

15 Hurry up _____ miss the airplane.

(a) lest you should
(b) lest you should not
(c) for fear that you must
(d) for fear that you must not

16 There are _____ many competitions in this field that you can't help wondering how Ms. Tomoko lasted so long.

(a) such

(b) how

(c) too

(d) so

Part III

17 (a) A: Mike! How did you get into an accident?

(b) B: I closed my eyes for a minute and must have dozed off.

(c) A: That's because you've been staying up much late these days.

(d) B: Yeah. I really ought to get myself back on track.

18 (a) A: You know your new colleague at work who started last week?

(b) B: Oh, you mean Jessica with the really long hair?

(c) A: Yes. Could you introduce me to her unless she doesn't have a boyfriend?

(d) B: Dream on. She's got really high standards.

Part IV

19 (a) Low fertility rate has come to the fore as a pressing issue. (b) There's no doubt that the government must take a leading role when it comes to addressing the matter. (c) However, the government cannot be depended upon to work miracles. (d) What's also important is to form a national consensus but raise awareness about the problem.

20 (a) Surfing the net, I always come across something that gets on my nerves: pop-up ads. (b) But we now have software available to fight off those annoying ads, it blocks those 'benign' pop-ups I don't want to shut out as well. (c) You visit a website and another layer of ad pops up which stay there forever unless you click on the 'close' button. (d) As many as four to five such eye-sores virtually plaster some websites.

문장 구조

문장 구조(sentence structure) 문제는 TEPS 문법 영역 중에서 가장 출제 빈도수가 높은 유형에 속한다. 얼핏 보면 단어의 순서를 배열하는 어순 문제처럼 보이지만, 문장의 구조를 알지 못하거나 정확한 문법 지식 없이는 정확한 정답을 고를 수 없는 유형이다. 즉, 영어에 대한 전반적 이해가 있어야 맞출 수 있는 유형이다.

Sample Question

Casting is a reproduction technique that duplicates the form of an original, but it also makes _____ that are impractical in other techniques.

(a) possible certain effects
(b) certain effects possible
(c) it possible certain effects
(d) it possible to certain effects

해석 주물이란 원본의 형태를 복제하는 재생 기술이고, 또한 다른 기술 분야에서는 비실용적인 특정 효과를 가능하게 하기도 한다.

해설 • 빈칸 앞 동사 make의 성격 파악
⇒ 〈make+목적어+목적격 보어〉 구조에서 목적어가 길 경우, 목적어와 목적격 보어는 도치된다. ⇒ (c), (d) 탈락
• 빈칸 뒤에 있는 관계대명사 that이 이끄는 수식어절 파악
⇒ 관계대명사 that은 앞에 수식하는 선행사인 명사를 필요로 한다. ⇒ (b) 탈락
• 정답은 (a)이다.

해결 make의 목적어가 certain effects that 이하임을 파악하면, 이렇게 목적어가 긴 경우 목적격 보어인 형용사(possible)가 먼저 온 것을 정답으로 쉽게 고를 수 있다.

1 빈출 구문

문장 구조를 묻는 문제는 특정 구문에 쓰이는 단어를 알고 있으면 보다 쉽고 빠르게 정답을 찾을 수 있다.
한 단어의 의미가 아닌 구문의 특징을 묻는 것이 TEPS에서 빈출 유형 중 하나이다.

① to부정사의 목적어를 주절의 주어로 쓰는 경우

> It+be동사+형용사+for+목적격(사람)+to부정사
>
> 형용사   hard, difficult, easy, tough, impossible, dangerous, good, pleasant, etc.

It's very difficult for me **to work** with **Tom**.
=**Tom** is very difficult for me **to work** with.
톰은 함께 일하기가 매우 까다롭다. (to부정사의 목적어 Tom이 문두로 이동)

② that절의 주어를 주절의 주어로 쓰는 경우

> It+be동사+형용사+that+S+V=S+be동사+형용사+to부정사
>
> 형용사   likely, certain, uncertain, unlikely, probable, clear, obvious, etc.

It's unlikely **that the robbers** will be caught.=**The robbers** are unlikely **to be** caught.
그 강도들은 잡힐 것 같지 않다. (that절의 주어 the robbers가 문두로 이동)

③ 사람을 주어로 취하는 경우

> It+be동사+형용사+of+목적격(사람)+to부정사
> = 주어(사람)+be동사+형용사+to부정사
>
> 형용사   kind, clever, silly, foolish, cruel, brave, careless, rude, wrong, right, etc.

It was careless **of you to leave** the door unlocked.
=**You** are careless **to leave** the door unlocked.
문을 열어 놓다니 넌 참 조심성이 없구나.
  ⇒ **to leave**의 의미상의 주어 **of you**가 문장의 주어 **You**로 이동하였다.

c.f. 주어로 사람만 취하는 경우
: 감정을 나타내는 형용사가 있는 경우는 주어 자리에 사람만 올 수 있다.

> 주어(사람)+be동사+형용사+for+목적격(사람)+to부정사
>
> 형용사   eager, anxious, sorry, glad, happy, angry, delighted, afraid, lucky, etc.

My parents are so **anxious** for me to pursue a career in medicine.
우리 부모님께서는 내가 의학계에 몸담기를 간절히 바라신다.

④ 의미상 주어를 주절의 주어로 쓰지 않는 경우

> It+be동사+형용사+for+목적격(사람)+to부정사
> =It+be동사+형용사+that+주어(사람)+should+동사원형
> 형용사   imperative, essential, natural, advisable, important, required, convenient

It is imperative for **sales representatives to have** good communication.
=It is imperative that **sales representatives should have** good communication.
영업 사원들에게 뛰어난 의사소통 능력은 필수적이다.
⇒ sales representatives는 문장의 주어로 올 수 없음에 유의하자.

📝 Check-Up Quiz

1 _____ a career objective at the start of your résumé.

(a) You are advisable to write
(b) It is advisable for you to write
(c) You are advisable that writes
(d) It is advisable for you that writes

해석 이력서 작성 시 희망 직종부터 적는 것이 현명하다.
해설 advisable은 〈It is for+목적격+to부정사〉 또는 〈It is+형용사+that절〉의 구조로 쓰므로 (b)가 정답이다.
정답 (b)

2 I thought _____ answer my text message.

(a) you were very rude for it not to
(b) it was very rude for you not to
(c) it was very rude of you not to
(d) you were rude that not to

해석 문자에 답장을 하지 않아서 널 아주 무례하다고 생각했어.
해설 rude는 사람의 성품을 나타내는 형용사로서 〈It is+형용사+of사람+to부정사〉 또는 〈주어(사람)+be동사+형용사+to부정사〉의 형태로 써야 하므로 정답은 (c)이다.
정답 (c)

2 특정 품사의 어순

🔍 학습 가이드

문장 구조상 원칙적으로 그 순서가 정해져 있는 단어도 있고 이와 달리 특수한 위치에 오는 단어가 있다. 예를 들어, 부사는 주절 뒤에 위치하는 것이 일반적이지만 빈도부사의 경우는 조동사·be동사 뒤, 일반동사 앞에 위치한다. 이처럼 일반적 어순과 달리 쓰이는 특정 품사의 위치를 정확하게 숙지해 두자.

(1) 문장 전체를 수식하는 부사

> 문장 수식 부사 ⇨ 문두에 위치

Unfortunately, I've already made plans for that weekend.
안타깝게도, 난 이미 주말 계획이 있는데.

(2) 동사를 수식하는 부사

> 동사 수식 부사 ⇨ 문미에 위치(주절 뒤)

We're sure that Mariah won't give it up and will make it happen **eventually**.
우리는 머라이어가 포기하지 않고 결국 해낼 것이라고 확신한다.

c.f. 단, 동사를 강조하고자 할 경우 동사 앞에 위치

Michael **finally** visited his parents in the country.
마이클은 시골에 계신 부모님을 마침내 찾아뵈었다. (동사 visited 바로 앞에서 강조)

(3) 빈도부사/ 정도부사

> 빈도부사 always, often, frequently, usually, sometimes, hardly, rarely, seldom, never
> 정도부사 almost, nearly, completely, certainly, quite, definitely
> ⇨ 조동사 · be동사 뒤, 일반동사 앞

Except for one or two days a year, he **usually** walks to work.
일 년에 하루 이틀 정도만 빼고는 그는 보통 걸어서 출근한다.

Hurry up, you're **already** late.
서둘러야 해, 넌 이미 늦었어.

(4) 부사가 형용사 또는 부사를 수식할 경우

> 형용사 · 부사 수식 ⇨ 수식하는 대상 바로 앞에 위치

The fishing industry is **very** important to the area.
어업은 이 지역에 있어 매우 중요하다. (형용사 important 수식)

(5) enough

> 한정사 enough ⇨ 명사 앞
> 부사 enough ⇨ 형용사·부사 뒤

I've already **enough tea** today.
난 오늘 차를 이미 충분히 마셨어.

Mr. Choi can't run **fast enough** to catch up to his team members.
최 씨는 팀원들을 따라잡을 정도로 빨리 달리지 못했다.

(6) 여러 부사가 열거될 경우

> 부사 배열 ⇨ 양태 〉장소 〉빈도 〉시간

A small orchestra played **perfectly in the City Hall yesterday.**
소규모 관현악단은 어제 시청에서 훌륭히 연주를 마쳤다. (양태→장소→시간 순으로 배열)

(7) 동일한 성격의 부사가 여러 개 열거될 경우

> 동일 성격의 부사 배열 ⇨ 작은 개념 〉큰 개념

I'll see you at the pub **sometime this evening.**
오늘 오후 즈음에 술집에서 만나자. (작은 시간 sometime→큰 시간 this evening 순으로 배열)

(8) 양보를 나타내는 접속사 as

> 양보의 접속사 as ⇨ 형용사+as+주어+be동사

Unlikely as it might seem, I am tired too.
안 그런 것 같지만, 나 역시 피곤해.
⇨ 양보 구문에서 be동사 뒤에 오는 형용사는 문두로 이동 가능하다.

(9) 여러 형용사가 열거될 경우

> 형용사 배열 ⇨ 수량 〉일반 〉대소 〉상태 〉신구 〉색깔 〉소속[국적] 〉재료

Three small new wooden houses are located near the river.
새로 지어진 작은 목조 주택 세 채가 강가를 따라 위치하고 있다. (수량→대소→신구→재료 순으로 배열)

1 My friend Joe lives in Madrid, Spain, so _____ him.

    (a) ever hardly we see

    (b) we see hardly ever

    (c) we hardly ever see

    (d) hardly we ever see

    해석 내 친구 조는 스페인 마드리드에 살아서 좀처럼 그를 보기 어렵다.

    해설 hardly ever는 almost never의 의미로 두 단어를 한 단어처럼 취급하며 의미상 빈도부사이다. 따라서 일반동사 (see)
    앞에 위치해야 하므로 어순상 옳은 (c)가 정답이다.

    정답 (c)

2 The tryout for the volleyball team is _____.

    (a) at the gymnasium at four o'clock tomorrow

    (b) at the gymnasium tomorrow at four o'clock

    (c) tomorrow at four o'clock at the gymnasium

    (d) tomorrow at the gymnasium at four o'clock

    해석 배구팀 심사가 내일 4시쯤 체육관에서 있다.

    해설 부사가 나열될 때에는 〈장소+시간〉 순으로 오며, 시간을 나타내는 부사구는 〈작은 시간+큰 시간〉 순으로 위치한다. 따라
    서, (a)가 정답이다.

    정답 (a)

---

3 빈출 표현

🔍 학습 가이드

TEPS 문법 영역에서는 문법 지식과 관용 표현을 함께 묻는 경우가 종종 있다. 가능한 많은 표현을 숙지
하고 있어야 고득점이 가능하다.

> **stand up to scrutiny** '정밀 조사로 밝혀지다', '허점이 드러나다'

I do not believe that either allegation **stands up to scrutiny**.
어떤 혐의도 정밀 조사에 의해 입증된다는 것을 믿지 못하겠다.

> **nowhere to be found** '그 어느 곳에도 없는'

Frederick was **nowhere to be found**.
그 어디에서도 프레더릭을 찾을 수 없다.

> **much to one's delight[astonishment]** '너무나 기쁘게도[놀랍게도]'

Much to my astonishment, I am in agreement with Harrison on this one.
너무나 놀랍지만, 이 안건에 대해서는 해리슨과 같은 생각이다.

have something to do with   '~와 관련 있다'

I think she **has something to do with** this plot, too.
그녀 역시 이 음모와 관련이 있다고 생각한다.

feel comfortable -ing   '~을 편안하게 여기다'

I **feel comfortable working** with foreigners.
난 외국인과 함께 일하는 게 편하다.

there will come a day when   '언젠가 ~할 날이 올 거야'

He said that **there would come a day** when I would figure it out.
그는 내가 언젠가 이해할 날이 올 거라고 했다.

be doomed to   '~할 운명에 처하다'

The project **was doomed to fail** due to financial difficulties.
그 프로젝트는 재정난으로 실패할 운명에 처했다.

Check-Up Quiz

1 Most people are concerned, but I believe his _____.

(a) argument will stand up to scrutiny
(b) scrutiny will stand up the argument
(c) scrutiny will stand up to argument
(d) argument will stand scrutiny up

해석 대부분의 사람들이 염려하지만, 그의 주장을 정밀 조사하면 사실이 밝혀질 거라고 봐.
해설 stand up to scrutiny는 '정밀 조사하면 밝혀지다'라는 뜻으로 (a)가 정답이다.
정답 (a)

2 Much _____, more than 200 students volunteered to help the disabled.

(a) astonishment
(b) astonishment of
(c) to the astonishment of
(d) to the astonishment

해석 놀랍게도 200명이 넘는 학생들이 장애인 돕기 자원봉사를 했다.
해설 감정을 나타내는 명사는 〈to+소유격+감정명사〉, 〈much to+소유격+감정명사〉, 〈much to+the+감정명사+of〉 등의 형태로 표현하므로 (c)가 정답이다.
정답 (c)

Part I

1   A: Steve's colleagues have said that he has excellent job performance for his age.

       B: _____ a person's capabilities.

(a) I think age has to nothing with

(b) I think age has nothing to do with

(c) Age has to do nothing with I think

(d) Nothing to do I think with age

2   A: With such a low salary, it's _____ for work.

       B: I agree. I say we all unite to demand a raise.

(a) pretty hard much enthusiasm developing

(b) much hard pretty enthusiasm to develop

(c) much hard to develop petty enthusiasm

(d) pretty hard to develop much enthusiasm

3   A: I heard your husband goes on a drinking binge often.

       B: Well, _____ these days.

(a) he hardly ever drinks

(b) he drinks hardly ever

(c) hardly drinks he ever

(d) ever hardly did he drink

4   A: What happens if I fail in my business?

       B: Well, you _____ the results.

(a) have just to accept

(b) have just accept to

(c) just have to accept

(d) have to accept just

5   A: I'm afraid you're getting overweight.

       B: Yes, so I plan _____ an hour.

(a) to increase my workout on

(b) to increasing my workout at

(c) on to increase my workout

(d) on increasing my workout to

6   A: Excuse me. Which bag belongs to you?

     B: _____ is mine.

     (a) Leather small blue one

     (b) Blue small leather ones

     (c) The small blue leather one

     (d) The blue leather small one

7   A: I heard that one of your staff was caught trying to leak confidential client information.

     B: I am sorry. But I am sure _____ .

     (a) that nothing like that will happen again

     (b) that nothing will like to happen again

     (c) to happen that nothing again will like

     (d) nothing will happen to like again

8   A: Whew, the department store was totally packed.

     B: It must have been busy, _____ .

     (a) today being with the last day of the sale

     (b) with today being the last day of the sale

     (c) the last day of the sale with being today

     (d) with being the last day of the sale today

Part II

9   I can't really put my finger on it, but there is _____ .

     (a) big something goes down

     (b) going down something big

     (c) something big going down

     (d) big something to go down

10   The spaghetti sauce which didn't take much time _____ was not easy to make at home.

     (a) to cook and yet had a full, rich taste

     (b) cooking and yet having a full, rich taste

     (c) to have a full, rich taste and yet cooking

     (c) having a full, rich taste yet and cooking

11 _____, which means it could be anywhere.

(a) Nowhere is in the snake sight
(b) Nowhere is sight in the snake
(c) The snake is in sight nowhere
(d) The snake is nowhere in sight

12 One of the first witnesses _____ was in a wheelchair.

(a) to come to give evidence to us ever
(b) ever to come to give evidence to us
(c) to come to ever give evidence to us
(d) ever evidence to give to come us

13 The violin was made in _____ 300 years ago.

(a) much the same way as it was
(b) the much same way as it were
(c) as it were in much the same way
(d) the way as much the same it was

14 During _____ century, the global population explosion was the big demographic story.

(a) half the second of the 20th
(b) the 20th of the second half
(c) the second half of the 20th
(d) half of the second 20th century

15 Russia's population is expected to fall by 20% between 2010 and 2060, _____.

(a) like Ukraine by a staggering 45%
(b) Ukraine's by a staggering 45%
(c) a staggering 45% by Ukraine
(d) Ukraine by staggering 45%

16 This year saw an additional _____ counting.

    (a) new 4,000 respiratory infections or

    (b) 4,000 new respiratory infections or

    (c) 4,000 new respiratory infections and

    (d) new 4,000 respiratory infections and

17 _____, a woman with a degree who married in the late 1970s was 30% more likely than average to divorce within ten years.

    (a) To be equally other things

    (b) Other things being equal

    (c) Others things to be equal

    (d) Being equal other things

Part III

18 (a) A: Raphael! Who's that woman?

    (b) B: She's a person I work. Why do you ask?

    (c) A: She looks familiar. I was thinking maybe I know her.

    (d) B: Oh, that's right. She also graduated from your high school.

Part IV

19 (a) Noise at 130dB or higher pushes up stress levels and causes adverse effect on your health. (b) What does it to your body ranges from small irritations like uneasiness and restlessness to more serious damage such as digestive problems, hearing impairment and ulcers. (c) Residents are doing what they can by complaining to the police. (d) Unfortunately, with the coming summer comes the notorious construction season with all its sources of noise pollution.

20 (a) The Great Depression that broke out in 1929 and World War II each produced mass job losses leading to a mind-numbing surge in the number of the working poor. (b) When laissez faire passed as the name of the game in Europe and elsewhere, a compassionate helping hand for the underprivileged was a luxury most countries couldn't afford. (c) When the concept of welfare was found to be nowhere came a stunning report. (d) William H. Beverage, then chairman of the Committee for Social Insurance and Related Services, put together 'Beverage Report' at the behest of the British government.

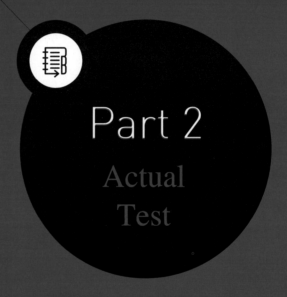

Part 2

Actual
Test

ACTUAL TEST 1

GRAMMAR

DIRECTIONS

This part of the exam tests your grammar skills. You will have 25 minutes to complete the 50 questions. Be sure to follow the directions given by the proctor.

Part I **Questions 1—20**

Choose the best answer for the blank.

1. A: As the economy slumps, it is really tough to make a living nowadays.

   B: Cheer up. _____ if you need any help.

   (a) To feel free to ask me
   (b) Ask free to feel me
   (c) Ask me to feel free
   (d) Feel free to ask me

2. A: What did you think about the party?

   B: Well, it ended all _____ soon.

   (a) too
   (b) such
   (c) very
   (d) much

3. A: What would you like to eat for dinner on your birthday?

   B: I would like to have _____ pasta.

   (a) a lot of
   (b) many
   (c) the
   (d) a

4. A: What made you so upset?

   B: I happened to catch my son _____ in the bathroom yesterday.

   (a) smoke
   (b) smoking
   (c) to smoke
   (d) being smoking

5. A: I came down with the flu.

   B: Especially, you are _____ a cold in the nose.

   (a) susceptible to
   (b) susceptible with
   (c) as susceptible as
   (d) more susceptible than

6. A: I can't think of where I put my wallet.

   B: I am sure _____.

   (a) it must somewhere be around here
   (b) somewhere it must be around here
   (c) it must somewhere be here around
   (d) it must be around here somewhere

7. A: Kevin, will you have sugar in your coffee?

   B: No, thanks. I usually drink my _____.

   (a) black coffee
   (b) coffee black
   (c) coffee blackly
   (d) blackly coffee

8. A: How many female members are there in the budget committee?

   B: Women _____ nearly 60 percent of the committee.

   (a) have been comprising
   (b) are comprised of
   (c) comprise of
   (d) comprise

9. A: The possibility of provocation by North Korea still remains.

   B: We'll _____ what happens.

   (a) have just to watch and see
   (b) have to watch and just see
   (c) just have to watch and see
   (d) have to watch and see just

10. A: Do you want coffee or tea?

    B: Well, I don't care _____ one you are making.

    (a) either
    (b) whatever
    (c) however
    (d) whichever

11. A: Wow. The weather is getting sunny after a heavy rainfall.

    B: Yeah. I can see the rainbow _____ the blue sky.

    (a) against
    (b) from
    (c) off
    (d) on

12. A: Is Dan ever going to pop the question to me?

    B: Don't be impatient. He _____ very soon.

    (a) will
    (b) will do
    (c) will have
    (d) will be so

13. A: We're running seriously short of donated blood.

    B: We must do whatever we can _____ an even more perilous crisis.

    (a) head off
    (b) to head off
    (c) headed off
    (d) have to head off

14. A: I am so tired.

    B: You would rather stay at home _____ the movies?

    (a) as see
    (b) as to see
    (c) than go to
    (d) than going to

15. A: I am going grocery shopping at noon. Why not come along?

    B: I _____ the shareholders' meeting then.

    (a) attend
    (b) am attending
    (c) have attended
    (d) will have attended

16. A: Write down your name and phone number on your personal books _____ you should lose them.

    B: Okay, good. I will keep that in mind.

    (a) in that
    (b) in case
    (c) so that
    (d) given that

17. A: The shortage of tuna is really serious.

    B: Right. Even the new limits _____ commercial extinction of tuna.

    (a) not may be tough enough to prevent
    (b) not may prevent tough enough to be
    (c) may not be tough enough to prevent
    (d) may not be enough tough to prevent

18. A: When I arrived home, the door was open. What went on here?

    B: We had no choice but to do so because it _____ not budge.

    (a) would
    (b) should
    (c) could
    (d) might

19. A: Did you remember _____ $4,000 to Mr. Kim?

    B: Oh, I am sorry. I forgot.

    (a) to remit
    (b) remitting
    (c) having remitted
    (d) to have remitted

20. A: Many Americans feel pinched for money and find few opportunities to get ahead.

    B: Well, I think _____ with immigrants who are undocumented.

    (a) little to do has it seems
    (b) it has to do it seems little
    (c) little it seems it has to do
    (d) it seems it has little to do

Part II **Questions 21—40**

Choose the best answer for the blank.

21. I haven't been to the States before, and
_____.

(a) Jessica hasn't been, neither
(b) Jessica hasn't been, too
(c) neither has Jessica
(d) nor has Jessica

22. Middle aged Americans are _____
suffer from diabetes as their English
counterparts.

(a) as twice likely to
(b) twice as likely to
(c) twice more likely
(d) as twice likely that

23. In recent years, the news _____
public attention upon a lot of miserable
stories regarding child abuse.

(a) have been focused media
(b) media have been focused
(c) have focused media
(d) media have focused

24. A seminar participant walked out of the
conference room, _____.

(a) felt tired
(b) felt tiring
(c) feeling tired
(d) feeling tiring

25. MD HighTech Inc. announces that their
educational software is a lot _____
than last quarter.

(a) effective
(b) effectiveness
(c) more effectively
(d) more effective

26. _____ AIDS drugs to African
countries is a great step forward, but
the industrialized countries should
address the full dimensions of the AIDS
pandemic.

(a) Provide
(b) Provided
(c) Providing
(d) To be provided

27. _____ thousands of mackerel
caught for food, but lots of smaller fish
are also harvested.

(a) Not only are hundreds of
(b) Not only hundreds of are
(c) Hundreds of are not only
(d) Hundreds are of not only

28. The report ascribes the rise in the early
onset of diabetes _____ children's
bad eating habits.

(a) from
(b) fall
(c) to
(d) in

29. _____ to big-box retailers such as
Join Mart and Lee's Club.

(a) Hardly ever I go
(b) Ever hardly I go
(c) I go ever hardly
(d) I hardly ever go

30. Charlie Chaplin was a natural actor if
_____ there was one.

(a) ever
(b) some
(c) any
(d) not

31. Ireland has active volcanoes in some areas, _____.
    (a) others in flat farmland
    (b) in others flat farmland
    (c) while flat other farmlands
    (d) and others have flat farmlands

32. I don't think that Jacob is very hardworking; still _____ do I think that his staff are.
    (a) neither
    (b) much
    (c) less
    (d) nor

33. Greg wouldn't have noticed the problem in his laptop computer _____ given it a closer look.
    (a) he had not
    (b) had he not
    (c) had not he
    (d) has he not

34. When I first visited White Beach in the Philippines, it seemed _____.
    (a) too almost true to be good
    (b) too almost good to be true
    (c) almost too good to be true
    (d) almost too true to be good

35. The human body has its own term limits, a point _____ the warranty expires.
    (a) in which
    (b) at which
    (c) in what
    (d) what

36. _____ out as nothing more than a day laborer, he now became one of the most popular pop singers in Korea.
    (a) Started
    (b) To start
    (c) To be starting
    (d) Having started

37. The Palestinians and Middle Eastern Jews are descendants of people who _____ the Middle East for centuries.
    (a) inhabited in
    (b) is inhabiting
    (c) have inhabited
    (d) have inhabited in

38. From 2002 to 2007, the foreign-born population of Canada _____ by 3.5 million people to a total of 36.9 million, or 15.8 percent of the population.
    (a) increased
    (b) has increasing
    (c) have increased
    (d) has been increased

39. _____ $10 billion-worth of bilateral trade between South Korea and China.
    (a) Around stake is at
    (b) At stake is around
    (c) Around is at stake
    (d) Stake is around at

40. ELS corporation has three subsidiaries. One is in Seattle and _____ are in Colorado.
    (a) other
    (b) another
    (c) the other
    (d) the others

Part III Questions 41—45

Identify the option that contains an awkward expression or an error in grammar.

41. (a) A: Why on earth did you buy that many eggs?
(b) B: The grocery store had a sale on eggs. What's wrong?
(c) A: We don't have the fridge with any more free space.
(d) B: That's fine. Let's just keep them in the cupboard.

42. (a) A: Did you make up your mind, sir?
(b) B: Well, I'm just thinking about getting a golden small one.
(c) A: Oh, I think this one would be a better choice for your fiancée.
(d) B: I don't think she will love the fake diamond on it.

43. (a) A: Steve is so cool! Do you think he is seeing with anyone?
(b) B: I don't know. You'd better just go and ask him yourself.
(c) A: You don't know? I thought you were friends.
(d) B: Not really. He and I used to be in the same team, though.

44. (a) A: Wow, you've got tons of letters and chocolates!
(b) B: To tell you the truth, I don't understand why this happens every year.
(c) A: Hey, you must know. They're your fans.
(d) B: I was already told I should sometime write them back. But I'm too tired.

45. (a) A: Susie, I love your dress! What's an occasion?
(b) B: I'm going to meet my boyfriend's parents for dinner tonight.
(c) A: That's wonderful! Are you going to marry him soon?
(d) B: Not so fast. Frankly, I'm not ready for this kind of thing yet.

Part IV **Questions 46—50**

Identify the option that contains an awkward expression or an error in grammar.

46. (a) Today, the talk of the town is 'communication'. (b) Indeed, that's what there's got to be between parents and their teenage kids. (c) After all, teens in this country are under the heaviest pressure to get ahead in school and are the unhappiest according to a survey of children and teens among the OECD member countries. (d) Adolescent here put in a weekly average of 49.43 hours studying compared with 33.92 of their peers in other OECD members.

47. (a) A drug called 'albumin' to supplement blood protein levels making it an essential ingredient in complicated or emergency operations. (b) If not given when needed, organ recipients, accident victims, burn victims and the like could experience precipitous drops in blood pressure prompting a shock, which could even take their lives. (c) Albumin is specifically made from blood. (d) With blood in perennial short supply, not enough of it is available in hospitals, meaning they're 'skimping' on it, allowing it only in emergencies.

48. (a) Australia is getting a bad name due to its censorship of postings that have to do with drugs and terrorism. (b) It is because they were cracking down on political dissidents online. (c) Here, 'temporary administrative action', the epitome of bureaucratic expediency, is culling an untold number of Internet postings. (d) We're not talking about some 'unlawful and harmful' ones in breach of the law.

49. (a) Korea was barely beginning to savor the hard-won exit from the 1997 foreign exchange crisis when it got hammered by the sweeping financial meltdown from America last year. (b) We are left at a loss not knowing how devastating and how long it would be. (c) The worldwide recession is eating away at a bulk of our exports, the very backbone of the country's economic growth, precipitating a much-feared cascade of small- and mid-sized firms going bust. (d) Even big some name industry leaders are only just surviving, casting ominous clouds over our future.

50. (a) Much the way we now show the rotting lungs of chain smokers to kids to help them see what's in store for their smoking peers, we've got to take some drastic steps to deal with this issue. (b) A while ago, the government used to mandate that on-line game operators take away some of the gamers' 'items' once they spent a certain amount of time gaming online. (c) Gamers were also required to authenticate their ID every few hour or so. (d) If such things were to work, the mandates must have the force of law, and the authorities must make sure 'PC rooms'—the notorious hotbed of game addicts—more strictly enforce age and time restrictions.

ACTUAL TEST 2

GRAMMAR

DIRECTIONS

This part of the exam tests your grammar skills. You will have 25 minutes to complete the 50 questions. Be sure to follow the directions given by the proctor.

Part I **Questions 1—20**

Choose the best answer for the blank.

1. A: The Siesta Coupe can go _____ farther on a single charge than any other electric car.
   B: Wow. It's fantastic.
   (a) really
   (b) much
   (c) very
   (d) too

2. A: This homework is so tough. I'm still struggling with it.
   B: If you had kept up with your studies, you _____ done by now.
   (a) are
   (b) should have been
   (c) should
   (d) should be

3. A: You are getting a little fat, I'm noticing.
   B: I know. So I am planning _____ around the middle of this month.
   (a) at working out on the gym
   (b) on to work out at the gym
   (c) on working out at the gym
   (d) working out on the gym

4. A: What kind of things _____ prepare for the meeting?
   B: Just be ready to make a short statement on your progress.
   (a) I ought to
   (b) ought I to
   (c) ought not to I
   (d) I ought not to

5. A: Did you enjoy eating out with your family last Saturday?
   B: Yes, but I wish it_____.
   (a) won't rain
   (b) didn't rained
   (c) hadn't rained
   (d) wouldn't have rained

6. A: Good morning. I'm Henry Lopez.
   B: Mr. Lopez, I regret to _____ you that your application for an immigrant visa has been rejected.
   (a) say
   (b) inform
   (c) mention
   (d) announce

7. A: I got out of bed on the wrong side this morning.
   B: Really? Are you feeling _____ better now?
   (a) any
   (b) very
   (c) some
   (d) every

8. A: Gwen, why are you so embarrassed?
   B: That's because someone over there is staring _____ face.
   (a) my
   (b) me in the
   (c) at me in my
   (d) at me in the

9. A: What happened to your son last night?
   B: Officers arrested him and charged him with driving while _____.
   (a) intoxicated
   (b) intoxicating
   (c) intoxication
   (d) having intoxication

10. A: When would the sequel to *The Lord of the Rings* be released?

B: It will begin screening _____ soon.

(a) so
(b) too
(c) very
(d) much

11. A: Are you coming over for lunch?

B: _____, I am.

(a) Weather permit
(b) Weather permitting
(c) If weather permitting
(d) Unless weather permits

12. A: Hey, Chris. How was your date last weekend?

B: It would have been better had _____.

(a) not I shown up late
(b) I not shown up late
(c) not I shown up lately
(d) I not shown up lately

13. A: How are you coming along with that book of _____, Ted?

B: Well, I think I am almost done with it.

(a) you
(b) your
(c) yours
(d) yourself

14. A: Why don't you put on the red blouse? It looks great on you.

B: Thanks. Maybe I _____ your advice.

(a) took
(b) will take
(c) am taking
(d) will be taken

15. A: Did Andrew have his car fixed?

B: He drove it to work this morning, so he _____.

(a) must
(b) ought to

(c) must have
(d) should have

16. A: Should I tell the boss my immediate supervisor has been stealing?

B: Well, I am not sure. I have never been _____.

(a) myself in a situation like that
(b) like that a situation in myself
(c) in myself a situation like that
(d) in a situation like that myself

17. A: Want to go for a drive tonight?

B: No, sorry. _____ as I have been these days, I am so tired.

(a) Work as hard
(b) To work as hardly
(c) Working as hard
(d) Worked as hardly

18. A: Honey, our refrigerator's always breaking down.

B: Be patient. We are getting a new _____ soon.

(a) it
(b) one
(c) other
(d) another

19. A: Can you please take _____ look at my report?

B: Okay. I am willing to do that.

(a) any second
(b) the second
(c) a second
(d) second

20. A: It is no exaggeration to say that a new TB epidemic is getting out of control.

B: Right. It is imperative that the government _____ action to stop it.

(a) take
(b) takes
(c) must take
(d) would take

Choose the best answer for the blank.

21. There is no evidence _____ due to a lack of witnesses. .

    (a) of his being guilty
    (b) of that he is guilty
    (c) that he is guilt
    (d) of his guilt

22. I am not sure _____ appeared on her final draft.

    (a) what she's written much of
    (b) how much she has written of
    (c) how much of what she's written
    (d) how she's written much of what

23. What would you say_____ someone proposed to you in public?

    (a) in case
    (b) in that
    (c) even if
    (d) if

24. Mrs. Nelson is _____ why this theory is so hard to understand.

    (a) baffled as to
    (b) baffling about
    (c) to have baffled as to
    (d) having baffled about

25. My Spanish is _____.

    (a) good as near as yours nowhere
    (b) nowhere near as good as yours
    (c) as near yours nowhere as good
    (d) near nowhere as good as yours

26. There has been a sharp increase _____ in Korea over the last five years.

    (a) by oil prices in 18 percents
    (b) in oil price by 18 percents
    (c) in oil prices by 18 percent
    (d) by oil price by 18 percent

27. Some volcanoes _____ than thousands of years old.

    (a) said to be more
    (b) said more to be
    (c) are said more to be
    (d) are said to be more

28. CellTech Innovation's computer operating system is used on 80% of PCs in China, but _____.

    (a) most copies are pirated
    (b) almost copies are pirating
    (c) most of copies are pirated
    (d) most of the copies are pirating

29. Mr. Harold was thirty minutes late for the meeting, _____ annoyed the president very much.

    (a) whom
    (b) which
    (c) that
    (d) what

30. Jonathan confessed _____ a spy for the CIA.

    (a) to be
    (b) being
    (c) to being
    (d) having been

31. No one expected the car to cost
_____ much.

(a) as
(b) too
(c) that
(d) this

32. _____ the phone rang.

(a) Lucia's family sat down hard to
dinner before
(b) Lucia's family had hardly sat down
to dinner when
(c) Hardly have Lucia's family sat down
to dinner when
(d) Before Lucia's family had hardly sat
down to dinner

33. _____ any good economic news
you hear in the near future will be a blip.

(a) The odds are that
(b) That the odds are
(c) An odd is that
(d) The odds of

34. Arbor day became _____ because
of those were concerned about the
environment.

(a) success
(b) a success
(c) the success
(d) some success

35. I used to be carefree _____ an aging
and dying body.

(a) but I now find myself
(b) now I find myself with
(c) and myself now I find
(d) but now I find myself with

36. Singing and dancing _____
performing arts.

(a) is generally as referred to
(b) is generally referred to as
(c) generally is referred to
(d) referred to generally as

37. Marshall _____ be proud of his son
who is a born businessman.

(a) may well
(b) might well
(c) may as well
(d) might as well

38. If he couldn't learn to love another and
receive love in return, he _____ a
bachelor for life.

(a) were to remain doomed
(b) would doom to be remained
(c) would be doomed to remain
(d) were doomed to be remained

39. Gambling addictions can be not
only financially but psychologically
_____.

(a) devastating as well
(b) devastated as well
(c) devastating as such
(d) devastated as such

40. City Council members resented
_____ them of the result of the
survey.

(a) the Mayor not to notify
(b) the Mayor's not notifying
(c) that the Mayor had not notified
(d) the Mayor that he did not notify

Part III Questions 41—45

Identify the option that contains an awkward expression or an error in grammar.

41. (a) A: Can anybody explain what threshing is?

(b) B: It's a process that the grain is separated from the plant.

(c) A: You're right. Then how do you think they did it when there was no machines?

(d) B: I don't have an idea, but there must have been some simple tool for doing it.

42. (a) A: Can you come out now? I have tickets for a concert tonight.

(b) B: No, I'm staying home tonight. Thanks, though.

(c) A: Come on, it's your favorite band! You'll have a blast.

(d) B: I would definitely join you right now if I don't have to look after my niece.

43. (a) A: Do you know Rick? He's the smartest person I've ever met!

(b) B: I do, but I didn't notice anything special about him.

(c) A: He can be a genius because he can memorize a whole essay at first glance.

(d) B: I don't believe it. Maybe he read it before.

44. (a) A: I'm going to a movie tomorrow night. Want to come with me?

(b) B: No, thanks. I have to go to the gym.

(c) A: Wow, kudos to you. How much do you exercise?

(d) B: I work out every other day, during two hours.

45. (a) A: Can I ask you a personal favor? Not a big one.

(b) B: Sure, professor, if it doesn't take more than 30 minutes.

(c) A: I'd appreciate you'd return this book to the library.

(d) B: Okay. I have to go there this afternoon, anyway.

Part IV **Questions 46—50**

Identify the option that contains an awkward expression or an error in grammar.

46. (a) My family and I headed south to the beaches for our summer getaway. (b) Reading a newspaper recently, I found out that there was a spike in the number of people taking trips overseas this year. (c) As I see it, this owes much to the decline of the swine flu epidemic that gripped the whole nation in a panic of sorts last year and the won getting stronger against the dollar. (d) On top of that, I also think it's because our people are in a competitive lot.

47. (a) Longevity is both a feat and a challenge the 20th century endowed us with. (b) Only in the 20th century people began to live, on average, past 50 years of age. (c) By 2020, the average life expectancy of this country is projected to mark over 80. (d) Still, the population is expected to peak at 50 million and go downhill from there.

48. (a) It's been a few years since the government started allowing infertile couples to have as much as three IVFs all paid for by government funds. (b) A single round of IVF costs somewhere between 3 million and 3.5 million won. (c) Given that an average of three out of ten tries end up in a successful birth, three would be the reasonable number, the thinking goes. (d) My younger sister got the aid money last year and went on her first try, but it didn't work that first time.

49. (a) North Korea got in on the act again, revving up its trademark provocations on the Korean peninsula and Northeast Asia. (b) It seems to be readying itself for a 'localized attack' on the South and announced that a planned launch of Taepodong2 long range missile. (c) The latest huff is an attempt to cause internal disputes in the South by underscoring what it sees as 'hostile' policies by the Lee administration vis-à-vis the North. (d) These provocations, they hope, would send an acute reminder to the Obama administration that the North's nuke threat is a real security risk.

50. (a) The birth of the Internet and the consequent ease of writing in public, that is, cyberspace, has been brought with it nothing less than a media revolution. (b) Now, anyone with the mere intent to express themselves can spell it out anytime, anywhere. (c) Castells, an information sociologist, extolled the virtue of the Internet by saying that as a ubiquitous invention, the Internet has become a libertarian tool for freedom of speech. (d) Now, you're not exactly 'free' here online but you are able to state your opinions to others.

ACTUAL TEST 3

GRAMMAR

DIRECTIONS

This part of the exam tests your grammar skills. You will have 25 minutes to complete the 50 questions. Be sure to follow the directions given by the proctor.

Part I Questions 1—20

Choose the best answer for the blank.

1. A: What seems to be the problem?

   B: I never even got the original bill, but I _____ an overdue notice.

   (a) sent
   (b) was sent
   (c) have sent
   (d) having been sent

2. A: Chuck and Marie fit together like _____.

   B: A match made in heaven.

   (a) hand and glove
   (b) hands and gloves
   (c) a hand and a glove
   (d) the hand and glove

3. A: Hasn't Tiffany apologized to Meggy yet?

   B: No. It's pretty inconsiderate _____ to.

   (a) of her
   (b) for her
   (c) of her not
   (d) for her not

4. A: Christine is _____, isn't she?

   B: Yes, she seems to be carrying a baby.

   (a) in family way
   (b) in a family way
   (c) on the family ways
   (d) out of the family way

5. A: What's on the news?

   B: The expensive painting _____ to that museum had disappeared during the night.

   (a) belong
   (b) belonged
   (c) belonging
   (d) was belonged

6. A: Any other way to delegate to get _____ with it?

   B: Don't worry. We have enough staff to meet the deadline.

   (a) do
   (b) to do
   (c) doing
   (d) done

7. A: Was your boss upset about your taking more vacation days?

   B: No. _____ he is demanding, he isn't narrow-minded.

   (a) When
   (b) Since
   (c) While
   (d) Until

8. A: The white lilies _____ in full bloom.

   B: Wow. They look so beautiful.

   (a) John planted last September has now been
   (b) have now been John planted last September
   (c) have planted last September John has now been
   (d) John planted last September have now been

9. A: I am thinking about getting a new windbreaker.

   B: Our clerk will help you _____ to meet your needs.

   (a) determine which one to buy
   (b) to determine which one should buy
   (c) determine which one to buy it
   (d) to determine to buy one

10. A: I really apologize to you for being late.

B: It would be a different story if you lived far away, but you live _____ here.

(a) from a stone's throw away to
(b) to a stone's throw away from
(c) away from a stone's throw to
(d) within a stone's throw away from

11. A: What happened to the orchid I gave you last month?

B: I didn't water it; otherwise it _____ well.

(a) would have grown
(b) would grow
(c) had grown
(d) grew

12. A: Who do you think will be the new US president?

B: Well, I think that Obama is _____ likely to be elected to the presidency as McCain.

(a) more than twice more
(b) more than twice be
(c) more than twice as
(d) as twice more than

13. A: John, never put off till tomorrow _____ today.

B: I will do it later.

(a) that you can do
(b) what you can do
(c) that can be done
(d) what you can do it

14. A: What a lousy meal!

B: I _____ up with dormitory food.

(a) am fed
(b) feed
(c) fed
(d) being fed

15. A: I think this extra program is slowing down my cellphone.

B: _____ is not an option?

(a) Without doing it
(b) Without it doing
(c) Doing without it
(d) Does it without

16. A: Do you have anything to declare?

B: No, nothing to declare. These are _____.

(a) my all personal effect
(b) all my personal effects
(c) every my personal effects
(d) whole my personal effect

17. A: You must pay me $3,000 _____.

B: Never, I will not pay you a red cent.

(a) in damage
(b) on damage
(c) in damages
(d) on damages

18. A: Why did you go to Diamond Avenue yesterday?

B: Because I _____ to go to City Hall.

(a) had
(b) were
(c) used
(d) have

19. A: A vacation in Switzerland sounds like a good idea, but I can't afford it.

B: Actually, I _____.

(a) can't too
(b) can't also
(c) never can
(d) can't either

20. A: Did you hear the news about him?

B: Yes, he _____ the charge.

(a) was acquitted for
(b) was acquitted of
(c) acquitted for
(d) acquitted of

Part II Questions 21—40

Choose the best answer for the blank.

21. _____ that a certain amount of stealing is going to happen anyway, some companies are turning it to their advantage.

(a) Giving
(b) Given
(c) To give
(d) For giving

22. Lake Superior is fed by fresh-water streams, _____ is the largest of the Great Lakes by volume.

(a) but
(b) where
(c) which
(d) there

23. The latest reports _____ at encouraging more people to eat tofu have caused a small rally in the soybean industry.

(a) aim
(b) to aim
(c) aiming
(d) aimed

24. Cultural psychology is intimately related with _____ culture in which an individual lives influences psychological processes.

(a) the
(b) that the
(c) how the
(d) what the

25. A good essay will _____ reveal its full meaning on a single reading than will a great music on a single hearing.

(a) as more
(b) no less
(c) as less
(d) no more

26. Neither my tie nor my shoes _____ with this pair of pants.

(a) go
(b) goes
(c) become
(d) becomes

27. William showed a lack of restraint _____ into trouble.

(a) that often got himself
(b) he often got himself
(c) what often got him
(d) that often got him

28. Jenny has annoyed _____ every teacher she has had.

(a) almost
(b) mostly
(c) at most
(d) most

29. If they had built more homes for the poor in the 1960s , the housing problems _____ so serious.

(a) weren't be
(b) wouldn't be
(c) hadn't been
(d) wouldn't have been

30. The incident served as a reminder of how _____.

(a) drunk driving is dangerous really
(b) drunk driving is really dangerous
(c) really drunk driving is dangerous
(d) dangerous drunk driving really is

31. Most students are not good at thinking logically, _____ thinking on their own.

   (a) nor
   (b) still less
   (c) much more
   (d) not mentioning

32. It does not take a genius to know that this is a classic example of _____ to get the job done right.

   (a) how
   (b) that
   (c) what
   (d) which

33. The police _____ hard to solve the crime, but they never caught the criminals.

   (a) has been working
   (b) will have worked
   (c) has worked
   (d) worked

34. The sharp decline in the prevalence of smoking over the past two decades _____ a towering public health achievement.

   (a) were
   (b) has been
   (c) have been
   (d) would have been

35. You have several options, but _____ you choose is fine with me.

   (a) which
   (b) what
   (c) whatever
   (d) whichever

36. The recent findings on Avandia, a top-selling diabetes drug, _____ safety.

   (a) raise concerns about its
   (b) raising concerns about its
   (c) raises concerns about their
   (d) raised concerns about their

37. Melissa told me to see *The Vampire and the Bully*, _____ I thought it was an awful movie.

   (a) nonetheless
   (b) still
   (c) however
   (d) but

38. Clara was relieved to find out the climate of Seoul _____ New York; but rather hotter in summer.

   (a) so much like
   (b) similar like
   (c) somewhat like that of
   (d) very similar with those of

39. Last night Michael was held _____ confinement in Fox River Jail.

   (a) on solitary
   (b) on solitude
   (c) in solitary
   (d) in solitude

40. It takes at least two years, depending on how many hours you spend every day, _____ in a language.

   (a) becoming fluent
   (b) to become fluent
   (c) becoming fluently
   (d) to become fluently

Part III   Questions 41—45

Identify the option that contains an awkward expression or an error in grammar.

41. (a) A: How was the rehearsal? Did anything go wrong?
    (b) B: No, the professor said it was just excellent.
    (c) A: How nice! I'm so sorry I couldn't be there.
    (d) B: Your job was being done perfectly by Cathy.

42. (a) A: Oh, I remember hearing a man and a woman arguing that night.
    (b) B: Why didn't you do anything about that?
    (c) A: I was not sure if I might call the police or not.
    (d) B: You definitely should have reported the case.

43. (a) A: I don't like that actor because he is very rude to people.
    (b) B: Well, do you know him personally?
    (c) A: No. But everyone I know says so.
    (d) B: Why can you say that if you hadn't met him face to face?

44. (a) A: I spilled syrup by mistake, and it made sticky the carpet.
    (b) B: Don't worry. You can clean it up easily.
    (c) A: Really? I tried everything I could to get rid of the stain but I couldn't.
    (d) B: Buy me lunch and I'll show you how.

45. (a) A: Mary, had you got time tomorrow morning?
    (b) B: I have to attend a PTA meeting at 10 o'clock. Why?
    (c) A: Would you bring my dog to the vet on the way, please?
    (d) B: No problem. I'll drop by around 9:30.

Part IV **Questions 46—50**

Identify the option that contains an awkward expression or an error in grammar.

46. (a) About a century ago, America waged a war against tuberculosis(TB), one of the then leading causes of death. (b) It's been half a century since we came up with a 'drug-sensitivity' treatment. (c) Still, of all the infectious diseases, TB is second only to HIV when it comes to the number of deaths it causes. (d) It takes a greater toll on the poor and sick in general and especial women and children.

47. (a) Running a business downtown would require at least $100,000 when you consider the down payment, upfront investment and monthly rents. (b) That is a figure only middle class citizens will afford. (c) In their late 40s and early 50s, these folks have spent their youthful years working up the social ladder to finally join the 'ranks'. (d) When you're forced out of a company, you're left with little choice but to start a business if you're to make a living.

48. (a) Korea has the highest divorce rate in Asia, it's said. (b) If students want to be best informed, one college is now offering a class on marriage. (c) Given that we spend on average more years married than single, many of us don't think enough about a life with a spouse before we decide to tie the knot. (d) A clumsy start is sure to end up a miserable failure.

49. (a) We have an estimated 580,000 cancer patients and annually 60,000 of them succumb to cancer. (b) No one would want to have to confront this formidable foe during their lifetime. (c) But sometimes there's nothing you can do, and oftentimes, you get closer to death than you ever are. (d) But then, if imminent death is inevitable, it's our responsibility as a society to help patients meet death with dignity.

50. (a) The state should take the lead in feeding the public with a fresh round of measures needed to save energy in the face of rising oil prices. (b) So far, the government has been mostly prescribing same old, and ineffective remedies preaching thrift at home and urging businesses to raise the thermostat in summer and lower in winter. (c) As a country that imports 100% of the oil it consumes, this country is going to face an even greater turmoil across the board as international oil prices continue to shoot through the roof. (d) Thus, it is only reasonable to give serious thought to alternative energy sources like sunlight and wind as a long-term solution to the problem.

ACTUAL TEST 4

GRAMMAR

DIRECTIONS

This part of the exam tests your grammar skills. You will have 25 minutes to complete the 50 questions. Be sure to follow the directions given by the proctor.

Part I **Questions 1—20**

Choose the best answer for the blank.

1. A: _____ sailors of old sailed, it was with wind direction in mind.

   B: And I bet it didn't hurt to have a compass.

   (a) While
   (b) Since
   (c) When
   (d) Had

2. A: My brother is _____ nature a disciplined person.

   B: Ah, that's why your father trusts him.

   (a) through
   (b) with
   (c) from
   (d) by

3. A: Sorry about the mess, I've _____ on my own, and I've forgotten how "normal" people live.

   B: You don't have to apologize to me.

   (a) got used to living
   (b) got used to live
   (c) used to living
   (d) used to live

4. A: Why did you go out with him for dinner even if he's not good-looking?

   B: _____ the fact that he's not so handsome, he has a good sense of humor.

   (a) Albeit
   (b) Although
   (c) In spite of
   (d) Nevertheless

5. A: Did the guys threaten to harm the girl?

   B: No, but as they talked, she grew _____.

   (a) fear
   (b) fearful
   (c) fearfully
   (d) fearing

6. A: Our bill is only $25.

   B: Oh, I can't believe we have eaten a lot for _____.

   (a) low
   (b) some
   (c) so little
   (d) much less

7. A: Where is the nearest subway station?

   B: Let's ask for _____ at the information desk.

   (a) direction
   (b) directions
   (c) the direction
   (d) each direction

8. A: How do you like that show?

   B: I think _____ moments.

   (a) it has
   (b) it has its
   (c) of it having
   (d) of its many

9. A: When will you have your toe _____ on?

   B: I'll have it tomorrow.

   (a) to operate
   (b) operating
   (c) operated
   (d) operate

10. A: Can't you take a few days off from work to go with me to Seattle?

   B: Of course. _____ my way and I'll be glad to go.

   (a) Unless you pay
   (b) If you pay

(c) Paying
(d) Pay

11. A: Let's grab a bite before the basketball game begins.

B: I _____. I am not hungry.

(a) am not rather than
(b) would not rather
(c) would rather not
(d) had not better

12. A: Surveys tell us that these projects _____ the public.

B: It's good to see the government listening to the people.

(a) favor by
(b) do favor for
(c) are favoring with
(d) find favor from

13. A: I think this necklace is really beautiful.

B: Well, I don't like it _____ much.

(a) still
(b) such
(c) even
(d) that

14. A: What took you so long to get here?

B: I am sorry. _____ myself lost, I had to ask someone the way.

(a) Found
(b) Finding
(c) I found
(d) Had found

15. A: I heard they have a wide selection of upscale appliances _____.

B: Really? Let's go there and look around.

(a) in extremely low price
(b) in extremely low prices
(c) at extremely low prices
(d) at extremely low price

16. A: Excuse me. Do you have any seats left for this coming Saturday?

B: I am sorry. They are all sold out, but we still have _____.

(a) only standing room
(b) standing room only
(c) the only standing room
(d) the only standing rooms

17. A: What do you think of his book *The Keys to Investing in Stocks*?

B: Never before _____ been such a great book for stock information.

(a) has there
(b) there has
(c) have there
(d) had there

18. A: Did you see Mary's new purse?

B: Yes, she didn't have any nice purse, so I suggested _____.

(a) to buy one new
(b) she buy a new one
(c) a new one she buy
(d) her a new one to buy

19. A: Did you buy _____ this morning?

B: Yes. I put it on your desk after I read it. Didn't you see it?

(a) a paper
(b) paper
(c) some paper
(d) papers

20. A: Were all five in the car injured in the accident?

B: No, _____ only the three who got hurt.

(a) these were
(b) here was
(c) there
(d) it was

Part II   Questions 21—40

Choose the best answer for the blank.

21. The more we looked, the _____ from the debris.
    - (a) fewer things we found to be retrieved
    - (b) fewer we found things to retrieve
    - (c) fewer things we found to retrieve
    - (d) few things found we to retrieve

22. _____ beneficial especially to those who are obese.
    - (a) It is said to drink green tea
    - (b) Drinking green tea is said that
    - (c) It is said that drinking green tea
    - (d) Drinking green tea is said to be

23. Mr. Smith and his wife ended up _____ their vacation.
    - (a) being postponed
    - (b) to have postponed
    - (c) having to postpone
    - (d) in having to postpone

24. If I had followed his advice then, I _____ now.
    - (a) could have been happy
    - (b) would have been happy
    - (c) will be happier
    - (d) should be happier

25. _____ the commuters known there's a strike in Hollywood Blvd., they would have changed their route.
    - (a) Should
    - (b) Were
    - (c) Had
    - (d) If

26. Compile all the requested documents and submit them _____ November 9.
    - (a) by
    - (b) until
    - (c) within
    - (d) throughout

27. After weeks of being hospitalized, the president finally got around to _____ his duties with the help of his advisers.
    - (a) perform
    - (b) performing
    - (c) be performed
    - (d) be performing

28. Kevin's pants were torn _____ climbing up the tree.
    - (a) in
    - (b) for
    - (c) when he was
    - (d) before he had been

29. The Asia-Pacific Economic Cooperation Summit is _____ in Seoul next year.
    - (a) held
    - (b) to be held
    - (c) to hold
    - (d) going to hold

30. The house _____ paint has faded is not appealing to buyers even if its price is reasonable.
    - (a) of which
    - (b) where
    - (c) whose
    - (d) that

31. _____ Korea is now my second home, I will always have found memories of my time in China.

(a) When
(b) While
(c) Since
(d) Once

32. All but Lucy _____ how to drive.

(a) know
(b) knows
(c) is knowing
(d) are knowing

33. The tryout _____ the volleyball team is at the gymnasium at four o'clock tomorrow.

(a) in
(b) for
(c) with
(d) toward

34. The arthropods, including insects and spiders, are _____ economic and medical significance.

(a) both
(b) of great
(c) both great
(d) both greatly

35. Because my father is still strong and healthy, he looks _____ younger than his age.

(a) quite
(b) such
(c) a lot
(d) so

36. In last week's auction, James _____ for the antique painting.

(a) paid double the previous bid
(b) double paid the previous bid
(c) paid the previous bid double
(d) paid double previous bid

37. _____ said that divorce was better than legal separation or annulment was definitely mistaken.

(a) Whomever
(b) Whoever
(c) They
(d) It is

38. Many kind-hearted people want to devote themselves to _____ volunteer work but they don't have enough time to do so.

(a) do
(b) doing
(c) be doing
(d) having done

39. Most countries signed the Kyoto Protocol and were concerned about the destruction CO_2 emissions _____ bring to the environment in the future.

(a) perhaps
(b) should
(c) would
(d) maybe

40. If the building _____ built on flat ground and not on a steep slope, it wouldn't have collapsed.

(a) had
(b) had been
(c) would be
(d) would have been

Part III **Questions 41—45**

Identify the option that contains an awkward expression or an error in grammar.

41. (a) A: The basketball coach said I couldn't join the team because I'm not tall enough.

(b) B: Don't be too disappointed. You will be having a tall figure in two or three years.

(c) A: But I want to play right now! I can't wait!

(d) B: How about playing soccer instead? I promise you'll love that sport.

42. (a) A: Did you up to anything funny get on your way here?

(b) B: Yes, there was a man with a strange face. How did you know that?

(c) A: You haven't stopped chuckling since you entered the door.

(d) B: Oh, I'm sorry if you thought I was impolite. I just couldn't help it.

43. (a) A: This training course is about how to respond appropriately to customer complaints.

(b) B: What should I do when a customer is being very mean and rude to me?

(c) A: First of all, you must be patient and polite at any case.

(d) B: I know that, but sometimes they're very unpleasant.

44. (a) A: What's going on out there? Why all the noise?

(b) B: There are more than six thousand protesters surrounding City Hall.

(c) A: Can you tell me what they want?

(d) B: They demand that the city council will repeal the new rules.

45. (a) A: It's so hard to find a good babysitter these days.

(b) B: But looking after four kids is no easy task, you know.

(c) A: Maybe I should quit my job to care of my children.

(d) B: Well, I don't think it's a good idea for you.

Part IV **Questions 46—50**

Identify the option that contains an awkward expression or an error in grammar.

46. (a) The economy is getting hammered by a combination of a weakening dollar, soaring oil prices and skyrocketing prices. (b) Rising raw material prices are pushing up inflation to the dismay of consumers. (c) Everything but a majority of peoples' paychecks is up, literally. (d) With things are as bad as this, the rank and file are simply not spending, which is quite a bad sign because that could lead to a recession.

47. (a) Based on my experience, studying early in the morning is far more effective than studying at night after class. (b) At night, after a long day of analyzing, memorizing, and understanding, our mind and our body are already tired. (c) Our brain, no matter how hard we try, cannot anymore grasp whichever we want it to remember and comprehend. (d) In the morning, after our body has recharged its energy and our mind has been resting, our brain can work properly and store all the data that we want it to retain.

48. (a) We've decided to get rid of disposable paper cups late last year. (b) In their stead is now 'non-disposable' coffee mugs with each worker's name on it. (c) We have all too many disposable items around us: plastic bags, wooden chopsticks, you-name-it. (d) Many of us don't seem to think enough of their destructive impact on the environment.

49. (a) Ladies washing dishes at restaurant kitchens waste water the way too much. (b) They don't even bother to turn the tap off when they are not using the water as when they're simply wiping the dishes. (c) They simply don't seem to care about our increasingly scarce resources. (d) It seems so irresponsible to a 'water-stressed' country like ours.

50. (a) The WHO is urging countries around the world to do all they can deter their citizens from taking their own lives by even designating the world's 'suicide prevention day.' (b) To the disappointment of all these efforts, however, Korea is second to none among OECD members in suicide cases. (c) A study says a meager 0.4% of those who survived a suicide attempt gets referred to psychiatrists and gets necessary treatment. (d) It's often a widespread social stigma that deters these 'patients' from knocking on the hospital door in the first place.

ACTUAL TEST 5

GRAMMAR

DIRECTIONS

This part of the exam tests your grammar skills. You will have 25 minutes to complete the 50 questions. Be sure to follow the directions given by the proctor.

Part I Questions 1—20

Choose the best answer for the blank.

1. A: With today's new super-strong concrete, construction work _____ with ease.

   B: I have been noticing that structures are going up rather quickly.

   (a) progress
   (b) progresses
   (c) can progressing
   (d) more progress

2. A: I would like to know what the second employment procedure is.

   B: The applicants, _____ they may be, will attend the interview.

   (a) who
   (b) that
   (c) whoever
   (d) whatever

3. A: It seems that you have been hanging around with Angelina and Charles much these days.

   B: Lately, I found _____.

   (a) them charming and friendly to be
   (b) friendly them and to be charming
   (c) to be charming and friendly them
   (d) them to be charming and friendly

4. A: Why are you so ill-tempered? You _____.

   B: I am not getting along well with my new work.

   (a) didn't used to being
   (b) weren't used to do
   (c) didn't used to be
   (d) used not to do

5. A: Diana seemed to be very pleasant yesterday, but did you see her left cheek was red?

   B: Yes, as if she _____ by someone.

   (a) had gotten slapped
   (b) has gotten slapped
   (c) has gotten slapping
   (d) got slapping

6. A: Is it better to reserve tickets online?

   B: Sure, it's _____ than doing it in person.

   (a) a hassle less
   (b) less a hassle
   (c) a hassle of less
   (d) less of a hassle

7. A: I will bring my car to the garage tomorrow.

   B: I'd rather you _____ it now.

   (a) bring
   (b) brought
   (c) will bring
   (d) have brought

8. A: Did a lot of people come to Jake's grandmother's funeral?

   B: Yes. Hundreds of people filed _____ the casket to express their last respects.

   (a) through
   (b) across
   (c) past
   (d) up

9. A: How sure are you this differs _____ at all from before?

   B: I know this to be absolutely correct.

   (a) quite
   (b) such
   (c) any
   (d) so

10. A: Michael Phelps' record-breaking achievement in the Olympics is amazing.

B: Yes, he has won eight gold medals to become _____ swimmer.

(a) the world's the greatest
(b) the greatest world's
(c) the world's greatest
(d) world's greatest

11. A: Technology is making this another golden age for paleontology.

B: It does seem _____ new advances are made.

(a) to be
(b) like to be
(c) that much
(d) like many

12. A: It sounds like nothing is working out right for you recently.

B: I don't know _____.

(a) what that is supposed to mean
(b) that what is supposed to mean
(c) what is that supposed to mean
(d) that what supposed to mean is

13. A: May I take a message?

B: Yes. Please _____.

(a) let him returning call
(b) get him call me back
(c) make him to call me
(d) have him return my call

14. A: Mr. Lee denied _____ at the shopping mall last week.

B: No wonder he told a lie.

(a) to be
(b) had being
(c) to have been
(d) having been

15. A: What will you do during winter vacation?

B: I don't know, but it's about time I _____ on something.

(a) am deciding
(b) had decided
(c) will decide
(d) decided

16. A: Never before _____ adopted at home than overseas.

B: It is good news since that is a sign of changing social attitudes towards adoption.

(a) more kids have been
(b) have more kids been
(c) more kids have
(d) have more kids

17. A: What do you think of Brian?

B: Well, he is good looking, but he has no money _____.

(a) whatsoever
(b) as such
(c) neither
(d) also

18. A: I'm up to here with the politicians not to follow through on their election pledges.

B: Yes, _____.

(a) merely talking it won't bring about
(b) talking merely it won't bring about
(c) bring it about won't mere talk
(d) mere talk won't bring it about

19. A: What makes you so upset?

B: My girlfriend treated me as _____ a child.

(a) if
(b) if I were
(c) I were
(d) I am

20. A: Was the musical performance a success?

B: Well, it didn't attract much of _____.

(a) audience
(b) the audience
(c) an audience
(d) each audience

Part II **Questions 21—40**

Choose the best answer for the blank.

---

21. China is _____ industrialization.

    (a) not so much concerned about environment as
    (b) not so concerned about much as environment
    (c) not so much concerned about the environment as
    (d) not as much concerned about as environment

22. South Korea imported $94.5 billion worth of energy last year, _____ more than what our two biggest export items—motor vehicles and semiconductors.

    (a) way
    (b) ways
    (c) the way
    (d) any way

23. Long gone are the days when _____ was an impressive résumé, that is, good school background and career.

    (a) it all takes to get a job
    (b) all it takes to get a job
    (c) getting a job to take it all
    (d) it is all getting a job to take

24. Mr. Smith got caught in traffic; _____, he would have been here sooner.

    (a) although
    (b) even as
    (c) however
    (d) otherwise

25. A recent poll says _____ said they have purchased knock-offs.

    (a) 54% of a whopping female college students surveyed
    (b) a whopping female college students of 54% surveyed

    (c) whopping 54% of surveyed female college students
    (d) a whopping 54% of female college students surveyed

26. The Bush administration insists that the 18 interceptors _____ Poland from Iraq's missiles.

    (a) are supposed to defend
    (b) be supposed to defend
    (c) should be supposed to defend
    (d) should be supposed to defending

27. _____ helps find their prey more easily than any other bird.

    (a) The hawks rather sharp vision
    (b) Rather the hawks of sharp vision
    (c) The rather sharp vision of hawks
    (d) Rather vision of the hawks sharp

28. There's little doubt _____ Iran's officials are telling the truth.

    (a) that
    (b) if
    (c) about
    (d) unless

29. Korea is home _____ developing diabetes and 35,000 patients of childhood diabetes.

    (a) to an estimated 8 million people at risk of
    (b) at risk of estimated 8 million people to
    (c) an estimated 8 million people at risk of
    (d) to estimated 8 million people of risk

30. The rich seem to emerge in Barack Obama's address not as entrepreneurial role models _____ the robber barons of old.

(a) but modern versions as
(b) as modern versions of
(c) but as modern versions of
(d) as modern versions as

31. A lot has been said and done about 'wellbeing', an inclusive term _____ to a way of life geared toward an 'enjoyable' life.

(a) to refer
(b) referred
(c) referring
(d) having referred

32. Several economic factors have plunged the real estate market _____ a crisis.

(a) at
(b) into
(c) under
(d) through

33. A new kind of computer virus is quickly spreading through e-mail, _____ is still unknown.

(a) of which the source
(b) which of the source
(c) of which source
(d) which source

34. I asked the doctor _____ he agreed with the person who claimed that food was harmful.

(a) that
(b) whether
(c) when
(d) as

35. The Food and Drug Administration has announced that it believes _____ any serious damage to Japan has been done.

(a) unlikely to
(b) it likely to
(c) it unlikely that
(d) that it unlikely to

36. Samuel was reading a book, _____.

(a) his son sleeping beside him
(b) his son sleeping with beside him
(c) beside him with his son sleeping
(d) with sleeping his son beside him

37. Almost all the students in the beginning composition course _____.

(a) have need and interest in writing clearly
(b) need to write clearly and are interested in this
(c) are interested in writing clearly and need to
(d) have a need for and an interest in clear writing

38. Temperatures in northern latitudes are rising at _____ and could rise by an additional 19 degrees Fahrenheit by the end of the century.

(a) the twice global rate
(b) the global rate twice
(c) twice the global rate
(d) the global twice rate

39. Most people say I'm brave, but when I was a baby, I _____ a lot.

(a) used to cry
(b) was cried
(c) was used to cry
(d) used to crying

40. Melisa wouldn't have noticed the problem in her bicycle _____ it a closer look.

(a) she had not given
(b) had she not given
(c) had not she given
(d) not had given she

Part III   Questions 41—45

Identify the option that contains an awkward expression or an error in grammar.

41. (a) A: From tomorrow, Mr. Thomas will be the safety supervisor of our factory.
    (b) B: Oh, that's the last thing I want to hear from you.
    (c) A: Why? Do you think something's wrong with him?
    (d) B: He is a good man, but I think he is too reckless to be trusted of such a responsibility.

42. (a) A: Last night I slept with my window open. I think I caught a cold.
    (b) B: Good grief! Didn't you notice that one was open?
    (c) A: No. I was so tired that I fell asleep at the moment I got into bed.
    (d) B: I'm sorry to hear that. You should go see the doctor.

43. (a) A: It's freezing outside. Can I have something to drink hot?
    (b) B: Sure. I'll fix you some hot chocolate. Okay?
    (c) A: Well, I'm afraid I'm allergic to chocolate.
    (d) B: Really? You're the first one I've ever seen with that kind of allergy.

44. (a) A: I'm sorry, sir. Your laptop's warranty is expired.
    (b) B: What? It's been less than seven months since I bought it!
    (c) A: It comes with a six-month guarantee. Didn't you know?
    (d) B: I didn't, or I wouldn't buy your product.

45. (a) A: Wait a second, can I go to the bathroom?
    (b) B: What? We must get going right now.
    (c) A: Calm down. I don't think we should be in hurry like this.
    (d) B: That's all because you woke up so late.

Part IV Questions 46—50

Identify the option that contains an awkward expression or an error in grammar.

46. (a) The Americans have GM, Japan Toyota and Sweden boasted Volvo and Saab. (b) The two giants, once the symbol of Sweden's national pride, had been roaming the corporate boardrooms around the world looking for new buyers since the start of the 1990s. (c) Saab was sold to GM in 1990, and Volvo to Ford in 1999. (d) Their fate got another painful twist as the auto industry began finding it in the worst crisis in a century.

47. (a) Provocative nationalism in Japan is on the move again. (b) Its media reports that the government instructed new textbooks to describe Dokto as its own territory. (c) This is no longer just a matter of a distorted view of history. (d) This sounds like an attempt by the Japanese state instigating its people to rally around the wrong-headed cause of taking its so-called lost territory back.

48. (a) Foreigners are not a rare sight on the street these days. (b) Some are menial laborers from developing countries, but many others are here to live. (c) Even with many foreigners, however, a lot of us are still racists and xenophobic. (d) Discriminating and simply showing contempt of them won't do any good to the country's efforts to assume a leading role in the international community.

49. (a) The 'Visit Korea' campaign for 2012 aims to boost the country's image abroad as a tourist hot spot and draw 10 million tourists and 10 billion dollars they'll bring with them. (b) When all the whys and hows are set aside, it's only trade and tourism knit closely together that can help us prosper. (c) Especially in times of crisis like today, aggressive marketing of that sort is a must. (d) Effective marketing is what drives tourism and we'll never have anywhere near 10 million tourists without some brilliant marketing.

50. (a) Bullying and violence remain as rampant as ever at schools. (b) I have a middle schooler living at next door who, one day, came home with a bruise apparently from a fistfight at school. (c) There was a lot of fuss for a couple of days before his parents finally took him to school themselves. (d) Their efforts only fared worse when the parents of the 'bully' began to verbally bully them.

TEPS

Test of English Proficiency developed by Seoul National University

문법
Grammar

Actual Test 1

Actual Test 2

Actual Test 3

Actual Test 4

Actual Test 5

넥서스 수준별 TEPS 맞춤 학습 프로그램

서울대 기출문제

기출·독해

서울대 텝스 관리위원회 텝스 최신기출 1200제 2017 문제집 3 | 서울대학교 TEPS관리위원회 문제 제공 | 352쪽 | 19,500원
서울대 텝스 관리위원회 텝스 최신기출 1200제 2017 해설집 3 | 서울대학교 TEPS관리위원회 문제 제공 · 넥서스 TEPS연구소 해설 | 480쪽 | 25,000원
서울대 텝스 관리위원회 텝스 최신기출 1200제 2016 문제집 2 | 서울대학교 TEPS관리위원회 문제 제공 | 352쪽 | 19,500원
서울대 텝스 관리위원회 텝스 최신기출 1200제 2016 해설집 2 | 서울대학교 TEPS관리위원회 문제 제공 · 넥서스 TEPS연구소 해설 | 480쪽 | 25,000원
서울대 텝스 관리위원회 텝스 최신기출 1200제 문제집 1 | 서울대학교 TEPS관리위원회 문제 제공 | 352쪽 | 19,500원
서울대 텝스 관리위원회 텝스 최신기출 1200제 해설집 1 | 서울대학교 TEPS관리위원회 문제 제공 · 넥서스 TEPS연구소 해설 | 480쪽 | 25,000원
서울대 텝스 관리위원회 공식기출 1000 Listening/ Grammar/ Reading | 서울대학교 TEPS관리위원회 문제 제공 | 19,000원/ 12,000원| 16,000원
서울대 텝스 관리위원회 최신기출 1000 | 서울대학교 TEPS관리위원회 문제 제공 · 양준희 해설 | 628쪽 | 28,000원
서울대 텝스 관리위원회 최신기출 1200/SEASON 2~3 문제집 | 서울대학교 TEPS관리위원회 문제 제공 | 352쪽 | 19,500원
서울대 텝스 관리위원회 최신기출 1200/SEASON 2~3 해설집 | 서울대학교 TEPS관리위원회 문제 제공 · 넥서스 TEPS연구소 해설 | 472쪽 | 25,000원

실전 모의고사

실전·어휘

How to TEPS 영역별 끝내기 청해 | 테리 홍 지음 | 424쪽 | 19,800원
How to TEPS 영역별 끝내기 문법 | 장보금·써니 박 지음 | 260쪽 | 13,500원
How to TEPS 영역별 끝내기 어휘 | 양준희 지음 | 240쪽 | 13,500원
How to TEPS 영역별 끝내기 독해 | 김무룡·넥서스 TEPS연구소 지음 | 504쪽 | 25,000원

텝스 청해 기출 분석 실전 8회 | 넥서스 TEPS연구소 지음 | 296쪽 | 19,500원
텝스 문법 기출 분석 실전 10회 | 장보금·써니 박 지음 | 248쪽 | 14,000원
텝스 어휘 기출 분석 실전 10회 | 양준희 지음 | 252쪽 | 14,000원
텝스 독해 기출 분석 실전 12회 | 넥서스 TEPS연구소 지음 | 504쪽 | 25,000원

초급 (400~500점)

영역별

How to TEPS intro 청해편 | 강소영·Jane Kim 지음 | 444쪽 | 22,000원
How to TEPS intro 문법편 | 넥서스 TEPS연구소 지음 | 424쪽 | 19,000원
How to TEPS intro 어휘편 | 에릭 김 지음 | 368쪽 | 15,000원
How to TEPS intro 독해편 | 한정림 지음 | 392쪽 | 19,500원

중급 (600~700점)

How to TEPS 실전 600 어휘편·청해편·문법편·독해편 | 서울대학교 TEPS 관리위원회 문제 제공(어휘), 이기헌(청해), 장보금·써니 박(문법), 황수경·넥서스 TEPS 구소(독해) 지음 | 어휘: 15,000원, 청해: 19,800원, 문법: 17,500원, 독해: 19,000원
How to TEPS 실전 700 청해편·문법편·독해편 | 강소영·넥서스 TEPS연 구소(청해), 이신영·넥서스 TEPS연구소(문법), 오정우·넥서스 TEPS연구소 (독해) 지음 | 청해: 16,000원, 문법: 15,000원, 독해: 19,000원

종합서

한 권으로 끝내는 텝스 스타터 | 넥서스 TEPS연구소 지음 | 584쪽 | 22,000원
How to 텝스 초급용 모의고사 10회 | 넥서스 TEPS연구소 지음 | 296쪽 | 15,000원
How to 텝스 베이직 리스닝 | 고명희·넥서스 TEPS연구소 지음 | 320쪽 | 18,500원
How to 텝스 베이직 리딩 | 박미영·넥서스 TEPS연구소 지음 | 368쪽 | 19,500원

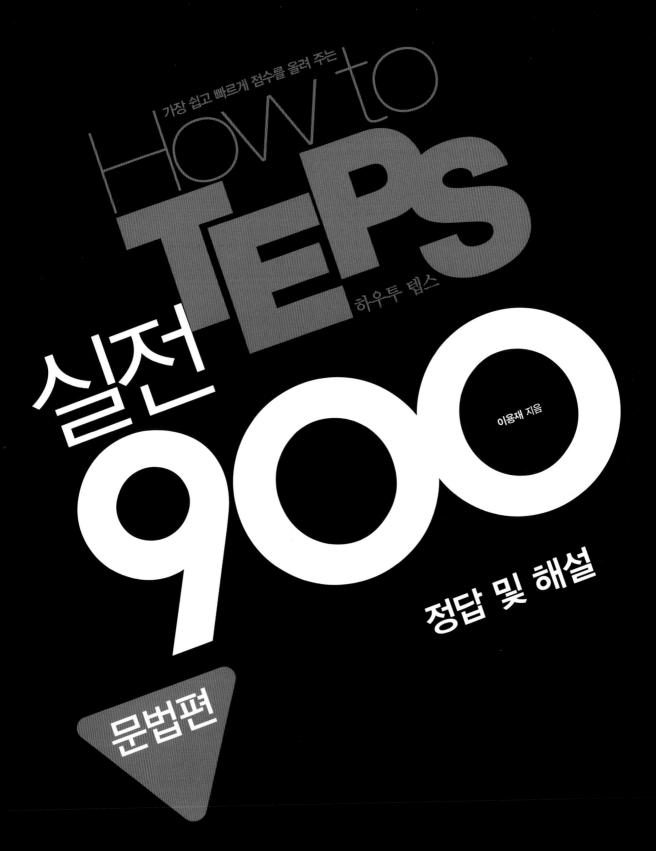

정답 및 해설

1 (d)	**2** (b)	**3** (b)	**4** (b)	**5** (c)
6 (a)	**7** (c)	**8** (a)	**9** (d)	**10** (d)
11 (b)	**12** (c)	**13** (a)	**14** (b)	**15** (c)
16 (d)	**17** (c)	**18** (c)	**19** (b)	**20** (d)

1

A 왜 오늘 레이나한테 화가 난 거야?
B 뒷문을 또 열어 두어서 개가 방으로 들어왔잖아.

해설

현재 화가 난 것은 이미 지나간 일이 원인이 되었기 때문이므로 과거시제인 (a)나 (d) 중 답이 있다. 과거의 지나간 사실을 말하고 있을 뿐, 지나간 동작을 강조하고 있지는 않으므로 (d)가 정답이다.

backdoor 뒷문 **allow** 가능하게 하다

정답 (d)

2

A 개도국의 긴급 국제 차관 확보를 위한 자격 요건은 무엇인가요?
B 국제 통화 기금에서는 심지어 의료 서비스를 포함한 공공 부문의 축소를 요구하고 있습니다.

해설

require는 당위성의 의미를 갖는 동사로 목적어인 명사절을 이끄는 that절에 〈should+동사원형〉이 오는데, 이때 should가 생략된 동사원형 (b)가 정답이다.

developing country 개발 도상국 **meet** (필요·요구 등을) 충족시키다 **secure** 확보하다, (계약을) 따내다 **international loans** 국제 차관 **IMF** 국제 통화 기금(International Monetary Fund) **shrink** 축소시키다

정답 (b)

3

A 20년 후 한국 고용 시장을 어떻게 전망하십니까?
B 아마도 노인 중 거의 절반이 전례 없던 고용 기회를 얻게 될 것입니다.

해설

half of는 of 이하에 나오는 citizens와 수일치를 시켜야 하며, twenty years from now on은 지금으로부터 미래를 향하여 20년이라는 기간을 나타내고 있으므로 미래완료시제를 써야 하므로 (b)가 답이다. 목적어 unprecedented employment opportunity가 있으므로 수동태인 (d)는 답이 될 수 없다.

put ... into perspective ~의 장래를 전망하다 **job market** 고용 시장 **senior citizen** 노인 **unprecedented** 전례 없는

정답 (b)

4

A 다른 해양 생물체와 함께 지난 몇십 년간 참치 수는 급감 추세를 보이고 있어.
B 분명 일본에서 소비가 증가한 게 원인이야.

해설

blame은 능동 형태로 수동의 의미를 나타내는 것에 유의해야 한다. 따라서 (d) to be blamed를 쓰지 않으며 능동 형태인 (b) to blame가 정답이다.

ocean-dwelling 바다에 살고 있는 **in free fall** 급감하는 **rising** 증가하는 **consumption** 소비

정답 (b)

5

A 오, 여보. 어쩌다 양복에 기름 얼룩이 묻었어?
B 직장에서 점심 먹을 때 잘못해서 그만 뭐가 묻었어.

해설

질문의 의도가 과거 상황을 묻고 있고, 점심을 먹는 순간에 있었던 일을 언급하고 있으므로 과거진행형인 (c)가 정답이다.

grease 기름 **spot** 얼룩 **at work** 직장에서

정답 (c)

6

A 결혼한 지 얼마나 되셨어요?
B 12월이면 20주년이 됩니다.

해설

How long...?으로 기간을 묻고 있으므로 대답 역시 기간을 나타내야 하며, 문두에 놓인 Next December를 통해 미래완료시제인 (a)가 정답임을 알 수 있다.

정답 (a)

7

A 마이크, 김치 먹어 봤어? 아주 맵지만 맛있는 한국 반찬이야.
B 아직 못 먹어 봤어. 하지만 기회가 생기면 꼭 먹어 볼게.

해설

Have you eaten...?으로 경험을 물어봤으나 아직 없다고 한다. 앞으로 기회가 있으면 하겠다는 뜻이므로 미래시제인 (c)가 정답이다.

fiery 매운 **side-dish** 반찬

정답 (c)

8

A 인천행 3시 열차를 탈 거야.
B 도착하자마자 전화해.

as soon as는 시간의 부사절을 이끈다. 시간의 부사절에서는 미래시제 대신 현재시제를 써야 하므로 (a)가 정답이다. arrive는 자동사로 수동태가 불가능함에 유의하자.

take the train 기차를 타다

정답 (a)

9

한미 자유 무역 협정이 골치 아픈 농산물 무역 문제로 인해 지연되고 있다.

해설

hold up은 '지연시키다'라는 의미의 타동사인데 목적어가 없으므로 수동태이다. 진행 중인 양국 간 협정이 난항을 겪고 있는 상황이므로 현재 진행형이 추가된 (d)가 정답이다.

pact 협정, 조약 **thorny** 곤란한, 골치 아픈 **hold up** 지연시키다

정답 (d)

10

통계에 따르면 신규 사업의 30% 정도가 사업한 지 1년 안에 도산한다고 한다.

해설

statistics는 '통계학'의 의미일 때는 단수 취급하지만 '통계'의 의미일 때는 복수 취급함에 유의한다. 여기서는 '통계'의 의미로 쓰였으며, that 이하는 목적어를 이끄는 명사절로 능동태 문장이므로 (d)가 정답이다.

statistic 통계

정답 (d)

11

이 씨가 지난밤 지하철에서 방화를 저질렀다고 한다.

해설

say는 주어가 it일 때 that절을 취하고 it이 아닐 때 to부정사를 취한다. say의 시점과 방화를 저지른 시점은 다르기 때문에 완료 부정사로 시제의 차이를 나타내야 하므로 정답은 (b)이다.

arson 방화 **commit** 저지르다

정답 (b)

12

부모는 자녀들의 체중, 흡연, 음주, 약물 중독에 대해 책임을 져야 한다.

해설

be held accountable for는 '~에 대해 책임을 지다'라는 뜻으로 쓰이는 관용표현이다. 조동사 뒤에 위치하고 있기 때문에 동사원형 형태를 취한 (c)가 정답이다.

be held accountable for ~에 대해 책임지다 **drug abuse** 약물 남용[중독]

정답 (c)

13

대략 30%의 미국 십대 학생들이 탄산음료에 중독되었다.

해설

실질적 주어는 30%인데, percent가 주어로 쓰이면 of 뒤에 있는 명사에 수일치를 한다. teenagers가 복수명사이므로 복수 동사를 쓴 (a)가 정답이다.

be hooked on ~에 중독되다

정답 (a)

14

벽 여기저기에서 페인트가 벗겨지고 있었다.

해설

peel은 '벗기다'와 '벗겨지다'라는 뜻이 둘 다 있다. 즉, 하나의 동사에 능동과 수동의 의미가 모두 있기 때문에 따로 수동태로 표현하지 않아도 된다. 따라서 능동태인 (b)가 정답이다.

peel 벗겨지다 **in places** 여기저기에

정답 (b)

15

인생에서 가장 중요한 것은 돈이 얼마나 있는지가 아니라 돈을 어떻게 쓰는가이다.

해설

동사 matter는 자동사로 be important의 뜻이다. 따라서 수동태로 쓰지 못하며, 일반적 사실을 말하고 있으므로 단순 현재시제를 쓴 (c)가 답이다.

matter 중요하다

정답 (c)

16

사실 몇 년 전에 만나기는 했지만 대니얼과 나는 1999년에 친구가 되었다.

해설

친구가 된 시점은 1999년 과거이지만, 만난 건 1999년보다 이전이므로 과거완료시제를 쓴 (d)가 정답이다.

정답 (d)

17

(a) A 7월 2일부터 6일까지 5일간 소형차 한 대를 빌리고 싶어요.
(b) B 잠시만요. 하루에 65.45달러 정도입니다.

(c) A 무제한 주행 거리와 보험료, 세금이 다 포함되어 있나요?

(d) B 아닙니다. 무제한 주행 거리만 가격에 포함되어 있어요.

해설

included 뒤에 목적어인 unlimited mileage, insurance and taxes가 있으므로 수동태로 쓸 수 없다. 따라서 (c)에서 Is it included를 능동인 Does it include로 바꿔야 한다.

compact car 소형차 **unlimited** 무제한의 **mileage** 주행 거리

정답 (c) Is it included ⇨ Does it include

18

(a) A 안녕하세요. 머리 자르려고 예약했는데요.

(b) B 네, 어떻게 해드릴까요?

(c) A 지금까지 하던 대로 해주세요.

(d) B 알겠습니다. 평소와 같은 헤어스타일을 늘 좋아하시는군요.

해설

헤어스타일을 과거의 어느 시점부터 현재까지 계속 유지하고 있으므로 현재완료진행으로 써야 하고, 현재완료진행은 have been -ing의 형태를 취한다. 또한 (c)에 목적어 it이 있으므로 수동태의 과거분사 had가 아닌 현재분사 having으로 바꾸어야 한다.

appointment 약속 **hairdo** 머리 모양, 헤어스타일

정답 (c) have been had ⇨ have been having

19

(a) 비록 우리가 이미 21세기에 살고 있지만, 사람들은 여전히 전통적인 치료 방법을 따르고, 사용하고 있다. (b) 그들은 고대 시대부터 발전되어 사용되어 온 옛 의학 체제에 의존할지도 모른다. (c) 일부 국가에서 개발된 이런 방법의 가장 예는 바로 침술과 아유르베다로, 침술은 질병을 치료하고 고통을 덜어주는 중국의 방식이며, 아유르베다는 고통을 줄이고 질병의 근원을 제거하는 인도의 방법이다. (d) 이와 같은 의학 시술은 개발될 때부터 대중적인 인기를 끌게 되었으며 본국이 아닌 다른 국가에도 알려졌다.

해설

관계사를 이용한 주어, 동사의 수일치 문제이다. 주격 관계대명사를 쓸 경우 선행사는 관계사절 동사의 주어가 된다. (b)에서 systems라는 단어는 복수인데, 동사는 단수 동사인 has를 썼으므로 have로 바꾸어 주어야 한다.

resort to ~에 의존하다 **alternative medical system** 대체 의학 체제 **acupuncture** 침술 **eradicate** 제거하다

정답 (b) has ⇨ have

20

(a) 연기자이자 감독, 연출자, 작가인 멜 깁슨은 1956년 3월에 뉴욕에서 태어났다. (b) 철도 제동수였던 아버지가 1968년에 〈저퍼디〉라는 게임 쇼에서 이기고 난 후 그가 12살 때 부모님, 10 형제와 함께 호주로 이주했다. (c) 1979년 그를 일약 단숨에 유명하게 해준 〈매드 맥스〉로 데뷔를 했다. (d) 그 외에도 많은 호주, 미국 영

화에 출연해 연기상과 감독상을 수상했으며, 올해의 남자, 가장 좋아하는 영화배우, 현존하는 가장 섹시한 남자로 선발되기도 했다.

해설

(d)에서 병렬 구조로 나열된 세 개의 동사와 주어의 관계에 유의한다. starred, received는 직접 그가 출연을 하고 상을 받은 상황이니 능동태가 맞지만, 선발된 경우이므로 수동태를 써서 was chosen이 되어야 한다.

railroad brakeman 철도 제동수 **jeopardy** 위험 **debut** 첫 출연하다 **in a snap** 단숨에 당장에

정답 (d) chose ⇨ was chosen

Practice Test 2   ⇨ 본책 P 47

1 (c)	2 (d)	3 (c)	4 (c)	5 (d)
6 (a)	7 (c)	8 (a)	9 (b)	10 (b)
11 (a)	12 (c)	13 (d)	14 (c)	15 (a)
16 (a)	17 (c)	18 (b)	19 (c)	20 (c)

1

A 테드가 퍼듀대학교에서 경영학 석사 학위를 받았대.

B 대단하네. 학력이 좋구나.

해설

MBA는 경영학 석사로 '학력'을 나타내는 말이기도 하고, '학력 소지자'를 일컫기도 한다. 여기서는 테드의 동격명사로 쓰였고 사람을 지칭하는 가산명사이다. 철자 M은 자음이지만 발음상 모음이기에 부정관사 an을 쓴 (c) an MBA가 정답이다.

MBA 경영학 석사(Master of Business Administration)

정답 (c)

2

A 점심 먹으러 가실래요?

B 아니요. 괜찮아요. 이미 파스타를 먹었거든요.

해설

pasta는 불가산명사이므로 부정관사 a나 복수 형태는 답이 될 수 없다. 정관사 the는 앞에서 언급했거나 특수한 한정어구가 존재할 경우 쓰는데 이 문제는 해당되지 않는다. some은 가산·불가산 명사 앞에 다 쓰이며, 양적으로 '약간'의 뜻이 있기 때문에 (d)가 정답은 (d)이다.

grab something[a bite] to eat 간단히 먹다

정답 (d)

3

A 뉴욕에서 개인 사업을 하기로 마음먹었어.

B 잘됐다. 하지만 새 가구를 많이 사야겠는걸.

해설

furniture는 대표적인 불가산명사로 복수 형태를 취할 수 없다. any는 부정문과 의문문에 주로 쓰이기 때문에 긍정문에서 쓰는 것은 옳지 않으므로 (c)가 정답이다.

start one's own business 사업을 시작하다 **purchase** 구입[구매] 하다

정답 (c)

4

A 실례합니다. 지금 몇 시죠?

B 2시 30분입니다.

해설

time에는 여러 가지 의미가 있는데 그 중에서도 시각을 물을 때는 the time으로 표현하므로 (c)가 정답이다.

정답 (c)

5

A 써니 어머님께서 수술 직후 합병증으로 돌아가셨습니다.

B 그것 참 안됐군요.

해설

complication에는 '상황을 복잡하게 만드는 문제점'과 의학 용어로 '합병증'이란 뜻이 있다. 문맥상 합병증이 적절한데 이때는 일반적으로 복수로 표현하므로 정답은 (d)이다.

complications 합병증 **following** ~후에 **surgery** 수술

정답 (d)

6

A 시카고 행 814 항공편 예약 확인 좀 하고 싶습니다.

B 네. 예약 번호가 어떻게 되시죠?

해설

항공편은 일반적으로 숫자와 함께 쓰면서 고유명사로 간주한다. 그러므로 단어 자체에 어떤 한정사를 붙여서는 안 된다. room, avenue, gate 등도 마찬가지이다. 따라서 정답은 (a)이다.

confirm 확인하다 **reservation** 예약

정답 (a)

7

A 표적의 나이나 성을 막론하고 스토커가 증가 추세인 것 같아.

B 그래. 피해자들이 신고를 한다 해도, 현행법상 가벼운 처벌만 받어.

해설

의미를 따져 보면 that 이하의 주어는 stalker가 아니고 all임을 알 수 있다. be동사 이하가 가벼운 처벌이라는 뜻인데 주어

가 stalker이면 주어와 보어가 일치하지 않게 된다. 따라서 관계대명사 that이 생략된 구조를 잘 살펴봐야 한다. all [that] the stalker gets가 주어인데, 일단 all은 대명사로 쓰여 관계사의 선행사 역할을 하고 있다. every는 무조건 명사와 함께 써야 하는 한정사로 that의 선행사가 될 수는 없고, 동사 gets를 보면 주어는 단수명사이므로 정답은 (c)이다.

stalker 스토커 **on the rise** 증가 추세에 있는 **report** 신고하다 **such that** ~할 정도까지, ~한 결과로 **a slap on the wrist** 가벼운 처벌

정답 (c)

8

A 스팸 메일이 지긋지긋해.

B 나도 마찬가지야. 스팸 메일 처리가 일상 잡무가 될 정도야.

해설

spam은 불가산명사로 부정관사의 사용과 복수형이 불가능하다. 또한 부정문이 아닌 상태에서 any도 적절치 않으며 의미적 한정성이 없는 상태에서 정관사 the의 사용도 옳지 않으므로 (a)가 정답이다.

be fed up with 시틋하다 **chore** 정기적으로 하는 일

정답 (a)

9

만약 순한 담배가 흡연자들이 한 번 흡입할 때마다 지나치게 작은 양만 투여될 경우, 대부분은 담배를 더 피움으로써 부족한 부분을 채우게 될 것이다.

해설

부사 too, so, as 등이 명사를 취할 경우 반드시 〈형용사+a(an)+명사〉의 어순을 취해야 하므로 (b)가 답이다.

dose 복용량 **puff** (한 모금) 빠는 것 **make up** 보충하다

정답 (b)

10

마침내 늑대가 나타났을 때, 아무도 그의 경고에 귀 기울이지 않았다.

해설

any는 부정어 뒤에 쓰는 한정사이다. nobody가 있기 때문에 다른 한정사가 아닌 any를 반드시 써야 하므로 정답은 (b)이다.

take notice of 알아차리다, 주의를 기울이다

정답 (b)

11

시가가 킬로그램당 4만 파운드로 추산되는 제품들이 매년 해외로 밀수되고 있다.

해설

an estimated는 구체적인 숫자가 포함된 수나 양에 대해 '추산치'를 얘기할 때 쓰므로 정답은 (a)이다. 여기에서 an은 관용적으로 쓰이는 것이지 부정관사와 단수의 결합을 염두에 둔 문법적 기능은 아니다.

street value 시가   **smuggle** 밀수하다

정답 (a)

12

규정상 일용직 근로자들은 주 단위로 급여를 받는다.

해설

단위를 나타낼 때 관용적으로 〈by the+단위명사〉를 쓰므로 (c)가 답이다.

as a rule 규정상

정답 (c)

13

일부 환자들은 의사들이 사용하는 의학 용어가 혼란스럽다고 생각한다.

해설

used by 이하에서 명사 language를 의미적으로 제한하고 있기 때문에 정관사 the를 붙여야 하므로 정답은 (d)이다.

medical 의학의   **confusing** 혼란스러운

정답 (d)

14

그는 할아버지께서 돌아가시고 나서 거실에 할아버지 초상화를 걸어 놓았다.

해설

a portrait of his grandfather's는 할아버지께서 소장하고 계신 초상화이고, a portrait of his grandfather는 할아버지를 그린 초상화이다. 문맥상 돌아가시고 나서 거실에 할아버지를 그린 초상화를 걸어 놓은 것이므로 정답은 (c)이다.

pass away 돌아가시다   **portrait** 초상화

정답 (c)

15

내가 가지고 있는 음반 중에서 이 음반이 제일 좋다.

해설

of all이 있으면 비교급과 최상급 중에서 최상급을 써야 한다. 최상급이라고 모두 정관사를 붙이는 것은 아니다. 형용사의 최상급일 경우는 정관사를 쓰나 부사의 최상급은 정관사를 쓰지 않으므로 (a)가 정답이다.

정답 (a)

16

많은 관광객들이 5번가에서 열리는 성 패트릭 데이 행렬을 관람했다.

해설

서수가 도로명으로 쓰이면 고유명사화되므로 관사를 붙이지 않는다. 따라서 정답은 (a)이다.

tourist 여행객

정답 (a)

17

(a) A 죠셉 교수님, 금요일에 과학 리포트 제출해도 될까요?
(b) B 마감일이 이번 수요일이야. 내 규정을 알잖니.
(c) A 네, 알아요. 하지만 이번 주 초에 급한 가족 행사가 있어서요.
(d) B 미안하지만, 성적을 금요일까지 학과에 제출해야 한단다.

해설

부정관사 a/ an은 철자가 아니라 발음으로 구별한다. urgent의 u는 발음상 모음에 해당하므로 a가 아닌 an을 써야 한다. 따라서 (c)가 답이다.

turn in 제출하다   **paper** 리포트   **due date** 마감   **attend to** 해결하다, 처리하다   **family occasion** 가족 행사

정답 (c) a ⇒ an

18

(a) A 마이크. 프로젝트 마감이 언제야?
(b) B 몇 주 안 남았어.
(c) A 정말? 시간이 얼마 안 남았네.
(d) B 그래, 가능한 빨리 일을 끝내야 해.

해설

couple은 가산명사로 일반적으로 a couple of로 표현하므로 정답은 (b)이다.

deadline 마감일   **get the job done** 일을 끝마치다

정답 (b) couple ⇒ a couple

19

(a) '자라지 않는 남자들'은 요즘 '피터팬 증후군'의 산물로 널리 눈에 띈다. (b) 최근에는 이른바 '노화 기피증'이 40~50대 사이에 사회적 현상으로 확산되고 있다. (c) 노화 기피증이란 '나이 들어보이는 것'과 '나이 들어가는 것'을 두려워하는 것으로 얼굴과 몸매 등 외모 관리에 치중하는 중년층의 현상을 지칭한다. (d) 이런 집착은 얼짱, 몸짱, 동안 등과 같은 신조어로도 나타나며 예전보다 외모에 보다 비중을 더 두면서 빠르게 일반화되고 있다.

해설

(c)에서 fear는 불가산명사이지만 of 이하로 수식받고 있는 형용사구가 있으므로 the를 붙여 한정해야 한다.

syndrome 증후군   **aging phobia** 노화 기피증   **phenomenon**

현상 **facial** 얼굴의 **obsession** 집착 **norm** 표준

정답 (c) fear of ⇨ the fear of

20

(a) 요즈음 불법 온라인 의약품 매매가 극성을 부리고 있다. (b) 많은 사람들에게 약값은 감당할 수 없을 정도로 부담스러우니 놀라운 소식은 아니다. (c) 거래되는 품목의 리스트는 진통제, 발기 부전 치료제, 다이어트 제품 등 다양하다. (d) 의약품에 대한 전문적인 관리 소홀이 승인받지 못한 약의 위험성에 대한 무지함을 계속 키우고 있다.

해설

list는 가산명사이다. 수의 표현이 없는 것도 틀렸지만 문맥상 of 이하에서 의미의 한정을 받고 있기 때문에 정관사 the를 써야 하므로 정답은 (c)이다.

on-line trade 온라인 매매 **medication** 의약품 **prevalent** 만연한, 널리 퍼져있는 **painkiller** 진통제 **impotence drug** 발기 부전 치료제 **unauthorized** 권한이 없는, 인정받지 않은

정답 (c) List ⇨ The list

Practice Test 3   ⇨ 본책 P 61

1 (b)	2 (b)	3 (a)	4 (c)	5 (a)
6 (d)	7 (b)	8 (a)	9 (a)	10 (b)
11 (c)	12 (b)	13 (c)	14 (d)	15 (c)
16 (b)	17 (a)	18 (a)	19 (a)	20 (c)

1

A 사람들 앞에서 말해본 적이 없어서 너무 초조해.
B 걱정하지 마. 행운을 빈다.

해설

주절 앞에 분사구문과 부사 둘 다 올 수 있지만, 시제상 주절보다 앞선 시제라고 판단되면 완료분사구문을 써야 한다. 또한 부정어는 항상 분사구문 앞에 위치해야 하므로 정답은 (b)이다.

nervous 불안해하는 **sweat** 걱정하다 **keep one's fingers crossed** 행운을 빌다

정답 (b)

2

A 요즘 담배를 더 펴요. 어떻게 담배를 끊을 수 있을까요?
B 흡연에 대한 유혹을 극복하기 위해서는 엄격한 자제와 매우 강한 의지가 있어야만 해요.

해설

주절 앞에 분사구문과 부정사를 구별하는 가장 큰 차이점은 의미

적으로 목적을 나타내는 '~하기 위해서'의 해석 여부이다. 분사구문은 시간, 조건, 양보, 원인 등으로 다양한 해석이 있지만, 부정사는 문두에 위치할 경우 거의 목적으로 해석된다. 이 문장에서는 유혹을 이겨내기 위한 목적을 나타내고 있으므로 부정사를 써야 하고, 주절과 같은 시제이므로 단순부정사를 써야 하기 때문에 (b)가 정답이다.

temptation 유혹 **strict** 엄격한 **self-discipline** 자제, 자기 훈련 **will** 의지 **overcome** 극복하다

정답 (b)

3

A 제니! 왜 영화 보는데 제 시간에 안 와? 영화가 벌써 시작했잖아.
B 정말 미안해. 극장으로 오다가 버스 안에서 깜박 졸아서 정류장을 놓쳤어.

해설

주절이 끝나고 부정사가 오면 부사적으로 목적, 원인, 이유, 결과 등 다양한 해석이 된다. 반면에 주절이 끝나고 분사가 오면 주절과 같은 동시 상황을 묘사하는 의미를 나타내게 되므로 정답은 분사인 (a)이다.

miss stop 정거장을 놓치다

정답 (a)

4

A 미국에 니코틴에 중독된 성인이 얼마나 되나요?
B 현재 대략 4,500만 명이 흡연을 하고 있고, 5명 중 4명은 중독이에요. 금연 노력은 좌절되고 있고요.

해설

주절 뒤에 콤마가 오면 동시 상황을 나타내는 구문이 오게 되는데 시제가 동일하다면 완료분사가 아닌 현재분사를 쓰므로 (c)가 정답이다.

be addicted to ~에 중독되다(be hooked on) **frustrate** 좌절시키다, 낙담시키다

정답 (c)

5

A 일회용 기저귀와 천 기저귀의 차이점을 비교한 기사 읽었어요?
B 연구에 따르면 두 제품은 환경에 미치는 영향에 있어서 큰 차이가 없지만, 분명 개선의 여지가 있다는 것을 나타내고 있어요.

해설

명사를 후치수식할 수 있는 준동사는 부정사와 분사이다. 목적어가 없는 상태에서 수식할 수 있는 것은 수동의 성격을 가지고 있는 과거분사뿐이므로 정답은 (a)이다.

differentiate 차이점을 구별하다 **disposable** 일회용의 **reusable** 재활용의 **diaper** 기저귀 **substantial** 현저한, 큰

정답 (a)

6

A 캐서린! 어제 내가 산 노트북 컴퓨터 봤어?

B 응. 오늘 아침 탁자 위에 있던데.

해설

saw는 지각동사로 원형부정사나 분사를 보어로 취한다. 여기에서 주의할 점은, 동사 lay는 타동사로 lay-laid-laid의 형태를 취하고 분사형은 laying이다. 빈칸 뒤에 목적어가 없으니 타동사를 쓰는 것은 옳지 않다. 반면 lie는 자동사로 lie-lay-lain의 동사 변화를 취하며 분사형은 lying이다. 목적어가 없어도 쓸 수 있는 형태는 자동사의 경우이므로 정답은 (d)이다.

laptop 노트북 컴퓨터

정답 (d)

7

A 수표를 현금으로 바꿀 수 있을까요?

B 죄송합니다. 사진이 부착된 신분증이 없으면 힘들 것 같네요.

해설

목적어 the checks는 현금으로 바뀌는 것으로 수동으로 써야 하므로 to be가 생략된 과거분사를 목적격 보어로 취해야 한다. 따라서 (b)가 정답이다.

get+O+to V (능동의 관계)

get+O+(to be)+p.p. (수동의 관계)

get the check cashed 수표를 현금으로 바꾸다 **identification** 신분증

정답 (b)

8

A 저희 사무실까지 방문하시다니 감사합니다.

B 별말씀을요. 오히려 제가 감사하죠.

해설

trouble은 어떤 동사와 쓰였냐에 따라 다양한 준동사와 결합할 수 있다. have trouble 뒤에는 동명사가 오지만 take the trouble 뒤에는 일반적으로 부정사가 오므로 정답은 (a)이다.

take the trouble to V 수고를 아끼지 않고 ~하다 **Don't mention it** 천만에요

정답 (a)

9

프랑스의 한 준정부 환경 단체가 발표한 새로운 연구는 더 이상의 논란에 부채질을 할 것으로 보인다.

해설

동사가 may fuel이 있으나 빈칸의 자리는 동사가 아닌 준동사의 자리이다. 명사 study를 꾸미는 자리로서 목적어가 없는 상태이기 때문에 과거분사를 써야 하므로 (a)가 정답이다.

release 출시하다, 발표하다 **quasi-government** 준정부 **fuel** 부채질하다, 기름을 끼얹은 격이다

정답 (a)

8

10

음식물을 느린 속도로 식게 하면 상할 가능성이 떨어진다.

해설

주어 자리에 부정사와 동명사 모두 올 수 있으나 (c)는 수동의 뜻이 되어 어색하므로 (b)가 정답이다. 시제의 차이가 없다면 완료구문을 쓰면 안 된다.

likelihood 가능성, 확률 **spoil** (음식이) 상하다

정답 (b)

11

어떤 후보가 당선될지 예측할 방법이 없어서 우리는 그저 사태의 귀추를 지켜보았다.

해설

there is 구문을 분사구문으로 전환하면 There being이 된다. 일반적으로 수량에 관한 표현(some, any, no, many, etc)이 오면 there is를 쓰지 it is를 쓰지 않으므로 정답은 (c)이다. no way를 통해서도 there is 구문이지, it is 구문이 아닌 것을 알 수 있다.

candidate 후보자

정답 (c)

12

방과 후 교육 프로그램을 7월 7일까지 등록한 학생들은 30% 할인을 받을 수 있습니다.

해설

register for는 1형식 동사이다. 그렇기 때문에 수동태나 과거분사는 정답이 될 수 없다. 부정사가 명사를 수식하면 미래의 의미가 있는데 일반 사실을 얘기하고 있으므로 정답은 현재분사인 (b)이다.

register for 등록하다 **after-school** 방과 후 **tutoring program** 과외 프로그램

정답 (b)

13

초보 전문가들 중 상당수는 최대한 빨리 성공하기를 갈망하지만 그들에게는 진정한 직업 목표를 달성할 방법이 몇 가지 있다.

해설

some way to go로 '달성할 길'까지 주절이 끝났고 to go는 명사 way를 수식하므로 (c)가 정답이다. way는 부정사와 함께 쓰여 '~하는 방안'으로 쓰이고, go -ing는 '~하러 가다'라는 뜻이므로 '달성하러 가다'라는 의미는 어색하다.

professional 전문직 종사자 **career goal** 직업상 목표

정답 (c)

14

더블린에 있는 이 탁아 시설은 교육기준청으로부터 좋은 평가를 받고 있다.

해설

describe는 능동일 경우 describe A as B, 수동일 경우 A be described as B의 어법을 취한다. 만족감을 느낀 것은 이 탁아 시설이 아니므로 정답은 (d)이다.

childcare center 탁아 시설 **satisfactory** 만족스러운

정답 (d)

15

지배국들에게서 자유로워지고, 많은 식민지들이 자치 통치를 수립하기 위해 모든 노력을 하고 있다.

해설

분사구문에서 자유로워지는 주체는 바로 식민지들이므로 주절의 주어가 식민지들이 되어야 한다. 따라서 정답은 (c)이다.

liberate 자유롭게 하다 **governance** 지배, 통치 **colony** 식민지

정답 (c)

16

한 씨의 살림 형편이 어려운 점을 감안할 때, 그의 소비 습관은 바뀔 필요가 있다.

해설

need는 수동의 의미를 나타낼 때 need to be p.p. 혹은 need v-ing로 나타낼 수 있다. 따라서 그의 생활 방식은 개조하는 것이 아니라, 개조되는 것이므로 need to be revamped 아니면 need revamping으로 바꿀 수 있어 정답은 (b)이다.

given that ~인 점을 고려해 볼 때 **behindhand** (일이나 빚 처리가) 밀린 **excessive** 사치스러운, 지나친 **revamp** 개조하다, 수리하다

정답 (b)

17

(a) A 톰, 내일 농구나 할까?
(b) B 좋지. 내일 오후에 한가해.
(c) A 그래. 그럼 도산 공원에서 2시에 보자.
(d) B 알았어. 그럼 결정된 거지? 거기서 봐.

해설

제안할 때 How about...?, Why don't...?, What do you say to v-ing...? 등을 쓴다. What do you say to에서 to는 전치사로 원형부정사가 아닌 동명사를 써야 함에 유의하자. 따라서 (a)가 정답이다.

What do you say to v-ing ~하는 게 어때?

정답 (a) to play ⇒ to playing

18

(a) A 당신이 니콜의 제안이 별로라고 해서 니콜이 화났어요.
(b) B 하지만 니콜에 대해서 뭐라 한 게 아니라 제안에 대해 말한 건데요.

(c) A 그렇지만 니콜은 개인적으로 받아들였어요.
(d) B 그녀를 화나게 할 의도가 전혀 없었어요.

해설

감정을 느끼는 주체와 원인 제공 간에 능동, 수동 관계를 보고 파악해야 한다. (a)에서 니콜은 B의 의견 때문에 화가 났으므로 현재 분사가 아닌 과거분사를 써야 한다.

annoyed 화가 난, 짜증이 난 **criticize** 비난하다

정답 (a) annoying ⇒ annoyed

19

(a) 우리가 낙태라는 단어를 들었을 때 제일 처음 머릿속에 떠오르는 것은 여성의 자궁에서 태아를 고의로 제거하는 것이다. (b) 하지만 여기에는 약간의 착오가 있다. 왜냐하면 낙태라는 단어는 동의하에 이루어지는 태아의 제거를 의미하기도 하지만, 의도하지 않았지만 태아가 자연스레 소멸되는 것도 의미하기 때문이다. (c) 전자의 경우를 '인공 임신 중절'이라 하고, 후자의 경우를 '자연 유산'이라 한다. (d) 따라서 우리가 다음에 이 단어를 접하면 낙태라는 단어를 바로 '인공 임신 중절'로 생각해서는 안 된다.

해설

(a)에서 the first thing that에 있는 that은 명사 뒤에 위치한 관계대명사이다. 관계대명사는 주격이면 주어가 빠지고, 목적격이면 목적어가 빠진다. 하지만 동사는 절대 빠져서는 안 된다. 동사 comes가 와야 하는 자리에 분사 coming이 온 것은 잘못되었으므로 (a)가 정답이다.

abortion 낙태, 유산 **womb** 자궁 **embryo** 태아(보통 임신 8주까지의 태아) **misconception** 오해 **induced abortion** 인공 임신 중절 **spontaneous abortion** 자연 유산

정답 (a) coming ⇒ comes

20

(a) 심리학, 특히 발달 심리학을 공부한 것은 내 대학 생활 중 가장 의미 있는 일이었다. (b) 배울 수 있을 거라고는 기대하지 못했던 흥미로운 사실을 많이 배웠다. (c) 인간 발달을 연구하는 것으로 일반적으로 알려진 이런 부류의 심리학이 사람이 태어나서 나이가 들 때까지 경험할 수 있는 지속적인 정신적, 사회적, 육체적, 정서적 변화와 관련되어 있다는 것을 알게 되었다. (d) 이러한 점을 통해 볼 때 한 삶은 유년 시설, 사춘기, 성년기로 구분될 뿐만 아니라, 요람기, 유아기, 초기 유년기, 유년기, 청소년기, 초기 성년기, 중년기, 노년기로도 나누어질 수도 있다는 것을 알았다.

해설

과거분사와 현재분사의 구별은 목적어의 유무이다. 목적어가 없으면 수동의 과거분사를 써야 하므로 (c)에 knowing을 known으로 바꿔야 한다.

psychology 심리학 **branch** 부류, 분야 **undergo** 경험하다 **infancy** 요람기 **toddler** 영유아기 **early childhood** 유아기 **adolescence** 사춘기

정답 (c) knowing ⇒ known

1 (a)	2 (c)	3 (b)	4 (a)	5 (b)
6 (a)	7 (b)	8 (d)	9 (d)	10 (c)
11 (a)	12 (b)	13 (d)	14 (a)	15 (d)
16 (a)	17 (c)	18 (b)	19 (b)	20 (b)

1

A 최근 조사에 따르면 미국은 마약 밀매에 있어 단일국가로는 최고라고 하더라.

B 맞아. 미국보다 마약 중독 문제가 심각한 곳은 없어.

해설

보기 4개 중 2개 이상에서 부정어가 등장하면 도치 문제라고 짐작해도 된다. 부정어가 등장하면 주어와 동사의 순서가 도치되어야 하고, 빈칸 뒤쪽에 than이 있으니 앞쪽에 형용사나 부사의 비교급이 있어야 하므로 (a)가 정답이다.

survey 여론 조사   **in terms of** ～에 관한   **drug trafficking** 마약 밀매

정답 **(a)**

2

A 수영하는 법을 가르쳐 주세요.

B 미안하다. 아들아. 수영하는 법을 배우지 못했고, 아빠도 마찬가지셔.

해설

부정문 뒤에 '역시'의 의미를 부정으로 표현할 때는 〈nor+동사+주어〉 혹은 〈and+neither+동사+주어〉를 쓴다. 이때 동사는 앞 문장과 같은 동사를 써야 하고 시제 역시 일치해야 하므로 정답은 (c)이다.

정답 **(c)**

3

A 그가 도박판에서 전 재산을 날렸대?

B 사람들이 그러더라.

해설

긍정문 다음에 '역시'라는 의미를 나타낼 때는 〈so+동사+주어〉의 도치가 일어나지만, 이 문장의 경우에는 '사람들이 그렇게 말하다'라는 의미로 〈so+주어+동사〉의 형태를 취하는 것으로 (b)가 정답이다.

fortune 재산. 거금   **gambling table** 도박판

정답 **(b)**

4

A 어젯밤에 본 영화가 어땠나요?

B 말도 마요. 영화가 시작하고 나서야 예전에 본 영화인 걸 알았다니까요.

해설

only가 부사구나 부사절과 함께 문두에 오면 도치된다. 여기서 도치가 되는 부분은 주절뿐이고 부사절은 도치되지는 않는다. 즉, after 이하의 주어와 동사는 주어+동사의 형태로 쓰고, 주절은 동사+주어로 도치시킨 (a)가 정답이다.

only after ～하고 나서야

정답 **(a)**

5

A 수학 숙제 다 했니?

B 죄송해요. 엄마. 드라마가 너무 재미있어서 수학 숙제하는 걸 깜박했어요.

해설

문두에 형용사가 오면 도치되고, 분사 exciting과 excited의 구별은 주어와 동사와의 관계가 능동, 수동인지에 달려 있는데 능동적인 관계이므로 exciting을 써야 한다. so ... that 구문과 so ... as to 구문은 의미는 같으나 절을 취하냐 아니냐가 관건이다. 빈칸 뒤에 주어+동사+(I forgot)이 있으므로 so ... that 구문을 쓴 (b)가 정답이다.

정답 **(b)**

6

A 너 요즘 너무 과로하는 것 같아.

B 네 말이 맞아. 집에 도착하자마자 소파에서 잠들곤 해.

해설

문두에 부정어가 왔을 때 도치가 일어난다. '～하자마자 …했다'라는 표현은 〈Scarcely+have+주어+p.p.〉 또는 〈when[before]+주어+동사〉의 구문을 쓰므로 정답은 (a)이다.

overwork 과로하다   **You can say that again** 네 말이 맞아

정답 **(a)**

7

A 요즘 드라마 〈시크릿 가든〉의 시청률이 매우 높아.

B 맞아. 인기가 너무 높아서 방영 시간에는 거리에 사람이 없을 정도야.

해설

such는 so much[great]의 의미로 쓰일 수 있다. 따라서 such가 문두로 나가면 도치가 일어난다. 그리고 지시 대상은 the soap opera이므로 단수 대명사는 it이 맞다. 따라서 (b)가 정답이다.

soap opera 드라마   **view rating** 시청률   **deserted** 텅 빈

정답 **(b)**

8

A 티켓 구입하는 데 시간이 훨씬 더 걸릴 것 같아. 엄청 많은 사람들이 줄을 서 기다리고 있어.

B 와우. 영화 보려고 이렇게 줄을 길게 서 있는 모습은 처음 봤어.

해설

빈칸 뒤에 도치가 되어 있기 때문에 부정어가 빈칸에 들어간다고 추측할 수 있다. 명사 부정어는 주어가 되기 때문에 부정의 부사인 never로 시작하는 (d)가 정답이다.

wait in line 줄 서 있다

정답 (d)

9

케인 씨는 작년에 이혼했을 때 평판이 바닥에 떨어졌다.

해설

원문은 Mr. Kane came down…이다. 여기서 came down은 동사와 부사가 결합된 것으로 down을 문두로 내보내면 도치가 되므로 (d)가 정답이다.

reputation 평판 **get divorced** 이혼하다

정답 (d)

10

이 책은 영어 강사와 학습자에게 매우 중요하다.

해설

〈of+추상명사〉는 형용사 역할을 한다. 원문은 This book is of great value to both English instructors and learners이다. 이때 of value가 문두에 오는 것은 형용사 valuable이 문두에 온 것과 같기에 도치가 일어나, Of great value 뒤에 동사 is, 주어 this book의 어순을 갖는 (c)가 정답이다.

value 가치 **instructor** 강사

정답 (c)

11

베네딕트대학교 학생들은 3학년 때에만 학업 성취도로 엄격히 평가받게 될 것입니다.

해설

only가 문두에 부사구나 절과 함께 오면 도치 현상이 일어나므로 (a)가 정답이다. (d)도 도치가 되었지만 목적어가 없는 수동태 문장인데 능동태를 써서 오답이다.

judge 평가하다 **strictly** 엄격히 **academic performance** 학업 성취도

정답 (a)

12

1980년 이래로 낙태에 관한 우려가 제기되었다.

해설

부정어가 문두에 위치하면 도치 현상이 나타난다. 또한 since가 주절의 시제를 현재완료로 이끌어야 하며, concerns가 주어이므로 수동태를 쓴 (b)가 정답이다.

정답 (b)

13

동봉된 것은 구인 광고에서 요청하신 자기소개서입니다.

해설

주어가 the cover letter부터 the job ad까지라 너무 길어서 과거분사가 앞으로 도치되었으므로 정답은 (d)이다.

enclose 동봉하다 **cover letter** 커버레터, 자기소개서

정답 (d)

14

그 자전거가 그렇게 비쌀 거라고는 예상하지 못했고, 작동이 안 될 것이라는 것도 생각 못했다.

해설

부정문 뒤에 '역시'라는 의미를 첨가하려면 neither나 nor가 필요하고 도치가 되어야 한다. nor는 부정어이이면서 접속사로 바로 주어와 동사를 취할 수 있으나 빈칸 앞에 콤마가 있을 때 neither는 and가 있어야 주어 동사를 취할 수 있다. (a)와 (d) 중에서 도치문인 (a)가 정답이다. (b)는 and가 앞에 없으므로 오답이다.

work 작동하다

정답 (a)

15

피해가 너무 커서 그의 차를 수리하는 데 수천 달러가 들 정도였다.

해설

such that이라고 쓰면 so great that과 비슷한 뜻이 있어서 such 자체가 형용사로 쓰일 수 있다. 이때 such가 문두로 나가게 되면 도치가 일어나므로 정답은 (d)이다.

vehicle 차량

정답 (d)

16

어린이들에게는 흔히 있는 일이지만 리사는 독감 주사 맞는 것을 두려워한다.

해설

as가 접속사로 양태의 의미를 나타낼 때 도치가 가능하다. as is often the case는 '흔히 있는 일이지만'이란 뜻으로 정답은 (a)이다.

get a flu shot 독감 주사를 맞다 **case** 경우

정답 (a)

17

(a) A 우리가 어젯밤 참석했던 자선 행사는 어땠어?
(b) B 취지는 좋았는데 실용성은 없었다고 봐.
(c) A 나도 그렇게 생각해. 게다가 너무 지루했어.
(d) B 내년에는 다시 참석하지 말자.

해설

부정문 뒤에 동의를 할 때는 〈neither+동사+주어〉를 쓰므로
(c)가 답이다. 〈so+동사+주어〉는 긍정문 뒤에 표현한다.

charity 자선의 **intention** 의도 **practical value** 실용성

정답 (c) So did I ⇨ Neither did I

18

(a) A 아드님이 급성 폐렴에 걸렸다는 소식을 들어서 유감입니다.
(b) B 걱정해 주셔서 감사해요. 저 역시 아들이 병에 걸릴 거라고
는 전혀 생각 못했어요.
(c) A 의사는 뭐라 하던가요?
(d) B 치료 받으면 곧 나을 거라고 하더군요.

해설

문두에 부정어 little이 나왔으므로 도치가 되어야 한다. 따라서
(b)에 있는 Little I thought에서 주어와 동사를 도치해야 한다.

정답 (b) Little I thought ⇨ Little did I think

19

(a) 훈련된 의료진의 부족은 많은 개도국에서는 두 가지 측면의 문
제입니다. (b) 많은 국가가 필요한 모든 의료진을 훈련시키고 교육
할 수 있는 대학교가 부족할 뿐만 아니라 종종 교육을 받은 간호사
와 의사가 더 나은 급여를 위해 고국을 떠나려 결심합니다. (c) 이
런 두뇌 유출 문제는 미국과 영국을 포함한 많은 국가가 자국민에
게 필요한 만큼 충분한 간호사와 의사를 배출하지 못하고 있기 때
문에 더 악화되고 있습니다. (d) 다른 국가에서 일할 수 있는 권리
를 부인하는 것은 의료진의 권리 침해와 부당한 것입니다.

해설

not only가 문두에 오면 도치가 되므로 (b)에서 many countries
와 lack을 도치해야 한다.

brain drain 두뇌 유출 **violation** 위반, 침해

정답 (b) Not only many countries lack ⇨ Not only do
many countries lack

20

(a) 지정학적 세계가 긴장과 타오르는 노여움으로 매우 소란스럽다.
(b) 새해 벽두가 이렇게 소란스러운 해는 드물다. (c) 희망과 평화
를 얘기하던 뉴밀레니엄의 첫 시작은 흔적 없이 사라지고 세상은
온통 불확실성과 전쟁 얘기로 들끓는다. (d) 두드러진 타깃은 이라
크 전쟁이지만 북한에도 관심이 있는 듯하다.

해설

문두에 부정어가 출연하면 주어 동사는 도치되어야 한다. rarely

가 나오면 부정어 rarely+동사+주어의 순서로 바꾸어야 한다. 따
라서 정답은 (b)이다.

geopolitical 지정학적 **in disarray** 엉망인 **boisterous** 떠들썩한
imminent 임박한, 당장이라도 닥칠 듯한 **prominent** 두드러진
hover 배회하다

정답 (b) Rarely the world has been ⇨ Rarely has the
world been

■□ Practice Test 5 ⇨ 본책 P 87

1 (c)	**2** (b)	**3** (b)	**4** (d)	**5** (b)
6 (b)	**7** (b)	**8** (b)	**9** (a)	**10** (c)
11 (d)	**12** (c)	**13** (d)	**14** (c)	**15** (b)
16 (b)	**17** (d)	**18** (a)	**19** (d)	**20** (c)

1

A 도로 정체가 너무 심하다. 이런 속도로 가다간 제시간에 도착
못하겠어.
B 만약 지하철을 탔더라면 제때 목적지에 도착했을 텐데.

해설

도로 정체 시점이 현재이므로 '지하철을 탔더라면'하고 가정하는
시점은 과거이다. 과거의 상황이 현재까지 영향력을 미칠 때 혼합
가정법을 쓰므로 (c)가 정답이다.

congested 정체되는 **make it** 시간 맞춰 가다

정답 (c)

2

A 우리 회사는 현재 구인에 어려움을 겪고 있어요.
B 만약 사장님께서 작년에 직원들을 해고하지만 않으셨어도 지금
쯤 회사는 빠르게 번창했을 텐데.

해설

직원을 해고한 시점은 과거이고 회사가 난항을 겪고 있는 시점은
현재이므로 과거의 결과가 현재까지 영향을 미친 것이다. 이럴 때
혼합 가정법을 써야 하므로 정답은 (b)이다.

be hard going 난항을 겪다 **cut the staff** 인원 감축을 하다

정답 (b)

3

A 북한이 6자 회담 참여를 거부한다는 성명을 발표했어요.
B 만약 그것이 대화의 종식을 의미한다면, 이번 일은 비극적일 것
이에요.

해설

주절의 would be를 통해서 가정법 과거구문임을 알 수 있다. 그

12

렇다면 if절엔 과거형 동사를 써야 하므로 (b)가 답이다.

be involved 참여하다, 관여하다 **talk** 회담 **tragedy** 비극

정답 (b)

4
A 요즘은 초등학생은 물론 일부 유치원생도 영어를 배운대.
B 그러게. 주변에 영어권 나라에 태어났으면 좋았을 거라고 말하는 사람들도 많아.

해설

wish 가정법은 현재 상황을 말할 경우 가정법 과거를 쓰고, 지나간 과거 사실을 말할 경우 과거완료를 쓴다. 태어난 것은 항상 과거이므로 가정법에서는 과거완료를 써야 한다. 따라서 정답은 (d)이다.

preschooler 유치원생 **English speaking country** 영어권 국가

정답 (d)

5
A 티파니가 말랐다고 생각하는데 어제 그녀의 얼굴이 부어있는 것 눈치챘니?
B 맞아. 마치 얼굴을 한 대 얻어맞은 것 같더라고.

해설

as if 가정법 하에서 시제와 태를 분석하는 문제이다. by 이하를 통해 수동태 구문임을 알 수 있고, 얼굴을 맞은 것처럼 보인다는 것은 지난 과거에 대한 가능성을 제기하는 것이므로 가정법 과거완료 구문을 쓴 (b)가 정답이다.

swollen up 부은 **knock down** 쓰러뜨리다

정답 (b)

6
A 북한의 위협과 도발 수위가 점점 거세지고 있어요.
B 맞아요. 한미 양국도 북한에 대한 제재 조치를 취해야 할 때인 것 같아요.

해설

It is (high) time 뒤에는 가정법 과거만 올 수 있으므로 정답은 (b)이다.

provocative 자극하는, 도발하는 **sanction** 제재

정답 (b)

7
A 잠시만 나갔다 올게요. 오래 안 걸려요.
B 이렇게 폭풍이 치는 날씨에는 안 나가는 게 좋아요.

해설

현재의 상태에서 would rather 가정법을 쓸 경우 가정법 과거가 오므로 (b)가 정답이다.

step out 밖에 나가다 **stormy** 폭풍이 치는

정답 (b)

8
A 내가 만약 억만장자가 된다면 저금은 걱정 안 해도 될 텐데.
B 또 쓸데없는 소리한다.

해설

주절의 형태가 〈would+동사원형〉인 것으로 보아 가정법 과거구문이다. 그렇다면 〈If+S+과거동사〉의 형태가 되어야 하므로 If I were a billionaire 아니면 if가 생략된 Were I a billionaire라야 옳다. 따라서 정답은 (b)이다.

billionaire 억만장자 **chop one's teeth** 쓸데없는 소리를 하다

정답 (b)

9
의학 협회의 한 전문가는 미 의회가 식약청에 건강 보조 식품에 관한 규제 권한을 줄 것을 권면했다.

해설

recommend는 that절 이하의 인칭에 상관없이 〈(should)+동사원형〉을 쓰는 가정법 현재이므로 (a)가 정답이다.

Congress (미국) 의회 **FDA** (미국) 식약청(Food and Drug Administration) **authority** 권한 **regulate** 규제하다 **nutritional supplement** 건강 보조 식품 **grant** 승인[허락]하다

정답 (a)

10
모든 증거는 그 문제가 최근 호전 추세를 보이고 있음을 시사하고 있다.

해설

suggest는 가정법 현재 동사 말고도 '암시하다, 시사하다'의 의미도 있다. 이럴 경우 〈(should)+동사원형〉이 아닌 주어와 시제에 맞게 동사를 써야 한다. 또한 evidence는 대표적인 불가산 명사로 항상 단수로 취급하므로 정답은 (c)이다.

evidence 증거 **improve** 호전되다

정답 (c)

11
회의에 못 온다고 전화해 주길 바랐는데.

해설

회의에 오지 않은 사람이 그 전에 전화 주지 않은 것에 대한 아쉬움을 말하고 있다. 따라서 과거에 대한 아쉬움은 I wish 가정법 과거완료를 쓰므로 (d)가 정답이다.

정답 (d)

12

만약 내가 바위 위에 있는 바다사자를 보았다면 사진 찍으려고 카메라를 꺼내들었을 텐데.

해설

주절의 형태가 would have p.p.인 것을 보아 가정법 과거완료 구문이다. (a)와 (c)로 범위가 좁혀진 상황에서 a sea lion은 단수라 there was를 써야 하므로 정답은 (c)이다. 참고로 가정법에서 that절 이하는 직설법의 영향을 받으므로, were를 쓰지 않음에 주의한다.

sea lion 바다사자 **pull out** 꺼내들다

정답 (c)

13

그럴 리 없겠지만, 만약 오늘 내가 임신 20주라는 사실을 알게 되었다면 무엇보다도 충격을 받았을 거야.

해설

임신한 지 20주가 지나서 그 사실을 알게 될 가능성은 매우 희박하다. 희박한 가능성에 대해서 말할 때 were to를 쓰므로 (d)가 정답이다.

정답 (d)

14

만약 화이트 스타 라인 사가 타이타닉 호 설계 시 구명보트를 더 많이 장착했더라면 모든 사람이 생존했을 텐데.

해설

if절에 형태로 보아 가정법 과거완료구이다. (b), (d)로 압축된다. survive는 '생존했다'라는 의미로는 자동사이기 때문에 수동태를 쓰지 않는다. 따라서 정답은 (c)이다.

life boat 구명보트

정답 (c)

15

만약 우리가 유명한 요리사를 고용했다면 손님이 더 많을 텐데.

해설

주절의 동사가 〈would+동사원형〉인 걸 보면, 가정법 과거구문이다. (a), (b) 중 하나인데, 동사가 had, were, should가 아니면 if를 생략하는 것이 불가능하므로 정답은 (b)이다.

chef 요리사

정답 (b)

16

그녀는 마치 술 취한 것처럼 횡설수설하기 시작했다.

해설

as if 가정법구문이다. 주절의 상황과 가정하는 내용의 시점이 같

은 상황이므로 가정법 과거를 써야 한다. 또한 목적어가 없는 상태는 수동태를 써야 하므로 (b)가 정답이다.

ramble 횡성수설, 만담 **intoxicated** 취한

정답 (b)

17

(a) A 여자 친구랑 유럽으로 배낭여행을 가려고 해.

(b) B 와! 좋겠다. 특별한 계획 있어?

(c) A 세부 일정을 짜고 있어. 같이 갈래?

(d) A 아르바이트만 아니면 같이 가고 싶은데.

해설

가정법 과거에서는 if절 이하에 과거형 동사를 써야 하므로 (d)에서 don't를 didn't로 고쳐야 한다.

go backpacking 배낭여행가다 **make out** 작성하다 **itinerary** 여행 일정

정답 (d) if I don't ⇒ if I didn't

18

(a) A 이번 주가 곧 끝났으면 좋겠다.

(b) B 이번 주에 무슨 걱정이라도 있니?

(c) A 응. 기말고사 때문에 벼락치기해야 하거든.

(d) B 기운 내. 분명 잘 볼 거니까.

해설

I wish 가정법에서 앞으로 일어날 미래에 대해 일어나기 힘든 가능성을 바랄 때는 would를 써서 표현하므로 (a)가 정답이다.

cram for 벼락치기하다 **keep one's chin up** 기운 내다. 힘내다

정답 (a) should ⇒ would

19

(a) 세계 인권 선언 57주년 기념일에 북한 인권 문제에 관한 논의가 활발해지고 있다. (b) 지난달 유엔은 결의안을 채택한 데 이어 국내외의 인권 및 북한 관련 단체들이 이번 달 서울에서 '북한 인권 국제 대회'를 열 예정이다. (c) 여기에다 북한 인권 문제에 대해 가급적 함구해온 진보단체들도 최근 입장을 표명하기 시작했다. (d) 이런 모든 조짐은 북한 인권 문제가 비로소 실질적인 공론화의 장으로 들어온 것을 의미한다.

해설

suggest가 가정법 현재로 '제안하다'라는 의미일 경우 that절 이하에 《(should)+동사원형》을 쓰지만, '시사하다, 암시하다'의 의미로 쓰일 경우, 주어와 시제에 맞게 일치시켜야 하므로 (d)에 issue be를 issue was로 고쳐야 한다.

rage 논쟁, 논란 등이 끊임없이 계속되다 **organization concerned** 관련 기관 **on top of all this** 게다가 **have one's voice heard** 자신들의 목소리가 들리게 하다, 나름대로 의견을 피력하다

정답 (d) issue be ⇒ issue was

20

(a) 전 최고 관료인 윌리엄 허버드 씨는 하원 감독 분과 위원회에서 식품의약국이 지난 5년간 대략 200명의 식품 관련 과학자를 해고했다고 밝혔다. (b) 그는 또한 백악관이 내년 음식물 안전을 위해 제안한 소액의 예산 인상도 물가 인상을 고려해 볼 때 오히려 예산 감소일 것이라는 점도 언급했다. (c) 그것도 모자란 듯, 위원회 수석 조사관은 현행 안전 보호망엔 허점투성이라는 점을 설명했다. (d) 그에 따르면 안전 기관 직원들은 전체 수입 음식물 중 1퍼센트 미만만을 검사할 뿐이고, 이 중 매우 극소량만 실험실로 분석을 한다고 한다.

해설

as if 이하에서 가정법 동사를 써야 하는데 문맥상 was가 아닌 wasn't로 바꾸어야 한다. 따라서 정답은 (c)이다.

House oversight subcommittee 하원 감독 분과 위원회 **as if that weren't discouraging enough** 그것도 부족한 것처럼, 그것도 모자란 듯 **porous** 구멍이 많은, 허점투성이의 **safety shield** 안전망 **fraction** 소량

정답 (c) was ⇒ wasn't

Practice Test 6 ⇨ 본책 P 99

1 (a)	2 (d)	3 (b)	4 (b)	5 (a)
6 (b)	7 (a)	8 (c)	9 (a)	10 (b)
11 (c)	12 (b)	13 (a)	14 (d)	15 (b)
16 (c)	17 (a)	18 (b)	19 (c)	20 (c)

1

A 70세 남성이 현재 세 건의 절도 혐의로 지난주 기소되었어.
B 어떻게 그런 짓을 할 수가 있는지 도저히 이해가 안 돼.

해설

선행사가 The man으로 사람이며 빈칸 뒤에 주어 없이 동사 is가 있으므로 주격관계대명사인 (a) who가 정답이다.

charge 기소하다 **theft** 절도

정답 (a)

2

A 당신이 구매하려는 이 노트북 컴퓨터는 현 정가의 30%에서 70%까지 할인된 가격이에요.
B 와, 진짜 싸네요.

해설

명사 price가 선행사이며 관계사절에 있는 at은 관계사 앞으로 이동할 수 있으므로 (d) at which가 답이 된다. 참고로 price, level, rate, speed, point 등은 전치사 at과 함께 쓰인다.

list price 정가 **dirt-cheap** 헐값의, 터무니없이 싼

정답 (d)

3

A 어제 도서관에서 브라이언을 봤어.
B 말이 나와서 말인데 그가 전액 장학금을 받았다고 들었어.

해설

앞 문장에서 말한 것을 다시 받아서 말을 이어갈 때 흔히 Speaking of which라고 쓰므로 (b)가 정답이다. 의미상 by the way 또는 incidentally로 바꾸어 쓸 수 있다.

speaking of ~에 관하여 말하자면

정답 (b)

4

A 전쟁 후 얘기도 못 해본 어머니를 찾고 있어요.
B 행운을 빌어요.

해설

선행사가 사람이며 관계사절에 전치사 to의 목적어가 생략되었으므로 목적격 관계대명사 (b) whom이 정답이다.

정답 (b)

5

A 만약 당신의 수중으로 들어왔던 돈의 10%만 저축했더라면 지금쯤 돈이 얼마나 있을까요?
B 정확히는 모르겠지만, 세월이 흐른 후 10%의 돈은 쌓일 거 같네요.

해설

선행사에 all, every, 최상급 등이 포함되면 (a) that을 써야 한다.

pass through ~을 거쳐가다 **add up** 쌓이다

정답 (a)

6

A 자네 아내가 3개월 시한부 선고를 받았다고 들었어.
B 응. 남은 시간이 얼마 없지만 그 시간 내내 아내와 좋은 추억을 만들며 보낼 거야.

해설

빈칸 앞에 선행사가 될 만한 명사가 없으므로 선행사를 포함하는 관계대명사 (b) what이 정답임을 유추할 수 있다. 이처럼 what을 수량 표현 앞에 써서 양 전체를 언급할 수 있음을 기억해 두자.

precious 소중한

정답 (b)

7

A 실례합니다만, 예전에 TV 출연하셨던 요리사님의 자제분이시죠?
B 맞아요. 저희 어머니를 잘 아세요?

해설

선행사가 the boy로 사람이고 주절과 관계사절의 의미 관계를 따졌을 때, the boy's mother에서 소유격이 생략되었음을 알 수 있다. 따라서 소유격 관계대명사 (a) whose가 정답이다. (d) of which도 소유격 관계대명사이지만 선행사가 사물일 때 쓸 수 있으므로 여기서는 옳지 않다.

on TV 텔레비전에 출연한

정답 (a)

8

A 예상대로 내가 원하는 블라우스는 정말 비싸군요.
B 그럼 값이 좀 저렴한 것으로 보여 드릴게요.

해설

앞 문장이나 뒤 문장을 선행사로 받을 때 쓸 수 있는 유사 관계대명사 (c) As가 정답이다. 여기서는 뒤 문장을 받고 있다.

expensive 비싼

정답 (c)

9

까마귀와 그 동족의 수는 전 세계적으로 130종에 이르고 있다. 이 중 8종은 레스터셔 지역에 있다고 기록되었다.

해설

수량 표현과 관계사를 함께 쓸 때 관용적으로 〈수량 표현 +of+which[whom]〉로 나타내므로 정답은 (a)이다.

species 종 **relative** 친척, 동족

정답 (a)

10

때때로 우리는 의미를 모르는 단어를 찾아보아야 한다.

해설

whose와 of which는 둘 다 소유격을 나타낼 수 있으며 일반적으로 사람일 경우 whose, 사물일 경우 of which를 쓰지만 사물의 경우에도 관련 명사 앞에 관사가 없는 경우라면 whose를 쓴다. 따라서 (b) whose meanings가 정답이 된다.

from time to time 때때로 **look up** 찾다

정답 (b)

11

찰스는 아무리 사소할지라도, 위험을 무릅쓰고 싶지 않았다.

해설

형용사 small 앞에 쓸 수 있는 단어는 부사이므로 정답은 의문부사 (a) how와 복합관계부사 (c) however로 압축된다. 하지만 (a) how는 수나 양을 표현하고, 복합관계부사 (c) however는 양보의 뜻으로 쓰이므로 정답은 (c)이다.

take a risk 위험을 무릅쓰다

정답 (c)

12

어떤 이유이든 간에 뜨거운 음식물이 냉장고 안에 냉기의 순환을 방해할 수 있다는 주장은 잘못된 것이다.

해설

복합관계대명사 (b) Whatever가 쓰인 Whatever the rationale is가 원문이며, is 뒤에 보어가 생략되었기에 (b) Whatever가 주격으로 쓰인 구조이다. 이때 be동사는 생략 가능하다. 관계사절이 불완전하기에 복합관계부사인 (c) However는 옳지 않으며, (d) Whatsoever는 부정어 강조부사인데 부정어가 없으므로 적당하지 않다.

rationale 이유, 논리 **claim** 주장 **interfere with** 방해하다 **circulation** 순환

정답 (b)

13

사라는 수학에 관한 것이라면 어떤 관심도 보이지 않는다.

해설

(a) whatever는 부사로 쓰이면 부정어(특히 명사)를 강조하기 위해 바로 뒤에 위치한다. 여기서는 부정어 no interest를 보고 (a)가 정답임을 유추할 수 있다.

mathematical 수학적인

정답 (a)

14

근로자들의 보다 나은 근무 환경에 대한 요구가 개발자들이 도쿄에서 건물을 짓는 데 변화를 가져왔다.

해설

관계부사 how는 선행사 the way와 같이 쓸 수 없음에 유의하자. the way나 how 중 하나를 쓰거나, how 대신 in which를 써서 the way in which로 바꾸어 주어야 한다. 따라서 (d)가 답이 된다.

transform 변화시키다 **put up** 건축하다, 짓다

정답 (d)

15

이 영화의 보다 심오한 교훈은 한 소년이 성숙하고 도덕적인 인간이 되는 방법을 배우는 것이다.

해설

주어진 문장은 선행사가 없고 관계사절이 완전하다. 따라서 선행사를 필요로 하며 불완전한 관계사절을 취하는 관계대명사 (a)와 (d)는 옳지 않으며, (c) what은 선행사가 오지 않으나 불완전한 문장을 취하여 옳지 않다. 따라서 선행사 the way가 생략되고 완전

한 문장을 취하는 관계부사 (b) how가 답이다.

mature 성숙한 **moral** 도덕적인

정답 (b)

16

휴이는 직장에 또 30분 지각을 했고, 이 때문에 사장님은 매우 화가 났다.

해설

앞 문장 전체를 선행사로 받을 때는 which를 쓰므로 (c)가 정답이다. (a) that은 콤마와 함께 쓸 수 없음에 유의하자.

annoy 화를 내다

정답 (c)

17

(a) A 안녕하세요. 대출한 책을 반납하러 왔어요.
(b) B 잠시만요. 연체료가 7달러 있습니다.
(c) A 책이 일주일 밖에 연체되지 않았는데요.
(d) B 죄송하지만 규정이라서요.

해설

(a)에서 what은 선행사를 취하지 않는데 앞에 선행사가 the book이 있으므로 what을 that이나 which로 바꾸어 주거나, 목적격 관계대명사는 생략 가능하므로 생략함이 옳다.

overdue 마감 시한이 지난

정답 (a) what ⇨ that[which] 또는 생략

18

(a) A 원하는 일을 찾는 것은 참으로 어렵네요.
(b) B 뭘 하든 당신을 응원할게요.
(c) A 그렇게 말씀해주시니 고맙습니다.
(d) B 별말씀을요. 포기하지 말고 최선을 다하세요.

해설

whatever와 whichever는 표면적으로는 '무엇을 ~하더라도'라는 의미를 갖는 점은 동일하나, 선택의 대상이 있느냐 없느냐의 차이점을 갖는다. 직업 선택에 있어 둘 중 하나를 고르는 선택의 틀이 있을 때는 whichever를 쓰는 게 옳겠지만 여기서는 대상이 정해지지 않았으므로 (b)에 있는 whichever를 whatever로 고쳐야 한다.

support 지원 **Don't mention it** 천만에요, 별말씀을요

정답 (b) whichever ⇨ whatever

19

(a) 윤리적인 의미에서 선물과 뇌물의 차이는 무엇인가? (b) 둘 다 가치가 있지만 뇌물은 다른 어떤 대가가 있는 것이다. (c) 그 경계가 금전적인 가치, 부담감을 느끼는 정도, 특별한 행동이 있기 전

에 줬는지 후에 줬는지의 여부, 상관에게 받은 것인지에 따라 다르다고 할지도 모른다. (d) 하지만 그 경계가 대부분의 경우 애매하므로 항상 주의 깊게 분별하는 것이 바람직하다.

해설

(c)의 뒷부분 that it is from a high-up에서 that이 관계대명사라면 앞에 선행사가 필요하고 뒤에 생략된 문장 성분이 있어야 한다. 하지만 여기서는 전치사 at 뒤에서 at A, B, C, or D의 병렬구조를 이루면서 접속사 or 뒤의 it is from a high-up이 완전한 문장이다. 따라서 that을 선택의 의미를 나타내는 접속사 whether로 고쳐야 한다.

bribe 뇌물 **ethical** 윤리적인 **monetary** 금전적인 **blurry** 모호한 **discretion** 분별 **advisable** 현명한

정답 (c) or that ⇨ or whether

20

(a) 살인이라는 것은 라틴어 기원을 통해서도 알 수 있듯이 인간의 생명을 앗아가는 것이다. (b) 살인 사건은 살인자의 심적 상태와 사건을 심의하는 법정의 권한에 따라 모살, 고살, 범죄적 살인으로 불릴 수 있다. (c) 더 넓은 카테고리가 있는데 모두 범죄에 따라 이름과 종류가 다양하다. (d) 그중 몇 개는 부모를 살해하는 존속 살해와 배우자를 살해하는 배우자 살해, 종족이나 종교 단체를 죽이는 집단 학살이 있다.

해설

관계대명사와 일반 대명사의 구별을 묻는 문제이다. (c)는 절과 절이 연결되었는데 접속사가 없다. 따라서 접속사를 추가로 쓰거나 관계대명사가 들어가야 하므로 all of them을 관계대명사가 포함된 all of which로 고쳐야 옳다.

homicide 살해 **etymology** 어원학 **manslaughter** 고살(사전에 살의를 품지 않고 하는 살인) **parricide** 존속 살해 **parricide** 배우자 살해 **genocide** 집단 학살

정답 (c) all of them ⇨ all of which

◼◻	**Practice Test 7**		⇨ 본책 P 121	
1 (c)	**2** (a)	**3** (d)	**4** (d)	**5** (c)
6 (d)	**7** (a)	**8** (b)	**9** (b)	**10** (c)
11 (a)	**12** (d)	**13** (c)	**14** (a)	**15** (d)
16 (c)	**17** (c)	**18** (c)	**19** (b)	**20** (c)

1

A 너무 피곤해. 온 몸이 쑤시는 걸.
B 자업자득이야. 운동을 그렇게 많이 하는 게 아니었어.

해설

과거 행위의 유감을 나타낼 때 should have p.p.를 쓰므로 (c)가 정답이다.

achy 아픈, 쑤시는   ask for it 자업자득이다   work out 운동하다
intensively 과다하게, 집중적으로

정답 (c)

2

A 표도르가 UFC 경기에서 크로캅과 경기를 할까?
B 내 생각엔 머지않아 할 거야.

해설
조동사 will 다음에 올 동사는 앞에서 언급된 compete인데 반복
되어 나왔기에 생략했다. 따라서 (a) will이 정답이다.

before long 곧, 머지않아

정답 (a)

3

A 키스, 밤늦게까지 술 너무 많이 마시지 마.
B 알았어. 걱정하지 말라고.

해설
자신의 의지를 나타내는 will을 쓴 (d) won't가 답이다.

care 배려하다, 관심을 가지다

정답 (d)

4

A 잠시 얘기할 수 있을까?
B 네. 약 5분 정도 얘기할 수 있어요.

해설
부탁에 대해 시간을 낼 수 있다고 응답하는 것은 가능성을 표현하
는 것이므로 (d) can이 답이 된다. (c) may도 약한 가능성을 얘기
할 때 쓰지만 여기서는 내용상 (d)가 보다 알맞다.

have a word with ~와 이야기를 나누다   make the time 시간을
내다

정답 (d)

5

A 여보세요. 저는 캐롤이라고 합니다. 오늘 밤 LA행 항공 예약 확
  인 좀 하고 싶어서요.
B 확실하신가요. 그런 비행 일정은 오늘의 리스트에 아예 없는
  데요.

해설
부정어와 함께 믿기 힘든 상황에 대해서 강력하게 말할 때 can't
를 쓰므로 정답은 (c)이다. That can't be right(설마 그럴 리가요)
이라는 표현을 알고 있다면 쉽게 답을 찾을 수 있다.

confirm 확인하다   reservation 예약   That can't be right 설마
그럴 리가요   on the board 명단에

정답 (c)

6

A 5시에 여기서 찰스를 만나기로 했는데, 안 보이네.
B 정말? 둘이 서로 길이 엇갈린 모양이야.

해설
지나간 과거에 대한 강한 추측을 할 때 must have p.p.를 쓰므
로 (d) must가 답이 된다.

be supposed to ~하기로 되어 있다   miss 놓치다, 엇갈리다

정답 (d)

7

A 〈마이클 잭슨과 친구들〉 콘서트는 대만원이었어.
B 그래. 그럴 줄 알았다니깐.

해설
과거에서 바라본 미래 상황은 (a) would로 표현한다.

draw a great crowd 대만원을 이루다   figure 생각[판단]하다

정답 (a)

8

A 프랑스가 추가 시간 후에 중국에게 1대 0으로 졌다는 소식 들
  었어?
B 아무도 그런 결과를 예상 못했을 거야.

해설
could have p.p.가 의문사 who와 결합하면서 그 누구도 예상할
수 없었을 거라는 과거의 희박한 가능성을 말하므로 정답은 (b)이다.

predict 예측하다   outcome 결과

정답 (b)

9

케타민과 엑스터시 같은 강한 환각제는 때때로 근육 경련과 의식
불명까지 일으킨다.

해설
가능성을 나타내는 조동사 (b) might가 정답이다.

hallucinogen 환각제   muscle spasm 근육 경련   knock
somebody down cold 의식을 잃게 하다

정답 (b)

10

비행기들을 운항 후 매번 점검해야 한다고 강력히 요청했다.

해설
recommend와 같이 제안의 의미를 가진 동사 뒤 that절에는
〈should+동사원형〉이 오므로 (c)가 정답이다. 이때 should는 생
략 가능하다.

strongly 강력히   check 점검하다

정답 (c)

11

앤더슨은 영어를 공부하기 위해 해외로 갈 기회를 얻고자 기대했지만 결국 그렇지 못했다.

해설

일반동사가 반복될 때, 조동사 do로 받으며 여기서는 앞에 expected to have가 나왔으므로 do의 과거형 did로 받아야 한다. 또한 부정의 의미이므로 (a) didn't가 답이 된다.

in the end 결국

정답 (a)

12

크리스가 스케이트를 어떻게 타는지 봤어야 했어. 그한테 그런 능력이 있는 줄 몰랐어.

skate 스케이트 타다

해설

과거 행위에 대한 유감과 아쉬움을 나타낼 때 should have p.p.를 쓰므로 (d) should have seen이 정답이다.

정답 (d)

13

가브리엘은 전에 로빈슨을 만난 적이 있기에 굳이 인사를 할 필요가 없었다.

해설

need not have p.p.는 '할 필요가 없었는데 한 것'이고, should have p.p.는 '~해야 하는데 못한 것'으로 차이가 있다. 예전에 만난 적이 있었다면 굳이 소개할 필요가 없는 상황으로 need not have p.p.를 써야 하므로 (c)가 정답이다.

introduce 소개하다

정답 (c)

14

대부분의 사람들은 자신들의 삶에 끝이 있을 거라는 사실을 인지하고 있다.

해설

앞으로 일어날 일에 대해 현재 시점에서 말하고 있으므로 (a) will이 정답이다.

aware (that) ~을 알고[자각하고] 있는

정답 (a)

15

배움에 있어서 우리 모두는 도움이 필요하다.

해설

could use는 need의 의미로 자주 쓰이는 관용 표현이므로 정답은 (d) could이다.

could use 필요하다   **when it comes to** ~에 관하여

정답 (d)

16

참신하고 능력 있는 지원자를 찾는 것이 예전만큼 쉽지 않다.

해설

used to 뒤에 나오는 동사가 주절의 동사 be를 받고 있으므로 used to be까지 써야 한다. 정답은 (c)이다.

innovative 혁신적인, 참신한   **high qualified** 능력 있는

정답 (c)

17

(a) A 어젯밤 스미스네 집에서 소리 지르며 싸우는 소리 들었어? 짜증나더라.
(b) B 아니. 정말 피곤해서 평소보다 일찍 잠자리에 들었거든.
(c) A 정말 잘 자는구나.
(d) B 나도 그렇게 생각해. 전혀 몰랐어.

해설

싸우는 소리를 전혀 못 듣고 잔 사람에게 deep sleeper라고 얘기한 정황이 강력한 추측의 상태로 말하고 있기 때문에 would 대신 must를 써야 하므로 (c)가 정답이다.

annoy 화를 내다, 짜증을 내다   **notice** 알아채다, 인식하다

정답 (c) would ⇒ must

18

(a) A 내가 너한테 하지 말아야 할 말을 했어.
(b) B 괜찮아. 우리 사이에 뭘 그런 걸 가지고 그래.
(c) A 기분 나빴을 거야. 정말 미안해.
(d) B 없던 일로 하자.

해설

기분 나빴던 말을 둘 사이에 없던 일로 하자는 상황이다. (c)에서 can't를 must로 변경해야지 문맥이 자연스럽다.

unpleasant 기분 나쁜, 언짢은   **matter** 문제, 사건

정답 (c) can't ⇒ must

19

(a) 아프리카 전역에서 숙련된 의료진 부족으로 인하여 에이즈를 예방하고 치료하려는 노력이 난항을 겪고 있다. (b) 비정부 기관에서는 G-8 국가 정상들이 중국에서 열린 최근 회의에서 이 문제에 새 자금을 많이 투자하는 데 합의할 것이라 기대했지만, 합의에 실패했다. (c) 이런 결과로 인해 미국이 단독으로 강력한 대책을 취하는 것을 막지 못했다. (d) 미국은 4년 동안 30억 달러가 소요되는 지원 계획에 서약했다.

해설

(b)에서 비정부 기관이 누군가에게 기대된 수동의 상황이 아니라, 기대한 능동으로 표현해야 하고 회의에서 합의에 실패한 과거 이전에 기대한 것으로 과거보다 앞선 과거완료를 써야 한다. 따라서 was를 had로 바꿔야 한다.

medical personnel 의료진　**Nongovernmental organization**
비정부 기구　**devote** 전념하다, 헌신하다　**take strong action** 강력한 대책을 세우다　**pledge** 서약[맹세]하다　**package** 계획, 대책
정답　(b) was ⇨ had

20

(a) 많은 보통 사람들은 냉장고에 보관해야 하는 음식을 먼저 실온에서 식혀야 한다고 생각한다. (b) 한 가지 이론은 음식을 천천히 식히는 것은 음식을 상하게 할 가능성을 줄인다는 것이다. (c) 또 다른 이론은 뜨거운 음식이 냉장고 안의 찬 공기의 흐름을 방해할 수도 있다는 것이다. (d) 그런 생각은 과거에 음식을 아이스박스에 보관할 때 음식이 너무 뜨거우면 안됐었던 때 생겨난 것 같다.
해설
suggest가 '제안하다'의 뜻이 아닌 '말하다, 암시하다'의 뜻일 경우 should가 아닌 상황에 맞는 조동사를 써야 한다. (c)에서 suggest 이하에서 뜨거운 음식은 냉장고의 냉기 순환을 방해할 수 있다는 가능성을 언급한 것이기 때문에 should가 아닌 can을 써야 하므로 (c)가 정답이다.

leftover 먹다 남은 음식　**room temperature** 실온　**likelihood**
가능성　**interfere with** 방해하다　**circulation** 순환　**notion** 사고,
생각　**originate** 비롯하다, 생기다
정답　(c) should ⇨ can

◤◢	Practice Test 8		⇨ 본책 P 133	
1 (d)	**2** (a)	**3** (c)	**4** (d)	**5** (c)
6 (b)	**7** (c)	**8** (a)	**9** (d)	**10** (d)
11 (a)	**12** (d)	**13** (b)	**14** (d)	**15** (c)
16 (b)	**17** (c)	**18** (a)	**19** (d)	**20** (c)

1

A 이 태블릿 PC는 요즘 잘 팔리나요?
B 물론이죠. 수요가 공급의 두 배입니다.
해설
형용사와 부사의 품사를 구별하는 문제이다. 일단 as … as의 동급 비교를 썼기 때문에 원급 형용사 혹은 부사만 정답이 될 수 있다. as … as안의 품사를 고를 때는 앞쪽의 as를 살짝 가려보면 알 수 있다. be동사가 있어 형용사 보어가 빈칸에 와야 하므로 (d)가 정답이다.

demand 수요　**supply** 공급
정답　(d)

2

A 새로 산 스마트폰 어때?
B 정말 좋아. 하지만 사용하기는 어렵더라.
해설
형용사와 부사를 구별하는 문제이다. find는 5형식이기 때문에 형용사를 목적격 보어로 취한다. 따라서 정답은 (a)이다. than이나 정관사가 없어 비교급이나 최상급은 쓸 수 없다.

smart phone 고기능 휴대 전화　**fantastic** 환상적인
정답　(a)

3

A 첫 사업이 잘 안 됐다고 들었어. 좀 걱정이 되네.
B 한 번 실패했다고 더 나빠진 건 없어.
해설
원인을 나타내는 구나 절 앞에 있는 비교급 앞에는 정관사를 붙여야 하므로 정답은 (c)이다.

fail in one's business 사업에 실패하다　**none the worse for**
~에도 불구하고 똑같이
정답　(c)

4

A 4도어 세단을 사실 생각이세요 아니면 2도어 세단을 구입하실 생각이세요?
B 둘 다 괜찮을 것 같아요.
해설
대상이 2개이고 그중 하나를 언급할 때 쓰는 수량 표현은 either 이므로 (d)가 정답이다. any나 some은 3개 이상을 전제로 하고 쓰는 수량 표현이고, every는 단독으로는 절대 쓰지 못하며 항상 명사 앞에만 써야 한다.

purchase 구입하다
정답　(d)

5

A 집이 여기서 먼가요?
B 아니요. 여기에서 가까워요.
해설
일단 거리를 물었기 때문에 셀 수 없는 정도의 양이므로 few가 들어간 것은 정답이 될 수 없다. 그리고 '머냐'라는 질문에 '아니오' 라고 했다면 거리가 가깝다는 것을 추론할 수 있으므로 빈칸 앞 only와 결합될 수 있는 (c) a short가 정답이다.

far from ~로부터 먼
정답　(c)

6

A 우리 여행의 최종 목적지인 마닐라의 히든 밸리에 대해서 훤하
다고 들었어요.

B 네, 여러 번 가본 적이 있어서요.

해설

일단 가산명사인 times가 나왔으므로 little과 a little은 정답에서
제외된다. 지리가 훤하다는 것은 가본 적이 많다는 것이므로 빈칸
앞에 quite와 결합해서 쓸 수 있는 수량 표현 (b) quite a few가
정답이다.

be familiar with ~에 대해 잘 아는 **destination** 목적지

정답 (b)

7

A 제프리, 전화 온 거 있어?

B 응, 오후에 한 남자가 전화를 했었어.

해설

some은 한정사로 '어떤'의 의미로 쓰일 때는 가산명사, 불가산명
사에 상관없이 단수명사로 취급하므로 정답은 (c)이다. 참고로 전
화가 왔지만 명백히 누군지 알 수 없는 상황이므로 the를 쓸 수는
없다.

call for ~에게 전화 오다

정답 (c)

8

A 부모님께서 너의 제안을 어떻게 생각하셨어?

B 부모님들의 반대는 예상했던 것보다 강하지 않았어.

해설

형용사와 부사의 품사를 구별하는 문제이다. 일단 as … as가 동
급 비교를 썼기 때문에 원급 형용사와 부사만이 정답이 될 수 있다.
as … as 안의 품사를 고를 때는 앞쪽의 as를 살짝 가려보면 알
수 있다. be동사가 위치하고 있으므로 형용사가 보어 자리에 와야
한다. 따라서 (a)가 정답이다.

suggestion 제안 **resistance** 반대

정답 (a)

9

백인들이 강도 당할 가능성은 유색인에 비해 50% 이하이다.

해설

less than은 '~이하'로 숫자 앞에 쓰므로 less than half는 '반
이하'라는 뜻이다. half, once, twice와 같은 배수사는 수적으로
비교급을 수식하므로 항상 비교급보다 앞에 위치한다. 결국 less
than half as … as의 형태를 취한 (d)가 정답이다.

be likely to ~할 가능성이 있다 **mug** 〈강도가〉 (뒤에서) 습격하다

정답 (d)

10

이 지역에서 재배되는 양파는 최상의 품질을 자랑한다.

해설

best를 통해 최상급 강조어구를 고를 수 있어야 한다. very를 제
외하곤 모두 최상급 강조어구이지만, 쓰는 위치가 조금씩 다르다.
the very best, quite the best, by far the best처럼 관사 다
음에 강조어구를 붙이는 경우, the very best인 (d)만이 정답이
될 수 있다.

quality 품질

정답 (d)

11

캘빈은 애초에 계획했던 것보다 훨씬 돈을 많이 썼고 시간도 2배
가 더 걸렸다.

해설

배수표현은 〈배수사+as+형용사+as〉인데 빈칸 뒤에 as 이하에
비교되는 대상이 생략되었으므로 형용사까지만 쓴 (a)가 정답이다.

originally 애초에, 원래는

정답 (a)

12

우리는 가능한 신속하고 그 일을 처리하고 있습니다.

해설

as … as 사이에는 원급 형용사와 부사만 가능하다. as 앞에 주
절이 완전히 끝난 상태이므로 절이 끝나고 올 수 있는 품사인 부사
rapidly가 들어간 (d)가 정답이다.

get on with ~가 …게 되어가다

정답 (d)

13

애석하게도 이런 규칙은 지나치게 흔히 무시되고 있다.

해설

부사 far에는 다양한 특수성이 있다. 비교급 형용사와 부사를 꾸밀
수 있고, 전치사구를 꾸밀 수도 있으며, 부사 too를 수반한 어구를
꾸미는 역할도 할 수 있다. 문제에서 빈칸 뒤에 too often을 꾸밀
수 있는 것도 역시 far이므로 (b)가 정답이다.

regrettably 안타깝게도

정답 (b)

14

솔직히 남녀 간의 급여 차가 있기는 했지만 그렇게 많이 났던 것은
아니다.

해설

부사 that은 의문문이나 부정문에 주로 쓰며 '그렇게, 그 정도로'라

는 의미로 쓰인다. 나머지 부사도 의미는 비슷하지만 부정문과 의문문이 아닌 문형에 더 적절하므로 정답은 (d)이다.

정답 (d)

15

그는 거의 격주로 토요일마다 출근한다.

해설
most가 부사로 쓰일 경우 '거의'란 뜻이므로 정답은 (c)이다. almost도 쓸 수 있다.

go to work 출근하다

정답 (c)

16

경찰은 복면을 쓴 무장 괴한들이 바그다드 남쪽에서 대부분이 남성인 이라크 건설업자 21명을 버스에서 끌어내린 후 살해했다고 한다.

해설
almost와 the most는 명사가 아닌 형용사와 부사 앞에서만 쓸 수 있다. mostly는 주어진 범위 안에서 그 구성비가 많음을 말할 때 쓰고, most는 주어진 범위나 집단이 없이 많은 수를 얘기할 때 흔히 쓴다. 21명이라고 언급한 범위 안에서 그 구성비 중 남자가 많다는 의미로 mostly가 적절하므로 (b)가 정답이다.

masked 복면을 한 **gunman** 총기 휴대자 **contractor** 건설업자
drag 끌다

정답 (b)

17

(a) A 축하합니다. 수술이 대단히 성공적이었다고 하더군요.
(b) B 우리는 이 혁신적인 새 수술법을 최초로 시행했어요.
(c) A 새 시술이 위험한가요?
(d) B 제가 아는 한 이 방법이 가장 안전합니다.

해설
-thing으로 끝나는 명사는 형용사가 뒤에서 수식하므로 (c)에서 dangerous anything을 anything dangerous로 고쳐야 한다.

surgery 수술 **approach** 접근, 시도, 방법 **procedure** 절차 **as far as I am concerned** 내가 아는 한

정답 (c) dangerous anything ⇒ anything dangerous

18

(a) A 만난 지 오래됐어. 우연히 만나서 너무 반가워.
(b) B 그럼 커피나 한 잔 하자.
(c) A 좋아. 근처에 괜찮은 집 아는 데 있어?
(d) B 근처에 항상 내가 가는 데가 있어. 거기로 가자.

해설
부사 that은 부정문과 의문문에서 '그렇게, 그 정도로'의 의미로 쓰인다. 긍정문에서 유사한 의미로 so를 써야 하므로 정답은 (a)이다.

run into ~와 우연히 만나다 **nearby** 근처에

정답 (a) that ⇒ so

19

(a) 문신이 수세기 동안 존재해왔다는 사실에 놀라는 사람도 있을 것이다. (b) 고대의 왕들은 신분과 권위를 표시하기 위해 문신을 했으며, 세계 여러 곳에서 현대에 문신의 미적 가치는 높이 평가되었다. (c) 그러나 현대에서 문신은 널리 환영받지 못했다. (d) 최근에 유명인들이 앞다투어 문신을 하면서 문신이 다시 패션으로, 개인의 개성을 표출하는 하나의 방식으로 인기를 얻기 시작했다.

해설
수식전치사 with는 명사나 동명사 등과 함께 쓰이므로 형용사인 eager를 명사 eagerness로 바꿔야 한다. 따라서 정답은 (d)이다.

demonstrate 표시하다 **authority** 권위 **aesthetic** 미적인
statement 표현법 **embrace** 포옹하다

정답 (d) eager ⇒ eagerness

20

(a) 현재 당뇨병을 치료할 수 있는 의약품은 20여종 이상이 있다. (b) 하지만 현재 퓨전이 당뇨병이 몸 전체에 침투하기 전 초기 단계에서 억제할 수 있는 유일한 약품이다. (c) 그러나 복잡한 생산 공정으로 인해 여타 당뇨병 치료제에 비해 3배 이상 비싸 환자들은 연간 2만 5천 달러를 부담하고 있다. (d) 현재 퓨전은 스위스에 본사를 둔 다국적 기업 F. 호프만-라 로슈가 독점 시판하고 있다.

해설
〈배수표현+as+형용사+as〉이므로 (c)에서 times와 expensive 사이에 as를 넣고, 뒤의 than을 as로 바꿔야 한다.

curb 억제하다 **early stage** 초기 단계 **invade** 침투하다
exclusively 독점적으로

정답 (c) times expensive than ⇒ times as expensive as

1 (c)	2 (b)	3 (a)	4 (b)	5 (b)
6 (c)	7 (d)	8 (d)	9 (b)	10 (c)
11 (d)	12 (c)	13 (b)	14 (d)	15 (a)
16 (d)	17 (c)	18 (c)	19 (d)	20 (b)

1

A 네가 내 졸업 전시회에 못 와서 정말 유감이야.

B 사전에 알기만 했다면 분명 갔을 텐데.

해설

if only는 아쉬움을 나타낼 경우 쓰는 접속사로 가정법구문이 온다. 또한 as if 역시 가정법이기는 하지만, '마치 ~인 것처럼'이라는 의미를 가지고 있어서 해석상 적절치 않다. 따라서 정답은 (c)이다.

graduation exhibition 졸업 전시회   **notice** 공지, 사전 통보

정답 (c)

2

A 너 혹시 제이슨이 어떤 단어든 딱 한 번 보고도 기억할 수 있다는 얘기 들었어?

B 어. 그런데 비록 천재이기는 하지만 성격이 좋지는 않잖아.

해설

as가 양보로 쓰일 경우 보어 자리에 쓰이는 형용사나 명사가 as보다 앞쪽에 놓인다. 이때 명사는 관사를 생략해야 하므로 (b)가 정답이다.

genius 천재   **personality** 성품, 성격

정답 (b)

3

A 제가 고국으로 돌아가면 연락할 수 있도록 연락처 하나 알 수 있을까요?

B 그럼요. 적어 드릴게요.

해설

provided와 once 둘 다 조건의 느낌을 가지고 있으나 차이가 있다. once는 시간이 지나면 당연히 일어날 일에 대해서 쓰고, provided는 일어날지 일어나지 않을지 모르는 일에 쓴다. 그러므로 문맥상 고국으로 돌아가는 것은 기정사실에 가까우므로 once를 쓴 (a)가 정답이다.

contact information 연락처   **get in touch with** 연락하다

정답 (a)

4

A 미안하지만 기차 때문에 가 봐야 해.

B 조금만 더 있다 가. 우리 모두 이렇게 모인 것도 정말 오랜만이잖아.

해설

while은 접속사와 명사의 품사가 둘 다 있다. 부정관사가 빈칸 앞에 있기 때문에 while은 명사이고, 현재완료를 이끄는 접속사 since를 써야 하므로 정답은 (b)이다.

get together 만나다

정답 (b)

5

A 이번 프로젝트는 지난 것과 차원이 많이 다르네요.

B 그래. 이번 것은 회사의 사활이 달려 있다는 점에서 정말 중요해.

해설

important, unique, different, same 등의 형용사는 in that과 문맥상 결합성이 강하므로 (b)가 정답이다.

in that ~이므로, ~라는 점에서   **a matter of life and death** 사활

정답 (b)

6

A 내 친구 이안은 다단계 판매에 수백만 달러를 투자하라고 설득하더군.

B 잘 모르면 절대 하지 마.

해설

부정과 뜻과 조건의 뜻을 동시에 갖고 있는 접속사는 unless이다. 따라서 정답은 (c)이다.

multi-level marketing 다단계 판매

정답 (c)

7

A 샐리가 내게 화낼 권리가 있다고 생각해?

B 넌 잘못한 거 없는 것 같아.

해설

as far as는 견해나 생각을 나타낼 때 쓰는 접속사로 as far as I am concerned는 관용적인 표현으로 쓴다. (d)가 정답이다.

정답 (d)

8

A 이 스웨터를 다른 것으로 바꿀 수 있나요?

B 물론이죠. 입지 않으셨다면요.

해설

조건의 상황을 말할 때 provided that을 쓰므로 정답은 (d)이다.

정답 (d)

9

UN이 저 정부가 한 행동을 비난했는데도 불구하고 그들은 아직 아무런 분명한 행동을 취하지 않았다.

해설

비난을 했는데 비난받은 대상이 조치를 취하지 않았다는 내용은 반대의 논리로 연결된 문장이다. 따라서 양보의 부사절 접속사가 와야 하므로 (b)가 정답이다.

condemn 비난하다   **definite** 분명한, 확실한

정답 (b)

10

불법 마약은 음성적으로 거래되고 있기 때문에 추적하기 어렵다.

해설

불법 마약 단속이 어려운 이유인 음성적 거래이기 때문이므로 원인의 접속사를 골라야 한다. for는 원인의 뜻을 가지고 있지만, 등위접속사로 문두에는 쓸 수 없다. 따라서 정답은 (c)이다.

illicit 불법의   **under the table** 음성적으로   **trace** 추적하다

정답 (c)

11

임신한 여성들은 치료 받지 않으면 태아에 피해를 끼칠 수 있는 모든 전염병 검사를 받는 것이 좋다.

해설

태아가 피해를 입을 수 있는 가능성에 대한 얘기는 치료받지 않은 조건의 상황에서 말하는 것이므로 정답은 (d)이다.

infectious disease 전염병   **fetus** 태아   **untreated** 치료되지 않은

정답 (d)

12

날씨가 너무 좋아서 우리는 산책을 나갔다.

해설

so 뒤에 명사가 올 수 있는 경우는 〈so+형용사+a(an)+가산명사의 단수〉인 경우이다. weather는 불가산명사이므로 부정관사를 붙일 수 없고, 부정관사가 없다면 so는 명사를 수반할 수 없으므로 such를 쓴 (c)가 정답이다.

go for a walk 산책하다

정답 (c)

13

카페에 있는 동안 제 자전거 좀 봐주시면 정말 감사하겠습니다.

해설

it은 가목적어이고 if가 명사절로 진목적어의 형태로 들어가 '~하면 감사하겠습니다'라고 표현되므로 정답은 (b)이다.

appreciate 감사하다   **keep an eye on** 주의하여 지켜보다

정답 (b)

14

스위스에서 자살을 돕는 것은 개인적인 이익을 목적으로 하는 경우에만 범죄이다.

해설

only와 결합할 수 있는 접속사는 보기 중에서 if뿐이므로 (d)가 정답이다.

assist 돕다   **suicide** 자살   **personal gain** 개인적인 이익[이득]

정답 (d)

15

비행기를 놓치지 않도록 서둘러.

해설

lest … should와 for fear that 모두 부정의 목적을 나타낼 때 쓰는 접속사이나 부정어를 쓰지 않아야 하며, 조동사를 쓰는 경우는 should만 가능하므로, (a)가 정답이다.

lest … should ~하지 않도록

정답 (a)

16

이 분야에는 경쟁이 너무 치열해서 토모코 씨가 어떻게 오래 버텼는지 궁금해 하지 않을 수 없다.

해설

결과를 나타낼 때 so … that, such … that을 쓴다. 일반적으로 명사가 있을 경우 such를 쓰지만 수량형용사가 붙은 경우는 〈so+수량형용사+명사+that〉을 쓰므로 정답은 (d)이다.

cannot help V-ing ~하지 않을 수 없다

정답 (d)

17

(a) A 마이크! 어쩌다가 사고가 난 거야?

(b) B 잠깐 눈을 감았는데 졸았나 봐.

(c) A 요즈음 늦게까지 밤새서 그런 거야.

(d) B 그러게. 이제 원래대로 생활해야 되겠어.

해설

much는 불가산명사를 수식하는 형용사로 같은 형용사인 late를 수식할 수 없다. 따라서 (c)에서 much를 so로 바꿔야 한다.

get into an accident 사고 나다   **doze off** 졸다   **on track** 제대로 진행되고 있는

정답 (c) much late ⇒ so late

18

(a) A 지난주에 입사한 신입 사원 있잖아.

(b) B 아! 머리가 아주 긴 제시카 말이야?

(c) A 응. 남자 친구 없으면 소개 좀 시켜 줘.

(d) B 꿈 깨. 걔가 얼마나 눈이 높은데.

해설

조건의 접속사 unless는 부정어가 포함되어 있기 때문에 부정을 따로 쓰지 않으므로 (c)에서 doesn't have를 has로 바꾸거나, unless를 if로 바꿔도 된다.

colleague 직장 동료   **dream on** 꿈 깨

정답 (c) doesn't have ⇒ has 또는 unless ⇒ if

19

(a) 저출산이 긴급한 문제로 주목을 끈다. (b) 물론 저출산 문제를 처리하는 데 있어서 정부가 구심점이 되어야 한다. (c) 하지만 언제까지 정부가 기적을 행하기를 기댈 수는 없다. (d) 역시 중요한 것은 국민적 공감대를 형성하되 문제점에 대한 인식을 높이는 것이다.

해설

문맥상 중요한 점이 계속 나열되고 있으므로 (d)에서 but을 and로 바꿔야 한다.

fertility rate 출산율   **to the fore** 두드러지게, 주목을 끌어   **pressing** 긴급한, 절박한   **address** 다루다, 처리하다   **work a miracle[miracles]** 기적을 행하다   **consensus** 일치 공감대

정답 (d) but ⇒ and

20

(a) 인터넷 검색을 하면서 항상 신경을 건드리는 것과 맞닥뜨리게 되는데 그 주인공은 팝업 광고이다. (b) 이렇게 성가신 광고를 차단하는 프로그램이 있기는 하지만, 프로그램은 닫기 원하지 않는 유용한 팝업까지 차단한다. (c) 웹사이트에 접속하면 닫기 버튼을 누르기 전까지 계속 떠 있는 광고가 뜬다. (d) 어떤 웹사이트에는 4, 5개씩 보기 싫은 광고가 도배를 하다시피 한다.

해설

문맥상 양보의 절을 이끄는 접속사가 와야 하므로 (b)에서 But 대신 Though를 써야 한다.

fight off 차단하다   **benign** 양성의, 긍정적인   **eye-sore** 흉물스러운 것   **plaster** 도배를 하다시피 하다

정답 (b) But ⇒ Though

Practice Test 10   ⇒ 본책 P 158

1 (b)	2 (d)	3 (a)	4 (c)	5 (d)
6 (c)	7 (a)	8 (b)	9 (c)	10 (a)
11 (d)	12 (b)	13 (a)	14 (c)	15 (b)
16 (c)	17 (b)	18 (b)	19 (b)	20 (c)

1

A 스티브의 동료들이 그러는데 스티브가 나이에 비해 업무 능력이 뛰어나다던데.

B 내 생각에는 업무 능력과 나이는 관련이 없다고 봐.

해설

nothing to do with는 '~와 관련 없다'라는 뜻으로 (b)가 정답이다.

job performance 업무 수행   **for one's age** ~의 나이에 비해

정답 (b)

2

A 그렇게 적은 월급을 받고 업무에 대한 의욕을 갖기는 참 어려워.

B 맞아. 우리 모두 월급 인상을 위해 단결해야 해.

해설

구문을 이용한 구조 분석 문제이다. hard는 it is hard to+V의 구문으로 쓴다. 또한 much는 형용사일 경우 불가산명사와 결합하고, 부사일 경우 비교급을 꾸미기 때문에 much harder가 되어야 한다. 따라서 정답은 (d)이다.

enthusiasm 의욕, 열정   **demand** 요구하다   **raise** 인상

정답 (d)

3

A 내가 듣기로는 네 남편이 종종 폭음한다던데.

B 글쎄. 요즘은 거의 안 마셔.

해설

빈도부사의 어순을 이용한 구조 분석 문제이다. hardly ever는 한 단어로 빈도부사이다. 빈도부사는 본동사 앞에 위치하므로 〈S+빈도부사+동사〉 순으로 온 (a)가 정답이다.

drinking binge 폭음

정답 (a)

4

A 만약 사업이 망하면 어쩌지?

B 결과를 겸허히 받아들여야지 뭐.

해설

just have to는 달리 다른 대안책이 없는 상황에서 쓰는 표현법

으로 올바른 어순은 (c)이다.

accept 받아들이다

정답 (c)

5

A 너 점점 살이 찌는 것 같아.
B 맞아. 그래서 운동 시간을 한 시간으로 늘리려고 계획하고 있어.

해설
plan은 to부정사와 〈전치사 on+동명사〉의 형태를 구문으로 취할 수 있다. 시간을 '한 시간으로 늘리다'라고 할 때 to an hour라고 하므로 정답은 (d)이다.

get overweight 살이 찌다 **workout** 운동

정답 (d)

6

A 실례합니다. 어떤 게 당신 가방이지요?
B 자그마한 파란색 가죽 가방이 제 것입니다.

해설
형용사가 여러 개 나열될 때는 〈대소+신구+색+재료〉의 어순이므로 정답은 (c)이다.

leather 가죽

정답 (c)

7

A 제가 듣기로는 당신 직원 중 한 명이 기밀 고객 정보를 유출하려다 걸렸다고 하던데요.
B 정말 유감스럽게 생각합니다. 하지만 앞으론 절대로 그런 일 없을 겁니다.

해설
구문과 어순을 동시에 묻는 문제이다. sure는 that절과 to부정사를 모두 취할 수 있다. like that은 하나의 덩어리로 일반적으로 명사 뒤에 붙어서 '~그와 같은'정도의 해석이 된다. 즉, nothing like that으로 쓰는 것이 옳으므로 (a)가 정답이다.

staff 직원 **leak** 새다 **confidential** 비밀의

정답 (a)

8

A 어휴, 백화점이 완전 발 디딜 틈도 없더라.
B 세일 마지막 날이라 분명 붐볐겠지.

해설
〈with+목적어+분사〉는 주절과 동시 상황을 나타내는 구문이므로 (b)가 정답이다.

department store 백화점 **packed** 붐비는

정답 (b)

9

한 마디로 딱 얘기하기 그런데 뭔가 큰 일이 있는 것 같아.

해설
-thing으로 끝나는 명사의 경우 형용사가 명사 뒤에서 후치수식을 한다. 그리고 there is 구문 다음에는 반드시 명사가 와야 하므로 (c)가 정답이다.

not put one's finger on 딱 꼬집어 내지 못하다

정답 (c)

10

요리 시간이 오래 걸리지는 않았지만 깊고 풍부한 맛을 내는 스파게티 소스는 집에서 만들기가 쉽지 않았다.

해설
몇 가지 구문을 종합적으로 알아야 하는 문제로 '시간이 걸리다'라는 표현은 〈take+시간+to+V〉이고, and yet은 but의 뜻인 등위접속사로 양쪽에 위치한 단어의 병치 구조가 이루어져야 한다. 따라서 이 조건을 충족시킨 (a)가 정답이다.

take time 시간이 걸리다 **rich** 풍부한 **taste** 맛

정답 (a)

11

그 어디에도 뱀은 보이지 않는데, 이는 즉, 어디라도 뱀이 있을 가능성이 높다는 거지.

해설
일반적으로 nowhere in sight이라는 표헌법은 붙여 써야 하는데 nowhere를 문두로 보내 도치시킬 경우, Nowhere in sight is the snake가 되어야 한다. 보기 중에 이런 문장이 없으므로 원래 문장 순서인 (d)가 정답이다.

nowhere 그 어디에도 없는 **anywhere** 도처에

정답 (d)

12

우리에게 이제껏 증거 제시를 위해 왔던 최초의 목격자들 중 한 명은 휠체어를 타고 왔다.

해설
어순과 관련된 여러 가지 요소가 섞여 있다. 서수를 포함한 명사를 to부정사가 꾸미는데, 이때 ever는 일반적으로 부정사 앞에 온다. 따라서 ever to가 서수를 포함한 명사를 수식한 (b)가 정답이다.

evidence 증거 **in a wheelchair** 휠체어를 타고

정답 (b)

13

그 바이올린은 300년 전과 거의 동일한 방식으로 제작되고 있다.

해설

형용사 the same은 as와 결합하여 the same ... as의 형태로 쓰인다. 또한 형용사 the same을 강조할 경우 부사 much를 써서 much the same으로 쓸 수 있으므로 (a)가 정답이다.

the same ... as ~와 같은

정답 (a)

14

20세기 전반 동안 세계 인구 폭발은 인구 통계학상 기삿거리였다.

해설

half를 이용한 정확한 어순을 구문에 맞게 잡아야 한다. half를 명사로 썼으므로 서수가 앞에서 수식하는 (c)가 정답이다. 참고로 half를 전치 한정사로 쓸 경우 관사보다 앞서 half an hour의 형태로도 쓴다.

population explosion 인구 폭발 demographic 인구 통계학상

정답 (c)

15

러시아 인구는 2010년부터 2060년 사이 20퍼센트 감소할 전망이고, 우크라이나 인구는 45%나 줄어들 전망이다.

해설

생략된 구문의 이해가 먼저 필요하다. 원문은 Russia's population is expected to fall by 20% between 2010 and 2060, and Ukraine's population is expected to fall by a staggering 45%이다. 등위절에서 양쪽의 동일한 부분은 생략 가능하다. 그리고 동일한 성분이 생략된 상태에서는 〈S+V〉의 형태를 갖추고 있지 못하기 때문에 접속사 and도 자동 생략되므로 (b)가 정답이다.

staggering 엄청난, 충격적인

정답 (b)

16

올해 들어 약 4,000명 정도가 호흡기 감염에 새로 감염되었고, 그 수는 계속 늘고 있다.

해설

형용사의 어순과 표현법을 동시에 묻고 있는 문제이다. 형용사는 〈수량 형용사+일반형용사〉의 순서로 위치해야 한다. and counting은 어떤 상태에서 그 수가 계속 증가하고 있을 때 쓰는 표현이다. 따라서 정답은 (c)이다.

infection 감염 and counting 계속 늘고 있는

정답 (c)

17

다른 조건이 같을 때, 1970년대 후반에 결혼한 대학 학위 소유 여

성들이 10년 이내에 이혼할 확률은 평균보다 30% 더 높았다.

해설

원문을 살펴보면 When other things were equal, a woman with a degree who married in the late 1970s was 30% more likely than average to divorce within ten years이다. 이 문장을 분사구문으로 전환하면 Other things being equal 이므로 (b)가 정답이다.

degree 학위

정답 (b)

18

(a) A 라파엘! 저 여자 누구야?
(b) B 나랑 같이 일하는 동료야. 왜 묻는데?
(c) A 낯이 익어서. 내가 아는 사람인가 생각했지.
(d) B 아, 맞다. 너랑 같은 고등학교 나왔대.

해설

생략 관련 구문이다. 관계대명사의 목적격은 생략 가능하다. (b)의 원문은 She is a person (whom) I work with이다. 목적격 관계대명사가 생략될 수 있지만, 1형식 동사인 work 뒤에 있는 전치사 with가 생략되면 안 된다.

look familiar 낯이 익은 graduate from ~를 졸업하다

정답 (b) work ⇨ work with

19

(a) 130dB 혹은 그 이상의 소음은 스트레스 수위를 높이고 건강에 악 영향을 초래한다. (b) 소음이 신체에 주는 영향은 불안, 초조함 같은 가벼운 불편함부터 소화 불량, 난청, 위궤양 같은 더 심각한 피해까지이다. (c) 주민들은 경찰에 신고하는 것으로 할 수 있는 일을 하고 있다. (d) 안타깝게도 여름에 악명 높은 모든 소음 공해의 주범인 건설 철이 다가 온다.

해설

어순에 관한 구문이다. what이 평서문에 쓰일 때 어순은 주어 동사의 순서를 그대로 유지하므로 정답은 (b)이다. 그런데 의문문처럼 동사와 주어의 순서로 바꾸는 문제가 많이 있으니 주의해야 한다.

push up 증가시키다 adverse effect 악 영향, 부작용 irritation 짜증 uneasiness 불안 restlessness 초조, 답답함 digestive 소화의 impairment 장애 ulcer 궤양

정답 (b) What does it ⇨ What it does

20

(a) 1929년에 미국에서 시작된 대공황과 제2차 세계대전으로 세계 각국에서 대량실업이 발생해 근로빈곤계층(working poor)이 기하급수적으로 증가했다. (b) 유럽을 중심으로 자유방임주의를 철저하게 지키는 것이 하나의 불문율처럼 돼 있던 상황에서 '소외'된 계층에 대한 적극적인 배려는 생각하기 힘든 때였다. (c) 이

런 '복지 불모지의 시대'에 획기적인 보고서가 작성됐다. (d) '사회보험 및 관련 서비스 위원회' 위원장인 윌리엄 H 비버리지가 영국 정부에 제출한 '비버리지 보고서'다.

해설
(c)에서 be nowhere to be found는 '~그 어디에서 ~을 찾을 수 없었다'라는 뜻이다. nowhere는 문장 첫 자리에 위치할 경우 도치를 일으키거나, nowhere to be found의 관용표현. 이 두 가지 어법 중 하나로 텝스에서 자주 출제되고 있다. 정답은 was found to be nowhere를 nowhere to be found로 바꾸어야 한다.

The Great Depression 미국 경제 대공황 **mass job losses** 대량 실업 **mind-numbing** 마음이 멍할 정도로 엄청난 **surge** 급증 **laissez faire** 자유방임주의 **compassionate** 동정 어린 **underprivileged** 복지혜택을 받지 못한 불우한 **stunning** 획기적인, 대단한 **put together** 만들다

정답 (c) was found to be nowhere ⇒ nowhere to be found

28

Part I

1 (d)	2 (a)	3 (a)	4 (b)	5 (a)
6 (d)	7 (b)	8 (d)	9 (c)	10 (d)
11 (a)	12 (a)	13 (b)	14 (c)	15 (b)
16 (b)	17 (c)	18 (a)	19 (a)	20 (d)

Part II

21 (c)	22 (b)	23 (d)	24 (c)	25 (d)
26 (c)	27 (a)	28 (c)	29 (d)	30 (a)
31 (b)	32 (c)	33 (b)	34 (c)	35 (b)
36 (d)	37 (c)	38 (a)	39 (b)	40 (d)

Part III

41 (c)	42 (b)	43 (a)	44 (d)	45 (a)

Part IV

46 (d)	47 (a)	48 (b)	49 (d)	50 (c)

■ Part I

1

A 불경기이다 보니 먹고살기가 정말 힘드네요.
B 힘내세요. 제 도움이 필요하면 언제든지 연락 주세요.

해설
feel free to…는 '마음대로 ~해도 좋다'라는 의미의 관용적인 표현이므로 (d)가 정답이다.
slump 폭락하다 **make a living** 생계를 꾸려 나가다
정답 (d)

2

A 파티 어땠어?
B 글쎄. 너무 일찍 끝났어.

해설
부사의 의미 구별 문제이다. 4개의 보기 모두 유사한 의미가 있지만 (d) much는 비교급 형용사나 부사를 수식하기 때문에 정답에서 제외된다. '곧'을 뜻하는 very soon은 문맥상 어색하고, such는 명사 앞에서만 쓸 수 있다. 따라서 가장 적절한 것은 (a)이다.
정답 (a)

3

A 생일에 저녁으로 뭘 먹고 싶니?
B 파스타를 많이 먹고 싶어요.

해설
pasta는 불가산명사이므로 many나 a와 같이 가산명사와 결합하는 수량 표현은 정답에서 제외된다. 특정 pasta는 아니므로 정관사 the는 옳지 않다. a lot of는 가산 복수명사와 불가산명사에 모두 붙일 수 있는 수량 표현이므로 정답은 (a)이다.
정답 (a)

4

A 뭐 때문에 그렇게 화났어?
B 어제 우연히 화장실에서 우리 아들이 담배 피는 걸 봤거든.

해설
catch는 '잡다'라는 의미 외에 '(현장을) 목격하다'라는 지각동사의 의미도 있다. 지각동사는 목적격 보어 자리에 원형부정사나 분사를 취할 수 있는데, 아들이 직접 담배를 피우는 장면을 목격한 것이므로 능동의 의미와 진행의 성격을 동시에 가지고 있는 현재분사 (b) smoking이 가장 적절하다.
happen to 우연히 ~하다 **catch** (~하고 있는 것을) 목격하다
정답 (b)

5

A 나 독감 걸렸어.
B 특히 넌 코감기에 잘 걸리더라.

해설
'~에 취약하다'라고 할 때 be susceptible to, be vulnerable to를 쓰므로 정답은 (a)이다. more나 as는 비교구문으로 비교 대상이 있을 때 쓰이는데, you와 a cold는 비교 대상이 아니므로 정답이 될 수 없다.
come down with 병에 걸리다
정답 (a)

6

A 지갑을 어디에 뒀는지 도무지 기억이 안나.
B 분명 여기 어딘가에 있을 거야.

해설
부사는 일반적으로 절의 뒷부분에 오며, 같은 부사(구)라도 더 넓은 개념이 더 뒤에 온다. 따라서 '여기 어딘가에'는 around here somewhere라고 표현할 수 있다. 따라서 정답은 (d)이다.
somewhere 어딘가에
정답 (d)

7

A 케빈. 커피에 설탕 넣을까?
B 아니 됐어. 난 보통 블랙으로 마시거든.

해설

black은 목적어 coffee의 부연 설명을 하고 있으므로 목적격 보어인 형용사를 써야 한다. 부사는 보어로 쓰지 않으므로 blackly는 답이 될 수 없다. (a)는 '내 블랙커피'라는 뜻으로 대화의 문맥상 맞지 않다. 따라서 정답은 (b)이다.

정답 (b)

8

A 예산 위원회에 여성 회원은 몇 명이 있나요?
B 위원회의 약 60%요.

해설

comprise는 '구성되다'의 의미로 능동일 때는 〈구성 요소+comprise+단체〉로, 수동일 때는 〈단체+be comprised of+구성 요소〉로 표현한다. 여기서 women은 위원회를 구성하고 있는 구성 요소로 볼 수 있으므로 능동으로 써야 한다. 구성한다는 개념은 정해진 하나의 사실로서 일반적인 내용이므로 진행형으로 쓰지 않으며 현재시제로 쓰는 것이 옳다. 따라서 (d)가 정답이다.

budget committee 예산 위원회

정답 (d)

9

A 북한의 도발 가능성이 여전히 남아 있어.
B 우리는 사태를 지켜볼 수밖에 없어.

해설

부사는 문장 전체를 수식하거나 동사 또는 다른 부사를 수식한다. just는 '그저, 단지'를 의미하는 부사로, 동사를 수식할 때 조동사의 뒤, 수식하는 일반동사의 앞에 위치한다. (a)나 (b)처럼 하나의 덩어리를 이루는 have to나 watch and see의 사이에 낄 수 없다. 따라서 (c)가 정답이다.

provocation 도발

정답 (c)

10

A 커피 마실래, 차 마실래?
B 네가 만들고 있는 어떤 것이든 괜찮아.

해설

I don't care와 you are making을 연결해 주면서, 선택의 상황에서 쓸 수 있는 것으로 복합관계사 whichever가 가장 적절하다. 따라서 정답은 (d)이다.

정답 (d)

11

A 와. 폭우가 내린 후 날씨가 맑아지고 있어.
B 맞아. 파란 하늘에 무지개가 보이네.

해설

하늘을 배경으로 무지개가 보인다는 의미로 '~를 배경으로' 라는 뜻으로 쓸 수 있는 (a) against가 문맥상 가장 적절하다.

rainfall 강우

정답 (a)

12

A 댄이 언제쯤 내게 청혼할까?
B 조바심 내지 마. 곧 하겠지.

해설

조동사 뒤에 일반동사를 받을 때는 do를 쓰지 않고 조동사만 써야 하지만 be동사를 받을 때는 조동사 뒤에 be까지 써야 한다. 이 문장에서는 일반동사 pop을 받는 상황이므로 조동사 뒤에 do를 쓰지 않고 will만 쓴 (a)가 정답이다.

pop the question 구혼하다

정답 (a)

13

A 헌혈 받은 혈액의 부족 현상이 심각해지고 있어요.
B 더 위험한 상황을 피하기 위해 할 수 있는 것은 무엇이든지 해야 해요.

해설

whatever we can은 do의 목적절로 완전한 문장을 이루고 있으므로 빈칸에는 부사 상당어구가 알맞다. 따라서 이런 위기를 피하기 위해 할 수 있는 것은 뭐든지 해야 한다는 목적을 나타내는 to부정사 (b)가 가장 적절하다.

donated 기증된 **head off** ~을 피하여 진로[방향]를 돌리다
perilous 위험한 **crisis** 위기

정답 (b)

14

A 너무 피곤해.
B 영화관 가지 말고 차라리 집에 있을래?

해설

would rather A than B 구문으로 A와 B는 서로 동일한 형태를 취해야 한다. A가 동사구 stay at home이므로 B도 동사구인 go to the movies가 가장 적절하다. 따라서 (c)가 정답이다.

정답 (c)

15

A 정오에 장 보러 갈 건데. 같이 가지 그래?
B 그때쯤 주주 총회에 참석하고 있을 거야.

해설

현재진행형은 계획되어 있거나 가까운 미래를 나타낼 수 있으므로

문맥상 가장 적절한 것은 (b)이다.

shareholders' meeting 주주 총회

정답 (b)

16

A 잃어버릴지도 모르니 책에 이름과 전화번호를 적으세요.
B 네, 명심할게요.

해설

in case는 일어날지 모르는 문제나 일에 대한 대비책, 또는 해결책 등을 말할 때 쓰는 접속사로 문맥에 가장 적절하다. in that은 because의 동의어로 원인과 결과를 말할 때 쓴다. so that은 in order that의 동의어로 '~하기 위해서'란 뜻으로 목적을 나타낸다. given that은 considering that과 동의어로 '~인 점을 고려할 때'라는 뜻이다. 따라서 정답은 (b)이다.

keep ... in mind 잊지 않다

정답 (b)

17

A 참치 부족이 정말 심각해.
B 맞아. 새로운 규제도 상업적 포획으로 인한 참치의 멸종을 막기에는 역부족일지도 몰라.

해설

조동사 may의 부정은 may not이므로 (a)와 (b)는 오답이다. enough는 명사와 함께 쓰일 때는 명사보다 앞에 써서 한정사적으로 쓰인다. 하지만 형용사나 부사와 함께 쓰이면 부사로서 뒤에서 수식하므로 tough enough가 옳다. 따라서 정답은 (c)이다.

shortage 부족 **limit** 제한 **commercial extinction** 상업 목적의 포획에 의한 멸종

정답 (c)

18

A 집에 도착했을 때 문이 열려 있던데. 무슨 일이 있었던 거야?
B 문이 꼼짝도 안 해서 어쩔 수 없었어.

해설

조동사 구별 문제로 would not은 주어의 고집(refuse)을 나타낼 때 쓰므로 (a)가 가장 적절하다.

budge 움직이기 시작하다

정답 (a)

19

A 김 씨에게 4,000달러 송금했니?
B 아, 미안. 깜빡했어.

해설

remember는 동명사와 부정사를 둘 다 목적어로 취할 수 있다.

동명사를 쓰면 지나간 일을, 부정사를 쓰면 앞으로 할 일을 기억하는 것이다. B의 응답으로 보아 송금해야 할 돈을 아직 부치지 않은 상황이므로 할 일을 기억하는 to부정사 (a)가 정답이다.

remit 송금하다

정답 (a)

20

A 많은 미국인이 돈에 쪼들리고, 성공의 기회가 거의 없다고 생각하고 있어.
B 음. 그게 불법 이민자와 관련은 별로 없는 것 같아.

해설

have little to do with는 '~와 관련이 거의 없다'라는 관용적인 표현이다. think 다음에 목적절 〈주어+동사〉가 온 (d)가 정답이다.

be pinched for money 돈에 쪼들리다 **get ahead** 성공하다
undocumented 증명서를 가지지 않은

정답 (d)

▮☐ Part II

21

난 미국에 가 본 적이 없고, 제시카도 마찬가지이다.

해설

부정문에서 '역시'는 neither 또는 nor를 쓰므로 too를 쓴 (a)는 오답이다. neither와 nor 모두 부정어이지만 nor는 접속사이고 neither는 부사이다. 빈칸 앞에 접속사 and가 있으므로 부사 neither를 쓴다. neither가 문두로 이동하여 도치가 일어난 (c)가 정답이다.

정답 (c)

22

중년의 미국인이 당뇨병을 앓을 확률은 동년배의 영국인에 비해 두 배 더 높다.

해설

빈칸 뒤에 as로 보아 as ... as 원급 비교구문임을 알 수 있다. 배수사 twice는 반드시 as ... as 앞에 위치해야 하므로 (b)가 정답이다.

suffer from ~을 앓다 **diabetes** 당뇨병 **counterpart** 대응자

정답 (b)

23

최근 몇 년 뉴스 매체는 아동 학대와 관련된 많은 비참한 이야기에 대중의 이목을 집중시켰다.

해설

주어가 불가산명사 news라면 동사는 has가 되어야 하지만 medium의 복수형 media가 주어이며, 뒤에 목적어 public attention이 있으므로 동사는 능동태가 되어야 한다. 따라서 (d)가 정답이다.

regarding ~에 관해서 **child abuse** 아동 학대

정답 (d)

24

한 세미나 참가자가 피곤한 상태로 회의실 밖으로 걸어 나갔다.

해설

분사 문제로, 주절의 주어 participant는 어떤 상태를 느끼는 주체이므로 능동의 성격인 현재분사 feeling이 와야 한다. 반대로 참가자가 피곤을 느끼는 것이므로 '피곤하게 하다'는 의미의 타동사 tire은 과거분사 tired가 되어야 한다. 따라서 정답은 (c)이다.

정답 (c)

25

MD 하이테크는 자사의 교육 소프트웨어가 지난 분기 것보다 훨씬 더 효율적이라고 발표한다.

해설

빈칸 뒤의 than으로 보아 비교급이 필요하다는 것을 알 수 있다. 또한 동사 is의 보어 자리이므로 형용사 effective의 비교급이 와야 한다. 따라서 (d)가 정답이다.

quarter 분기

정답 (d)

26

아프리카에 에이즈 약을 공급하는 것은 엄청난 발전이지만 선진국들이 만연하는 에이즈를 전면적으로 다뤄야 한다.

해설

동사 is의 주어는 단수이므로 단수 취급을 하면서 AIDS drugs를 목적어로 취하는 동사의 동명사 형태가 주어로 와야 한다. 따라서 정답은 (c) Providing이다.

address 다루다 **dimension** 차원 **pandemic** 전국적 유행병

정답 (c)

27

수많은 고등어가 식용으로 잡힐 뿐만 아니라 더 작은 물고기 역시 포획된다.

해설

'수십만'은 hundreds of thousands로 나타내며, Not only는 부정어로서 문두로 이동하면 도치가 일어난다. 따라서 정답은 (a)이다.

mackerel 고등어 **harvest** (식용으로) 포획하다

정답 (a)

28

보고서는 유년기 당뇨 발병 원인을 어린이들의 잘못된 식습관으로 돌린다.

해설

ascribe는 '~에 돌리다'의 의미로 ascribe A to B의 구조를 이룬다. 따라서 정답은 (c)이다.

ascribe A to B A를 B에 돌리다 **onset** 발병

정답 (c)

29

난 조인마트나 리스클럽 같은 대형 할인점에는 거의 가지 않는다.

해설

hardly ever는 '거의 ~하지 않는다'는 뜻의 빈도 부사로, 일반동사 앞에 위치한다. 따라서 정답은 (d)이다.

retailer 소매상

정답 (d)

30

찰리 채플린이야말로 타고난 배우였다.

해설

if ever there was one이란 '~이야말로, 확실히'라는 의미의 관용 표현이다. 따라서 정답은 (a)이다.

natural 타고난

정답 (a)

31

아일랜드는 일부 지역은 활화산이고, 다른 지역은 평평한 농지이다.

해설

병렬 구조와 생략에 관한 문제로 원문은 Ireland has active volcanoes in some areas, and Ireland has flat farmland in others이다. 등위접속사 and를 중심으로 중복되는 단어들은 생략이 가능하고, in others는 전치사구이므로 강조를 위해 앞으로 올 수 있다. 따라서 정답은 (b)이다.

active volcano 활화산 **farmland** 농지

정답 (b)

32

제이콥은 근면하지 않은 것 같아. 하물며 그의 부하 직원들은 말할 것도 없지.

해설

much[still] less는 부정문 뒤에서 '하물며 ~은 말할 것도 없고'라는 부정의 의미를 강조할 때 쓰인다. 따라서 (c)가 정답이다. 빈칸 뒤가 도치되었다고 해서 정답으로 neither나 nor를 고르지 않도록 주의하자.

hardworking 근면한

정답 (c)

33

그렉이 자세히 보지 않았더라면 노트북에 문제가 있다는 것을 알아채지 못했을 것이다.

해설

주절의 would have p.p.를 통해 가정법 과거완료임을 알 수 있다. 따라서 빈칸에는 〈If+S+had p.p.〉의 형태가 나와야 하고, if가 생략되어 도치된 〈Had+S+p.p.〉의 형태도 가능하다. 따라서 정답은 (b)이다.

notice 알아채다

정답 (b)

34

처음 필리핀의 화이트 비치에 갔을 때 너무 좋아서 믿어지지가 않을 정도였어요.

해설

'너무 좋아서 믿어지지 않는'의 의미의 too good to be true는 하나의 구이고, 부사 almost는 다른 부사 앞에서 부사를 강조한다. 따라서 (c)가 정답이다.

정답 (c)

35

인체는 모든 기능이 멈추는 순간인 고유의 제한 수명이 있다.

해설

특정 명사는 특정 전치사와 종종 함께 쓰인다. 시점을 나타내는 point는 전치사 at을 수반하므로 (b)가 정답이다.

warranty 보증   expire 끝나다

정답 (b)

36

그저 일용직 근로자로 출발했던 그가 이제 대한민국에서 가장 유명한 대중 가수 중 한 명이 되었다.

해설

분사구문에 대해서 묻고 있다. 분사구의 주체가 주절의 주어 he이므로 현재분사가 와야 한다. 그가 일용직 근로자로 일할 때는 유명 가수가 된 것보다 과거의 일이므로 완료형 현재분사 (d)가 정답이다.

nothing more than ~에 지나지 않은

정답 (d)

37

팔레스타인인과 중동의 유대인은 수세기 동안 중동에 거주한 사람들의 자손이다.

해설

inhabit은 live와 같은 뜻이지만 뒤에 전치사가 아닌 목적어가 바로 온다. 또한 for centuries는 일정 기간을 뜻하므로 완료시제인 (c)가 정답이다.

Jew 유대인   descendant 자손   inhabit 거주하다

정답 (c)

38

2002년부터 2007년 사이에 캐나다에 거주하는 외국 태생 인구는 350만 명이 증가해 총 3,690만 명, 즉 인구의 15.8%가 되었다.

해설

과거의 한 시점과 다른 시점 사이를 가리키고 있으므로 과거시제로 나타낸다. 따라서 (a)가 정답이다.

foreign-born 외국 태생의

정답 (a)

39

대략 100억 달러의 가치가 있는 남한과 중국의 양자 무역이 위태롭다.

해설

around는 부사로 숫자 앞에서 '약', '대략'을 뜻한다. at stake는 '위태로워'라는 뜻으로 문두로 나와서 도치되었다. 따라서 정답은 (b)이다.

bilateral 양쪽의

정답 (b)

40

ELS는 3개의 자회사가 있는데 하나는 시애틀에, 나머지는 콜로라도에 있다.

해설

부정대명사 구별 문제이다. 3개의 자회사 중 하나를 빼고 나머지는 정해진 두 개이므로 남은 여러 개를 가리키는 the others를 써야 옳다. 따라서 정답은 (d)이다.

subsidiary 자회사

정답 (d)

■■▨ **Part III**

41

(a)A 세상에. 무슨 달걀을 이렇게 많이 샀어?
(b)B 슈퍼 갔더니 계란 세일하더라고. 뭐 잘못됐어?
(c)A 냉장고에 넣을 데가 없는데.
(d)B 괜찮아. 그냥 찬장에 올려놓자.

해설

문맥상 냉장고에 계란을 넣을 공간이 없다는 내용이므로 (c)의 the fridge with any more free space는 any more free space in the fridge가 되어야 한다.

on earth 도대체 **fridge** 냉장고 **cupboard** 찬장

정답 (c) the fridge with any more free space ⇒ any more free space in the fridge

42

(a) A 결정하셨습니까, 손님?

(b) B 글쎄요. 그냥 금으로 된 조그만 걸 살까 하는데요.

(c) A 약혼녀 분께는 이게 더 잘 어울릴 것 같은데요.

(d) B 그녀가 반지에 박힌 가짜 다이아몬드를 별로 좋아하지 않을 것 같아요.

해설

형용사가 연이어 나올 경우에는 〈대소＋신구＋색깔＋재료〉의 순서가 된다. 따라서 정답은 (b)이다.

make up one's mind 결정하다 **fiancée** 약혼녀 **fake** 가짜의

정답 (b) golden small ⇒ small golden

43

(a) A 스티브는 정말 멋져! 여자 친구가 있을까?

(b) B 몰라. 직접 물어봐.

(c) A 모른다고? 너희들이 친구인 줄 알았는데.

(d) B 별로. 예전에 같은 팀이긴 했지만.

해설

(a)의 see는 '(애인으로) 만나다'라는 의미로 meet with와 동의어이다. 바로 뒤에 목적어를 취하며 일반적으로 진행형을 쓴다. 따라서 (a)의 seeing with에서 with는 삭제한다.

see 데이트하다

정답 (a) seeing with ⇒ seeing

44

(a) A 와, 초콜릿이랑 편지를 엄청나게 받았군요!

(b) B 솔직히 말하면 왜 매년 이러는지 모르겠어요.

(c) A 에이, 그러면 안 되죠. 당신 팬들이잖아요.

(d) B 안 그래도 조만간 답장 쓰라는 얘기도 들었는데. 너무 피곤해요.

해설

(d)의 sometime은 부사로 특정 동사를 수식하지 않고 문장의 끝에 위치하여 문장 전체를 수식한다. 따라서 write them back sometime이 되어야 한다. sometime과 유사한 sometimes는 빈도부사로 일반동사 앞에 위치할 수 있다.

to tell the truth 사실은

정답 (d) sometime write them back ⇒ write them back sometime

45

(a) A 수지, 드레스 정말 멋져요! 무슨 날이에요?

(b) B 오늘밤 남자 친구 부모님과 저녁 먹기로 했어요.

(c) A 축하해요! 곧 그와 결혼할 건가요?

(d) B 아직 좀 일러요. 솔직히 아직 이런 일에 준비가 안 됐거든요.

해설

occasion은 '특별한 날[경우]'의 의미로 쓰며, 특별한 일이 있냐고 물을 때는 관용 표현으로 What's the occasion?이라고 한다. 따라서 (a)의 an를 the로 바꿔야 한다.

frankly 솔직히

정답 (a) an occasion ⇒ the occasion

■■□▨ **Part IV**

46

(a) 요즘 '소통'이 화제이다. (b) 사실 부모와 청소년 자녀 사이에 가장 필요한 것이 바로 소통이다. (c) 어쨌든 이 나라의 10대는 학교에서 앞서기 위해 가장 큰 압박을 받고 있으며, 조사에 따르면 어린이와 청소년이 OECD 회원국 중 가장 불행하다고 한다. (d) 청소년의 주당 공부 시간이 OECD 평균 33.92시간인 반면 우리나라는 49.43시간이다.

해설

(d)의 주어 Adolescent는 보통명사로 앞에 관사가 붙거나 복수형이 되어야 한다. 내용상 일반적인 청소년을 가리키므로 앞에 부정관사를 붙이거나 복수형으로 바꿔야 한다. 동사 put이 복수형이므로 Adolescents로 바꿔야 한다.

the talk of the town 장안의 화제 **peer** 또래

정답 (d) Adolescent ⇒ Adolescents

47

(a) '알부민'이라는 약은 혈액 단백질 수준을 보충해 복잡한 수술이나 응급 수술을 받을 때 반드시 필요하다. (b) 만약 알부민을 제때 처방 받지 못하면 장기 이식 환자나 교통사고 환자, 화상 환자 등은 혈압이 급감해 쇼크를 받아 사망에 이를 수 있다. (c) 알부민은 엄밀히 말하면 혈액으로 만들어진다. (d) 하지만 혈액 공급의 지속적인 부족으로 병원에서 충분치 않게 이용할 수 있어 아껴 두었다가 응급 상황에만 사용하도록 하고 있다.

해설

(a) 문장의 주어 A drug에 대한 서술어가 없다. 의미상 약이 혈액 단백질을 보충해준다는 것이 자연스러우므로, to supplement를 수일치를 시켜 supplements로 바꾸어야 한다.

supplement 보충하다 **and the like** ~등 **precipitous** 급작스러운 **prompt** 촉발하다 **specifically** 엄밀히 말하면 **perennial** 지속되는 **skimp** 절약하다

정답 (a) to supplement ⇒ supplements

48

(a) 호주가 마약, 테러 등과 관련된 게시물 검열로 오명을 사고 있다. (b) 온라인상에서 정치적 반체제자를 엄중 단속하고 있었기 때문이 아니다. (c) 지금 관료적 편의주의의 완벽한 본보기인 '일시적 행정 조치'로 헤아릴 수 없이 많은 인터넷 게시물을 추려내고 있다. (d) 우리는 지금 법을 위반한 '불법적이고 유해한' 게시물에 대해 얘기하는 것이 아니다.

해설

앞뒤 문맥을 살펴봤을 때 (b)의 주어 · 동사인 It is가 부정형이어야 자연스럽게 이어질 수 있다. 따라서 (b)에서 It is를 It isn't로 고쳐야 한다.

censorship 검열 **bad name** 오명 **crack down on** 엄중 단속하다 **dissident** 반체제자 **epitome** 본보기 **expediency** 편의주의 **cull** 추려내다 **untold** 헤아릴 수 없는 **in breach of** ~을 위반한

정답 (b) It is ⇒ It isn't

49

(a) 한국은 어렵게 얻은 1997년 외환 위기 극복을 누릴 겨를도 없이 작년 미국 금융 위기로 인해 주가가 하락했다. (b) 얼마나 치명적이고 얼마간 지속될지 알지 못해 어찌할 바를 모르고 있다. (c) 전 세계적인 불경기는 국가 경제 성장의 중추인 대부분의 수출을 감소시켜 훨씬 무거운 중소기업의 파산 행렬을 촉진시키고 있다. (d) 우리 미래에 먹구름을 드리우며 몇몇 거대 기업 총수들도 견디고만 있다.

해설

(d)의 some은 한정사이고 big은 형용사이다. 이때의 어순은 〈한정사+형용사+명사〉이므로 big some name이 아닌 some big name으로 고쳐야 한다.

savor 맛보다 **hard-won** 어렵게 얻은 **meltdown** 완전 붕괴 **at a loss** 어찌할 바를 몰라 **devastating** 치명적인 **eat away** ~을 조금씩 침식시키다 **backbone** 중추 **precipitate** 촉진시키다 **cascade** (한꺼번에 많이) 쏟아짐 **go bust** 파산하다 **cast** 던지다 **ominous** 불길한

정답 (d) big some ⇒ some big

50

(a) 또래 흡연자들에게 닥쳐올 일을 보여주기 위해 아이들에게 골초의 썩어 가는 폐를 제시하듯이 이 문제에 해결하기 위해 몇 가지 과감한 조치를 취해야 한다. (b) 오래전에 정부는 일정 시간 이상 온라인 게임에 접속하면 게이머들의 '아이템'을 게임 운영자가 가져가도록 했다. (c) 또한 게이머들은 몇 시간마다 본인 인증을 하도록 했다. (d) 이런 대책이 실제 효과를 보려면 명령에 법의 효력이 반드시 지녀야 하고 당국은 법으로 게임 중독자의 악명 높은 온상이 된 PC방에 나이와 시간제한을 더 엄격히 시행해야 한다.

해설

every가 단독으로 명사 앞에 쓰이면 단수명사를 쓰나 every 다음에 복수를 나타내는 수량 표현이 올 경우 뒤의 명사는 복수형으로 쓴다. (c)의 few는 복수명사 앞에 쓰는 수량 표현이므로 every few hours가 되어야 하다.

in store 닥쳐올 **step** 조치 **mandate** 명령하다 **authenticate** 법적으로 인증하다 **mandate** 명령 **hotbed** 온상

정답 (c) hour ⇒ hours

◼◻ Actual Test 2

Part I

1 (b)	2 (d)	3 (c)	4 (b)	5 (c)
6 (b)	7 (a)	8 (b)	9 (a)	10 (c)
11 (b)	12 (b)	13 (c)	14 (b)	15 (c)
16 (d)	17 (c)	18 (b)	19 (c)	20 (a)

Part II

21 (a)	22 (c)	23 (d)	24 (a)	25 (b)
26 (c)	27 (d)	28 (a)	29 (b)	30 (c)
31 (c)	32 (b)	33 (a)	34 (b)	35 (d)
36 (b)	37 (a)	38 (c)	39 (d)	40 (b)

Part III

41 (b)	42 (d)	43 (c)	44 (d)	45 (c)

Part IV

46 (d)	47 (b)	48 (a)	49 (b)	50 (a)

◼ Part I

1

A 시에스타 쿠페는 단 한 번의 충전으로 그 어떤 전기 자동차보다 훨씬 더 멀리 갈 수 있어요.

B 와. 멋지네요.

해설

비교급과 원급의 강조어구를 묻는 문제이다. 일반적으로 원급 형용사나 부사를 수식할 때는 very, too, really 등을 쓸 수 있지만, 비교급을 강조할 때는 much, by far, even, still, a lot 등을 쓴다. 여기서 farther는 비교급 부사이므로 (b) much가 정답이다.

charge 충전

정답 (b)

2

A 이 숙제는 너무 어려워. 아직도 헤매고 있어.

B 계속 공부했더라면 지금쯤 끝냈을 텐데.

해설

혼합가정법 문제이다. 공부를 하지 않은 것은 과거이고 숙제를 하는 것은 현재이므로 서로 다른 시제에 대해서 말하고 있다. 혼합가정법 형식인 〈If+주어+had p.p., 주어+would[should/could] 동사원형〉을 따른 (d)가 정답이다.

struggle 몸부림치다

정답 (d)

3

A 너 요즘 살이 점점 찌는 것 같다. 알아 볼 정도야.
B 그러게. 그래서 이번 달 중순쯤부터 운동할 계획이야.

해설
plan은 to부정사 또는 전치사 on을 취할 수 있어 (a)와 (d)는 오답이고, plan on -ing는 '~을 계획하다'라는 의미이므로 정답은 (c)이다.

notice 알아채다   **work out** 운동하다

정답 (c)

4

A 회의 때 어떤 것들을 준비해야 하죠?
B 진행 상황에 대해 간단한 보고서를 만들 준비하시면 돼요.

해설
ought to는 조동사로 의문문의 형태로 쓸 때는 〈ought+주어+to 부정사〉로 써야 하므로 (b)가 정답이다.

statement 보고서   **progress** 진행

정답 (b)

5

A 지난 토요일에 가족이랑 외식해서 좋았어?
B 응, 근데 비가 오지 않았다면 더 좋았을 거야.

해설
I wish 가정법은 현재의 사실에 대한 아쉬움을 나타낼 때는 가정법 과거를, 과거 사실에 대한 아쉬움을 나타낼 때는 가정법 과거완료를 쓴다. 과거인 지난 토요일에 있었던 일에 대한 아쉬움을 나타내고 있으므로 가정법 과거완료를 쓴 (c)가 정답이다.

eat out 외식하다

정답 (c)

6

A 안녕하세요. 저는 헨리 로페즈입니다.
B 로페즈 씨, 죄송하지만 귀하의 이민 비자 신청이 거절되었습니다.

해설
introduce, announce, mention, say, explain, confess, suggest 등의 동사는 '~에게'라고 할 때 〈to+사람〉을 반드시 써야 한다. 하지만 tell, inform, notify 등은 to 없이 바로 목적어인 사람을 쓰므로 (b)가 정답이다.

application 신청   **immigrant** 이민   **reject** 거절하다

정답 (b)

7

A 오늘 아침에 기분이 좋지 않았어.
B 정말? 지금은 기분이 좀 나아졌니?

해설

any가 부사로 쓰이면 의문문, 부정문에서 '조금이나마'의 의미이다. 4개의 보기 중 비교급 앞에 쓸 수 있는 부사는 any뿐이므로 정답은 (a)이다.

get out of bed on the wrong side 아침부터 기분이 나쁘다

정답 (a)

8

A 그웬. 왜 그렇게 민망해 하니?
B 저기 누군가가 내 얼굴을 빤히 쳐다보고 있어서 그래.

해설
stare는 〈stare at+목적어〉로 흔히 쓰지만 '신체 특정 부위를 본다'라고 할 경우 〈stare[look]+사람+in the+신체 일부분〉이므로 표현하므로 정답은 (b)이다.

embarrassed 창피한   **stare** 응시하다. 바라보다

정답 (b)

9

A 어젯밤에 네 아들에게 무슨 일이 있었어?
B 경관들이 음주 운전 혐의로 그를 체포해서 고발했어.

해설
while은 접속사로 〈주어+동사〉의 절을 취할 수도 있고, 분사구문을 취할 수도 있다. 여기서 intoxicate은 '취하게 하다'라는 뜻이고, 그가 취하게 된 거지 누군가를 취하게 한 것이 아니므로 수동의 과거분사인 (a)가 정답이다. while 뒤에 있다고 무조건 -ing가 온다고 단정하지 말아야 한다.

arrest 체포하다   **charge** 고소[고발]하다   **intoxicate** 취하게 하다

정답 (a)

10

A 〈반지의 제왕〉 속편은 언제쯤 개봉할까?
B 곧 상영될 거야.

해설
soon을 수식하면서 A의 말과 가장 자연스럽게 이어지는 부사는 (c) very이다. too soon은 '너무 이르다'는 뜻이고 much는 비교급 형용사나 부사를 강조할 때 쓰므로 (b)와 (d)는 오답이다.

sequel 속편   **release** 개봉하다   **screen** 상영하다

정답 (c)

11

A 점심 먹으러 올 거야?
B 날씨가 좋으면 그럴게.

해설
원래 문장대로 한다면 '날씨가 좋다면'은 If weather permits이

지만 이를 분사구문으로 바꾸면 Weather permitting이므로 정답은 (b)이다.
정답 (b)

12

A 크리스. 지난 주말 데이트 어땠어?
B 내가 늦지만 않았어도 더 좋았을텐데 말이야.

해설
would have been을 통해 가정법 과거완료구문임을 알 수 있다. 따라서 if절에는 〈if+주어+had p.p.〉 혹은 Had+S+p.p.의 형태를 써야 하므로 (b)가 정답이다. (a)와 (d)는 오답이고, 문맥상 늦었다고 하고 있으므로 '최근에'라는 뜻인 lately는 옳지 않다.
정답 (b)

13

A 그 책은 잘 돼가나요, 테드 씨?
B 거의 마무리된 것 같아요.

해설
이중소유격에 관한 문제이다. 명사 앞에 this, that 같은 지시사, 관사 등의 한정사가 있으면 소유격을 쓰지 못한다. 이럴 경우 〈of+소유 대명사〉의 형태로 명사 뒤쪽에서 소유의 의미를 나타내는 방법을 이중 소유격이라 하는데, 명사 book 앞에 지시사 that이 있으므로 명사 뒤에 of yours를 써야 한다. 따라서 정답은 (c)이다.

come along (원하는 대로) 되어 가다
정답 (c)

14

A 빨간 블라우스를 입는 게 어때? 그게 잘 어울려.
B 고마워. 어쩌면 네 조언을 따를게.

해설
문맥상 미래시제를 써야 한다. will과 현재진행형 모두 미래시제를 나타낼 수 있지만, will은 주어의 의지를 포함하고, 현재진행형은 시간적인 미래이지 의지는 포함하지 않으므로 정답은 (b)이다.

take advice 조언에 따라 행동하다
정답 (b)

15

A 앤드루가 차 고쳤어?
B 오늘 아침 차 몰고 출근하던데, 고쳤나 보네.

해설
지난 과거에 관한 얘기를 하고 있으므로 〈조동사+have p.p.〉를 써야 한다. 차를 몰고 갔다고 하니 과거 사실에 관한 강력한 추측을 나타내는 (c) must have가 정답이다.
정답 (c)

16

A 사장님께 내 직속 상관이 물건을 훔치고 있다고 말씀드려야 할까?
B 글쎄. 잘 모르겠어. 그런 상황인 적이 없어서.

해설
like that은 강조하고자 하는 단어 바로 뒤에 붙기 때문에 situation 뒤에 붙어야 한다. 강조의 재귀대명사는 강조하는 명사 바로 뒤에 붙든지 아니면 문장 맨 끝에 쓰는 것이 일반적인데, 주어 I를 강조하는 재귀대명사가 I 다음에 위치하지 않았으므로 문장 마지막에 붙이는 것이 좋다. 따라서 정답은 (d)이다.

immediate supervisor 직속 상관 **like that** 그런 식으로, 그와 같은
정답 (d)

17

A 오늘 밤 드라이브 갈래?
B 미안하지만 못갈 것 같아. 요즘 열심히 일하다보니 너무 피곤하네.

해설
주절 앞에 분사가 올 경우 원인, 결과, 조건 등 다양한 해석이 가능하나, 부정사가 올 경우 목적으로밖에 해석되지 않는다. 문맥상 원인을 얘기하고 있으므로 분사구문이 적절하고, hardly는 '열심히'가 아닌 부정어로서 문맥상 as … as 안에 들어갈 단어가 아니다. 따라서 정답은 (c)이다.
정답 (c)

18

A 여보. 우리 냉장고는 매번 고장이야.
B 조금만 기다려 봐. 곧 새것으로 살 거니까.

해설
대명사 구별 문제이다. one은 앞에 이미 언급한 명사나 상대방이 이미 알고 있는 존재를 말할 때 쓰는 대명사이다. it도 비슷한 기능을 하지만 one처럼 형용사의 수식을 받거나 관사를 수반할 수 없으므로 (b)가 정답이다.

break down 고장 나다
정답 (b)

19

A 제 보고서를 한 번만 더 봐주실 수 있나요?
B 그래요. 기꺼이 그럴 게요.

해설
서수인 second에는 정관사 the가 붙지만, second에는 '다른, 부가적인'이란 의미도 있다. 즉, 순서적으로 '2번째'가 아닌 어떤 행위에 대해서 부가적인 의미를 말할 때는 정관사를 붙이지 않으므로 정답은 (c)이다.
정답 (c)

20

A 새로운 결핵의 유행이 통제 불능 상태라고 해도 과언이 아니야.
B 맞아. 정부는 반드시 이 사태를 막기 위해 조치를 취해야만 해.

해설

imperative는 '피할 수 없는, 긴급한'이라는 뜻으로 당위성을 나타내기 때문에 항상 that절 이하에는 〈should+동사원형〉 혹은 should를 생략하고 동사원형만 취하므로 (a)가 정답이다.

exaggeration 과장 **TB** 결핵(tuberculosis) **epidemic** 유행[전염병] **imperative** 필수적인, 꼭 해야 할 **take action** ~에 대해 조치를 취하다

정답 (a)

■□ Part II

21

목격자 부족으로 그가 범인이라는 아무런 증거가 없다.

해설

evidence는 불가산명사이고 evidence of 혹은 〈evidence that+주어+동사〉의 형태로 쓴다. 그런데 guilty가 보어로 쓰이려면 주어와 동격이 되어야 하는데 (b)는 전치사 뒤에 that절을 쓸 수 없으므로 오답이다. (c)에서 he와 guilt는 동격이 아니므로 틀리고, (d)도 의미상 옳지 않다. 정답은 〈evidence of+동명사+형용사〉의 형태를 쓴 (a)이다.

due to ~때문인 **witness** 목격자

정답 (a)

22

그녀가 집필했던 것이 얼마나 최종 원고에 실렸는지 확실히 잘 모르겠어.

해설

문장 구조를 묻는 문제이다. how는 의문부사이지만 much라는 대명사를 수식해 '얼마만큼의 양'이라는 명사 형태로 쓰일 수 있다. 따라서 how much는 명사 역할을 하기 때문에 문장에서 주어나 목적어, 또는 보어로 쓰일 수 있으므로 정답은 (c)이다.

정답 (c)

23

만약 누군가 당신에게 공개적으로 청혼한다면 뭐라 말하시겠어요?

해설

접속사 구별 문제이다. 가정법 과거의 구문 공식은 〈주어+조동사의 과거형+동사+if+주어+과거형 동사〉인데, 주절에 would가 있고 빈칸 뒤쪽에 proposed라는 동사가 있는 것으로 보아 가정법임을 알 수 있다. 가정법에 쓰이는 접속사는 if이므로 (d)가 정답이다.

propose 청혼하다 **in public** 공중 앞에서

정답 (d)

24

스미스 씨는 이 이론이 그렇게 이해하기 힘든지 그 이유에 좌절했다.

해설

baffle은 '당황하게 하다'라는 뜻의 타동사인데, 이유로 인해 좌절감을 느끼게 되었으므로 정답은 (a)이다.

baffle 당황하게 하다, 좌절시키다 **as to** ~에 관하여

정답 (a)

25

내 스페인어 실력은 당신을 따라가려면 아직도 멀었다.

해설

nowhere near는 '도저히 미치지 못하는'의 의미로 부정의 강조 표현이기 때문에 비교급 앞에 써야 한다. as good as는 동급 비교구문이다.

nowhere near ~은 당치도 않는

정답 (b)

26

지난 5년간 한국에서 유가는 18% 급등했다.

해설

increase 다음에 증가 대상이 오면 increase in이라 쓰고, 증감 정도는 by로 나타낸다. 명사 percent는 기호화된 명사로 s를 붙일 수 없고, price는 가산명사이므로 정답은 (c)이다.

sharp 급격한

정답 (c)

27

일부 화산은 수천 년 이상 되었다고 한다.

해설

say의 주체가 volcanoes이므로 동사가 수동의 형태로 들어간 것을 알 수 있다. say는 수동으로 쓰일 때, it is said that 또는 〈명사+be동사+said to+부정사〉의 형태를 취하므로 be said to의 형태인 (d)가 정답이다.

정답 (d)

28

셀테크 이노베이션 사의 컴퓨터 운영 체제는 80%이상의 중국 개인용 컴퓨터에서 사용되고 있으나 대부분이 해적판이다.

해설

한정사 most는 바로 뒤에 있는 명사를, most of는 정관사 혹은 소유격이 붙은 명사를 수식하므로 (c)는 틀리다. 또한 almost는 부사로 명사가 아닌 형용사나 부사를 취해야 하므로 (b)도 오답이다. 동사 pirate의 뒤쪽으로 목적어가 없기 때문에 수동태의 형태

를 써야 하므로 정답은 (a)이다.

operating system 운영 체제   **pirate** 저작권을 침해하다

정답 (a)

29

해럴드 씨가 회의에 30분 늦어서 사장은 매우 화가 났다.

해설

관계사 구별 문제이다. 선행사는 앞 문장 전체인데, 앞 문장 전체를 선행사로 받을 수 있는 관계사는 which밖에 없으므로 정답은 (b)이다.

annoy 화나게 하다

정답 (b)

30

조나던은 자신이 CIA 스파이란 사실을 자백했다.

해설

confess는 '인정하다'라는 의미로 confess to -ing을 쓰므로 정답은 (c)이다.

confess 자백[인정]하다   **CIA** 미국 중앙 정보부(Central Intelligence Agency)

정답 (c)

31

아무도 그 차가 그렇게 비쌀 거라고는 예측하지 못했다.

해설

동사 cost를 수식하는 부사를 찾는 문제이다. 부사 자리에 들어갈 수 있는 보기는 (c) that 밖에 없다.

정답 (c)

32

루시아의 가족이 저녁을 먹으려고 앉자마자 전화벨이 울렸다.

해설

Hardly는 before나 when과 함께 쓰여 〈Hardly+had+S+p.p. when[before]+S+과거동사〉, 또는 〈S+had+hardly+p.p. when[before]+S+과거동사〉로 '~하자마자 …했다'라는 의미를 나타낼 수 있다. 따라서 정답은 (b)이다.

정답 (b)

33

당신이 앞으로 듣게 될 모든 낙관적 경제 소식은 일시적 변동일 가능성이 높다.

해설

it is likely that처럼 가능성이 높다고 얘기할 때 쓰는 어법으로

〈the odds are that+주어+동사〉가 있으므로 (a)가 정답이다.

odds 가능성   **blip** 일시적 변동

정답 (a)

34

식목일은 환경을 걱정하는 사람들 덕분에 성공했다.

해설

구체적인 일(Arbor Day)을 나타내는 경우 success는 가산명사로 쓰일 수 있으므로 (b)가 정답이다.

Arbor Day 식목일

정답 (b)

35

예전에는 걱정이 없었는데 이제 늙고 죽어가는 몸을 지닌 내 상태를 발견했다.

해설

〈주어+동사〉 뒤에 접속사가 나와야 또 다른 주어 동사가 올 수 있으니 but이나 and는 빈칸 맨 앞에 위치해야 한다. 또 '자기가 (어떤 장소·상태에) 있음을 알다'라고 할 때 find oneself라고 하므로 정답은 (d)이다.

carefree 걱정이 없는   **age** 늙다

정답 (d)

36

노래와 춤은 보통 공연 예술로 불린다.

해설

문장 구조 문제이다. refer은 '부르다'의 동사로 어법은 refer to A as B이다. 수동의 형태로는 A be referred to as B의 형태를 취하므로 정답은 (b)이다.

refer 부르다

정답 (b)

37

마샬이 타고난 사업가인 아들을 자랑할 만도 하다

해설

may well은 '~하는 것은 당연하다'라는 뜻이므로 (a)가 정답이다. may[might] as well은 '~하는 편이 낫다'로 해석상 어색하다.

may well ~하는 것은 당연하다   **born** 타고난

정답 (a)

38

만약 그가 남을 사랑하고, 반대로 사랑받는 법을 배우지 못한다면 그는 평생 독신남으로 살아갈 운명에 처할 것이다.

해설

가정법 과거로 doom은 '불행한 운명을 맞게 하다'라는 의미의 동사로 be doomed to로 쓴다. 또한 remain은 자동사여서 수동태로 쓰지 못하므로 정답은 (c)이다.

in return 답례로 **bachelor** 독신 남자 **for life** 평생 **doom** 운명 짓다

정답 (c)

39

도박 중독은 경제적 뿐만 아니라 심리적으로도 치명적이다.

해설

주어인 Gambling addictions와 동사 devastate의 관계는 능동이므로 현재분사를 써야 한다. 또한 not only A but (also) B 구문에서 also의 동의어인 as well을 쓴 (a)가 정답이다.

gambling 도박 **addiction** 중독 **devastating** 치명적인

정답 (a)

40

시 의회 의원들은 시장이 조사 결과를 그들에게 말해 주지 않은 것에 분개했다.

해설

resent는 동명사를 목적어로 취하는 동사이다. 또한 동명사의 의미상 주어는 소유격을 주로 쓰므로 정답은 (b)이다. 일반명사일 경우 소유격을 취하지 않고 그대로 쓰기도 한다.

city council 시 의회 **resent** 분개하다 **notify** 통지[통보]하다

정답 (b)

■■□▨ Part III

41

(a) A 탈곡이 무엇인지 설명할 수 있는 사람 있어요?
(b) B 작물에서 곡물 낟알이 분리되는 과정입니다.
(c) A 맞아요. 그럼 기계가 없을 때는 그 일을 어떻게 했을 거라고 생각하나요?
(d) B 모르겠어요, 하지만 그 일을 하기 위한 뭔가 간단한 도구가 있었겠지요.

해설

process 뒤에 관계사 that이 올 경우 주격과 목적격 중 하나로 온 것이라 뒤 문장의 주어나 목적어 등 문장 성분 중 빠진 것이 있어야 하는데 that 이하는 수동태의 완전한 문장 형태이다. 관계사 중 완벽한 절을 이끌 수 있는 경우는 관계부사 혹은 〈전치사+관계대명사〉이므로 (b)에서 that 대신에 where를 써야 한다.

threshing 탈곡 **grain** 낟알 **tool** 도구

정답 (b) that ⇨ where

42

(a) A 지금 나올 수 있어? 오늘 밤 저녁 콘서트 티켓이 있거든.
(b) B 아니. 오늘 밤에는 집에 있을래. 어쨌든 고마워.
(c) A 왜 이래, 네가 제일 좋아하는 밴드라고! 신날 거야.
(d) B 조카를 돌봐야 하지 않는다면 분명히 너와 함께 갈 거야.

해설

가정법 과거구문에서 if절에는 과거동사를 써야 하므로 (d)의 don't를 didn't로 바꿔야 한다.

blast 신나는 경험

정답 (d) don't ⇨ didn't

43

(a) A 릭 알아? 내가 만난 사람 중 가장 똑똑한 사람이야!
(b) B 아는데 별로 특별한 점은 못 느꼈어.
(c) A 그는 천재일지도 몰라. 에세이 전체를 한 번 보고 통째로 외울 수 있으니까.
(d) B 믿을 수 없어. 전에 읽었겠지.

해설

현재 상황에서 약한 추측을 나타낼 경우 can이 아닌 might를 써야 하므로 정답은 (c)이다.

genius 천재 **at the first glance** 한 번만 보고

정답 (c) can ⇨ might

44

(a) A 내일 저녁에 영화 보러 갈 건데 같이 갈래?
(b) B 고맙지만, 헬스클럽 가야 해.
(c) A 와, 잘됐네. 운동은 얼마나 해?
(d) B 이틀에 한 번씩, 두 시간 동안 해.

해설

시간을 나타내는 명사 중 숫자가 포함된 기간은 during이 아닌 for로 받아야 하므로 (d)가 정답이다.

kudos 영광 **every other day** 하루걸러

정답 (d) during ⇨ for

45

(a) A 개인적인 부탁 하나 해도 될까? 대단한 건 아닌데.
(b) B 물론입니다, 교수님. 30분 이상 안 걸리는 일이라면요.
(c) A 이 책을 도서관에 반납해주면 고맙겠어.
(d) B 알겠습니다. 어차피 오후에 거기 가야 하거든요.

해설

'~하면 감사하겠다'라고 할 때 〈I'd appreciate it if+주어+would[could]+동사〉의 형태를 쓰므로 (c)의 appreciate 다음에 it if를 써야 한다.

favor 부탁 **appreciate** 고마워하다

정답 (c) appreciate ⇨ appreciate it if

46

(a) 우리 가족과 나는 여름 휴양지인 해변으로 가는 남쪽으로 향했다. (b) 최근 신문을 읽으며 올해 해외여행객 수가 급증했음을 알았다. (c) 이것은 작년에 전국을 일종의 공황 상태로 움켜쥔 신종 플루 유행 감소와 달러에 대한 원화 강세 덕택이라고 생각한다. (d) 그뿐 아니라, 우리나라 사람들이 경쟁적인 집단인 점도 한몫했다고 생각한다.

해설

여기서 lot이란 '부지'가 아닌 '(사람의) 떼'라는 의미로 쓰였으므로 (d)에서 전치사 in을 삭제해야 한다.

getaway 휴양지 **spike** 급증 **epidemic** 유행병 **on top of** ~뿐 아니라 **lot** (사람·물건의) 떼, 패

정답 (d) are in ⇨ are

47

(a) 고령화는 인간에게 부여된 20세기의 성과이자 도전이다. (b) 20세기가 되서야 사람들은 평균 50세 이상을 살기 시작했다. (c) 2020년쯤에는 평균 기대 수명이 80세를 넘어설 것으로 예상된다. (d) 하지만 인구는 5,000만 명으로 정점에 도달해 감소할 것으로 기대된다.

해설

문장 첫 자리에 〈only+부사구〉가 오면 도치가 일어나므로 (b)에서 people began to live를 도치시켜야 한다.

longevity 장수 **feat** 위업 **endow** 부여하다 **project** 예상하다 **go downhill** 쇠퇴하다

정답 (b) people began to live ⇨ did people begin to live

48

(a) 정부에서 불임 부부가 체외 수정을 3번까지 전액 정부 기금으로 할 수 있도록 한지 몇 년이 되었다. (b) 체외 수정 1회는 300만~350만원 사이의 비용이 든다. (c) 평균 10명 중 3명이 결국 성공적인 출산을 하는 것을 고려해 볼 때 평균 성공률은 30% 미만이다. (d) 내 여동생은 작년에 지원금을 받아 처음으로 시험관 아기 시술을 시도했지만 첫 시도에서는 실패했다.

해설

as … as는 비교급 구문으로도 쓰지만 구체적인 숫자 앞에서 그 수를 강조하고자 할 때도 쓴다. 다만 as many as는 가산복수명사 앞에, as much as는 불가산단수명사 앞에 쓰는데 (a)에서 three IVFs는 가산 복수명사이므로 as much as가 아닌 as many as로 바꿔야 한다.

infertile 불임의 **IVF** 체외 수정(in vitro fertilization)

정답 (a) as much as ⇨ as many as

49

(a) 북한은 그들의 트레이드마크인 한반도와 동북아시아에 대한 도발 행위를 활성화함으로서 다시 행동에 들어갔다. (b) 남한에 '국부적 공격'을 할 채비를 갖추고 있는 듯하고, 계획된 장거리 미사일 대포동 2호를 공표했다. (c) 가장 최근의 화는 그들이 보기에 북한과 비교해 이명박 정부의 '적대적' 정책을 강조해 남한에서 내부적 논쟁을 일으킨 시도이다. (d) 이러한 도발 행위로 그들은 북한의 핵무기 위협이 진정한 안전 위험이라는 것이라는 심각한 신호가 오바마 정부에 전해지기를 바란다.

해설

동사 announce는 that절을 취할 수도 있고 바로 명사를 취할 수도 있다. (b)에서 that 이하에 명사가 하나밖에 없으므로 이것은 announce의 목적어로 명사를 받은 것이지 that절을 받은 것이 아니다. 따라서 불필요한 that은 생략해야 한다.

get in on the act 가담하다 **rev up** 활성화되다 **localized** 국부적인 **huff** 화 **underscore** 강조하다 **vis-à-vis** ~와 비교하여 **reminder** 신호 **nuke** 핵무기

정답 (b) announced that ⇨ announced

50

(a) 인터넷 탄생과 그 결과 공공연한 글쓰기가 수월해지면서 말하자면 사이버 공간은 그야말로 미디어 혁명을 일으켰다. (b) 이제 누구든지 순전히 자신을 표현할 목적인 사람은 언제든 어디서든 말할 수 있다. (c) 정보 사회학자인 카스텔은 편재하는 발명품으로서 인터넷은 언론의 자유를 위해 자유를 옹호하는 도구가 되었다며 인터넷의 장점을 극찬했다. (d) 이제 당신은 온라인상에서 엄밀히 자유롭지는 않지만 남들에게 의견을 표명할 수 있다.

해설

(a)에서 bring 다음 목적어 nothing less than a media revolution이 있는데 목적어가 있으면 수동태가 아닌 능동태로 써야 한다.

consequent ~의 결과로 일어나는 **in public** 공공연히 **that is** 즉 **nothing less than** 그야말로 **intent** 목적 **spell out** 자세히[명쾌하게] 설명하다 **extoll** 극찬하다 **ubiquitous** 편재하는 **libertarian** 자유를 옹호하는

정답 (a) has been brought ⇨ has brought

Actual Test 3

→ 본책 P 182

Part I

1 (b)	2 (a)	3 (c)	4 (b)	5 (c)
6 (d)	7 (c)	8 (d)	9 (a)	10 (d)
11 (a)	12 (c)	13 (b)	14 (a)	15 (c)
16 (b)	17 (c)	18 (a)	19 (d)	20 (b)

Part II

21 (b)	22 (c)	23 (d)	24 (c)	25 (d)
26 (a)	27 (d)	28 (a)	29 (b)	30 (d)
31 (b)	32 (a)	33 (d)	34 (b)	35 (d)
36 (d)	37 (b)	38 (c)	39 (c)	40 (b)

Part III

41 (d)	42 (c)	43 (d)	44 (a)	45 (a)

Part IV

46 (d)	47 (b)	48 (b)	49 (c)	50 (b)

■Part I

1

A 무슨 일 있니?
B 청구서를 받은 적도 없는데 연체 통지를 받았어.

해설

sent는 4형식 동사로 목적어가 하나밖에 없는 경우 수동태를 써야 하므로 (b)가 정답이다. (d)는 수동태이지만 서술어가 아니므로 정답이 될 수 없다.

overdue notice 연체 통지

정답 (b)

2

A 척과 마리는 환상적인 커플이야.
B 천생연분이지.

해설

hand in hand, bumper to bumper, from east to west 등 대구를 이루는 관용 표현은 단수로 관사 없이 쓴다. 따라서 정답은 (a)이다.

hand and glove ~와 절친한 사이로

정답 (a)

3

A 티파니가 아직 메기에게 사과 안했어?

B 응. 사과를 안 한다니 남을 배려할 줄 모르는 것 같아.

해설

사람의 성격을 나타내는 형용사 inconsiderate이 있으므로 to부정사의 의미상의 주어 앞에는 전치사 of가 있어야 하고, 사과를 하지 않은 것이므로 not이 있는 (c)가 정답이다.

inconsiderate 남을 배려할 줄 모르는

정답 (c)

4

A 크리스틴이 임신했군요. 그렇죠?
B 네, 아기를 가진 것 같아요.

해설

'임신하다'는 be in a family way, conceive, carry 등으로 표현한다. 따라서 정답은 (b)이다.

carry (아이를) 배고 있다   **in a family way** 임신 중인

정답 (b)

5

A 뉴스에 뭐가 났어?
B 그 박물관 소유인 비싼 그림이 밤사이 분실되었대.

해설

belong to는 자동사이므로 수동의 의미인 과거분사로 쓰지 않고 현재분사로 쓴다. 따라서 (c)가 정답이다.

정답 (c)

6

A 마무리하기 위해 권한을 위임할 방법은 없나요?
B 걱정 마세요. 최종 기한에 맞출 직원이 충분해요.

해설

it과 do는 수동의 관계이므로 〈get+목적어+p.p.〉인 get done with가 되어야 한다. 따라서 (d)가 정답이다.

delegate 위임하다   **meet the deadline** 마감을 맞추다

정답 (d)

7

A 휴가를 더 쓰는 것 때문에 상사가 언짢아했어?
B 아니. 요구가 많은 사람이지만 속이 좁지는 않아.

해설

while은 양보의 접속사 whereas의 의미로도 쓰인다. 문맥상 demanding과 not narrow-minded는 상반되므로 양보의 접속사 (c) while이 와야 한다.

demanding 요구가 많은   **narrow-minded** 속이 좁은

정답 (c)

8

A 존이 지난 9월에 심은 하얀 백합이 이제 활짝 폈네.
B 와. 정말 아름답다.

해설
관계사 생략 구문으로, 원문은 The white lilies (which) John planted last September have now been인데 여기서 목적격 관계대명사는 생략될 수 있다. last September로 보아 동사 plant는 과거시제이며, 문장의 주어 the white lilies와 동사 have는 수일치를 해야 한다. 따라서 정답은 (d)이다.

정답 (d)

9

A 윈드브레이커를 하나 살까 하는데요.
B 저희 점원이 고객님의 필요에 맞게 결정하시도록 도와 드릴 겁니다.

해설
help는 to부정사와 원형부정사를 모두 목적격 보어로 취할 수 있으므로 determine과 to determine은 모두 동사 help의 어법에 부합한다. 의문사 which가 이끄는 determine의 목적어구는 〈which one+주어+동사〉, 〈which one+to부정사〉가 가능하다. 하지만 (c)는 it과 which one이 buy의 목적어로 중복되므로 틀리다. 따라서 (a)가 정답이다.

windbreaker 윈드브레이커(방풍 및 방한을 목적으로 하는 스포츠용 재킷의 일종)

정답 (a)

10

A 늦어서 정말 죄송합니다.
B 멀리 살면 내가 말을 안 하겠는데, 엎어지면 코 닿을 데 살잖아요.

해설
'엎어지면 코 닿을 데'라는 표현이므로 within a stone's throw away라고 한다. 따라서 정답은 (d)이다.

정답 (d)

11

A 내가 지난달에 준 난초는 어떻게 됐어?
B 물을 안 줬어. 그렇지 않았다면 잘 자랐을 텐데.

해설
과거 사실에 대해서 '그렇게 하지 않았다면 ~했을 것이다'는 내용이므로 가정법 과거완료를 쓴다. otherwise는 직설법과 가정법이 함께 쓰인 문장에서 〈S+V(직설법 현재)+세미콜론+otherwise+S+V(가정법 과거)〉 또는 〈S+V(직설법 과거)+세미콜론+otherwise+S+V(가정법 과거완료)〉의 형태로 쓴다. 따라서 정답은 (a)이다.

orchid 난초 **water** ~에 물을 주다

정답 (a)

12

A 누가 차기 미국 대통령이 될 거라고 생각해?
B 글쎄, 오바마가 대통령에 당선될 확률이 맥케인보다 두 배 정도 높을 거라고 생각하는데.

해설
빈칸 뒤의 as로 보아 as … as 원급 비교구문으로, 앞에 as가 필요하다. 따라서 as가 없는 (a), (b)는 답이 될 수 없다. twice는 배수사로서 비교 표현 앞에 위치해야 하므로 twice가 as 앞에 위치한 (c)가 정답이다. more than 은 '~이상'의 의미로 보통 수의 표현과 결합하는 부사구이다.

presidency 대통령직 **likely** ~할 것 같은

정답 (c)

13

A 제리, 오늘 할 수 있는 일은 절대 내일로 미루지 마.
B 나중에 할게요.

해설
빈칸은 put off의 목적어 자리로, what과 that 모두 명사절을 이끌 수 있으나 that은 완전한 절을 이끌고, what은 불완전한 절을 이끈다. A의 말에는 do의 목적어가 없어 불완전한 문장이므로, what이 이끄는 (b)가 정답이다.

put off untill[till] ~까지 연기하다

정답 (b)

14

A 음식이 정말 엉망이야!
B 기숙사 음식에 물렸어.

해설
'~에 물리다', '싫증나다'라고 할 때 be fed up을 쓰고, 현재 상황에 대해 얘기하고 있으므로 정답은 현재형인 (a)이다.

lousy 형편없는, 저질의

정답 (a)

15

A 이 추가 프로그램이 내 휴대 전화 속도를 느리게 하는 것 같아.
B 그거 없이 쓰면 안 되는 거야?

해설
'~없이 견디다'는 do without이라고 하고, 문장의 주어로 쓰기 위해서는 동명사가 되어야 하므로 doing으로 시작하는 (c)가 정답이다.

slow down 속도를 늦추다

정답 (c)

16

A 신고하실 것 있으세요?
B 아니요, 없어요. 다 제 개인 소지품인걸요.

해설
어순과 수일치에 관한 문제이다. every 뒤에는 가산명사가 와야
하며, 명사구가 〈전치 한정사+한정사+형용사+명사〉의 어순이므
로 정답은 (b)이다.

declare (세관에서) 신고하다 **effects** 소유물

정답 (b)

17

A 당신은 나에게 피해 보상금으로 3,000달러를 지불해야 해요.
B 그럴 리가요, 땡전 한 푼 주지 않을 거예요.

해설
damage는 '손해'라는 뜻일 때는 불가산명사지만, '손해 배상'이란
뜻일 때는 가산명사가 된다. 또한 '피해 보상금으로'라는 말을 쓸
때 전치사 in을 쓴다. 따라서 정답은 (c)이다.

in damages 피해 보상금으로 **red cent** 땡전 한 푼

정답 (c)

18

A 어제 무슨 일로 다이아몬드 로에 갔어?
B 시청에 갈 일이 있었거든.

해설
어제의 일을 얘기하고 있으므로, 과거의 의무적인 사항을 나타내
는 had to가 정답이다. used to는 과거의 규칙적 습관이나 상태
를 나타낼 때 쓰는 표현으로 어제 있었던 일을 얘기하는 상황과 맞
지 않다. 따라서 정답은 (a)이다.

avenue 길, 도로

정답 (a)

19

A 스위스에서의 휴가는 좋은 생각인 것 같지만 그럴 여유가 없어.
B 사실 나도 그래.

해설
부정의 답변에 동의할 때는 me neither로 표현할 수 있으며, 부
정의 표현 can't와 함께 쓰면 either를 써서 I can't either라고
할 수 있다. nor can I도 좋다. 따라서 정답은 (d)이다.

정답 (d)

20

A 그에 대한 소식 들었니?
B 응, 고소에서 무죄를 선고받았어.

해설
acquit은 '무죄 선고를 하다'의 뜻으로 acquit A of B로 쓴다. 주
어가 무죄 선고를 받았다는 것이므로 수동의 형태로 써야 한다. 따
라서 정답은 (b)이다.

acquit 무죄를 선고하다 **charge** 고발, 고소

정답 (b)

▮ Part II

21

일정량의 도둑질은 계속해서 일어날 것을 감안해 볼 때, 일부 기업
은 그것을 기회로 이용하고 있다.

해설
given (that)은 considering (that)과 동의어로 '~을 고려해 볼
때'의 뜻을 가지며 전치사로도 쓰고, that과 함께 접속사로도 쓸 수
있다. 따라서 정답은 (b)이다.

advantage 이점

정답 (b)

22

수피리어호는 민물이 수원인 호수이며 오대호 중 용량이 가장 크다.

해설
절과 절을 연결시킬 접속사가 필요하며, is의 주어도 필요하므로
주격 관계대명사인 (c) which가 적절하다. 관계부사 where는 완
벽한 절을 이끄므로 주어가 생략된 구조에서는 적절하지 않다.

feed ~에 흘러들다 **fresh-water** 민물 **by volume** 부피로

정답 (c)

23

더 많은 사람들이 두부를 먹도록 장려하는 것을 목표로 한 최근 보
고서는 콩 산업에 작은 반발을 일으켰다.

해설
보고서는 무엇을 목표로 하는 주체가 아니라 목표로 된 것이므로,
과거분사 형태인 aimed가 되어야 한다. 따라서 정답은 (d)이다.

tofu 두부 **rally** 반발

정답 (d)

24

문화 심리학은 한 개인이 살아가는 문화가 어떻게 심리적 과정에
영향을 끼치는지와 직접적으로 관련이 있다.

해설
동사 influences가 있다는 것은 culture 이하가 절을 이룬다는
뜻이며, 따라서 빈칸에는 두 절을 연결하는 접속사가 들어가야 한
다. 또한 전치사 뒤에는 관계대명사 that을 쓸 수 없다. how는 완
전한 절을 이끄는 관계부사이고, what은 불완전한 절을 이끄는

관계대명사이다. 여기서는 완전한 문장이므로 (c)가 정답이다.

intimately 직접적으로   psychological 심리적으로

정답 (c)

25

위대한 음악을 한 번 들어서는 온전한 의미가 드러나지 않듯이 좋은 에세이도 한 번 읽어서는 온전한 의미가 드러나지 않는다.

해설

〈no+비교급+than〉은 '~보다 결코 나을 게 없다'는 의미로 '양쪽이 모두 그렇지 못하다'는 뜻이다. 따라서 정답은 (d)이다.

정답 (d)

26

내 넥타이랑 신발 모두 이 바지에 전혀 어울리지 않아.

해설

상관접속사 Neither A nor B가 주어로 올 경우, 동사의 수는 B에 일치시킨다. 그리고 '어울리다'라는 표현으로 with와 함께 쓸 수 있는 것은 (a) go이다.

go with ~와 어울리다

정답 (a)

27

윌리엄은 자제력 부족을 보여 그로 인해 종종 경찰에 불려갔다.

해설

절과 절을 잇는 접속사가 필요하며, 완전한 문장을 이끌고 있으므로 (b)와 같이 관계사가 없거나, 불완전한 문장을 이끄는 what이 포함된 (b)는 정답이 될 수 없다. 동사 got의 주어는 선행사이므로 목적어 him과 다르다. 따라서 재귀대명사는 쓸 수 없기 때문에 정답은 (d)이다.

get into trouble 경찰에 불려가다

정답 (d)

28

제니는 그녀의 거의 모든 선생님을 짜증나게 했다.

해설

every는 단수명사를 취하는 한정사로, 부사의 수식을 받는다. '거의 모든'이라는 뜻으로 〈almost all[every]+명사〉의 형태인 (a)가 정답이다.

정답 (a)

29

1960년대 가난한 사람들을 위해 보다 많은 주택을 지었다면 오늘날 주택 문제가 이렇게 심각하지 않았을 텐데.

해설

in the 1960s와 today를 통해서 과거의 사건이 현재까지 그 영향을 미치고 있음을 알 수 있다. 따라서 혼합 가정법을 써야 하므로 정답은 (b)이다.

housing 주택

정답 (b)

30

이번 사고로 음주 운전이 얼마나 위험한지 다시금 생각하게 되었다.

해설

how는 접속사이며 형용사나 부사와 결합하면 한 덩어리로 취급한다. 따라서 명사절로서 〈how+형용사[부사]+주어+동사〉의 어순이 되어야 하므로 정답은 (d)이다.

incident 사고   drunk driving 음주 운전

정답 (d)

31

대부분의 학생은 논리적 사고에 능하지 못하고, 스스로 사고하는 것은 더욱 못한다.

해설

still less는 부정을 받아서 '하물며, 더욱이'의 의미로 쓰인다. 여기서는 콤마를 중심으로 앞 문장이 부정문이고, still less 양쪽에 동일한 비교 대상이 같은 -ing 형태로 나와 있다. 따라서 정답은 (b)이다.

정답 (b)

32

천재가 아니어도 이것이 일을 제대로 하기 위한 전형적인 예라는 점 정도는 알 수 있다.

해설

전치사 뒤에 쓸 수 있고, 바로 뒤에 to부정사를 취하며 to부정사 뒤에 목적어를 취할 수 있는 것은 how뿐이다. what은 to부정사 뒤에 목적어를 취하지 못한다. 따라서 정답은 (a)이다.

classic 전형적인   get the job done 일을 처리하다

정답 (a)

33

경찰은 그 범죄 사건을 해결하려 무척 애를 썼으나 결코 범인을 잡지 못했다.

해설

police는 항상 복수 취급하고, 등위 접속사 but을 중심으로 양쪽

의 시제도 일치시킨다. 뒷 절이 과거이므로 앞 절의 시제도 과거로 쓰는 것이 옳다. 따라서 정답은 (d)이다.

crime 범죄 criminal 범죄자

정답 (d)

34

20여 년에 걸친 널리 퍼진 흡연 비율의 급격한 감소는 아주 놀랄 만한 공중 보건의 성취라고 할 수 있습니다.

해설
동사의 시제에 관한 문제이다. last, past가 시간 명사와 함께 오면 과거시제를 쓰는 것이 원칙이나, the last, the past 등 정관사와 함께 오면 현재부터 과거까지의 시간을 가리키므로 현재완료를 쓰는 것이 옳다. 또한 주어 The sharp decline에 수일치를 시킨 (b)가 정답이다.

prevalence 널리 퍼짐, 유행 towering 아주 훌륭한 public health 공중 보건

정답 (b)

35

당신에게는 여러 선택권이 있지만 어떤 것을 선택해도 전 괜찮아요.

해설
선택을 하는 상황에서는 what이나 whatever가 아닌 which나 whichever를 쓴다. 또한 which는 특정 대상을 가리키는 반면, whichever는 anything that의 의미로 특정 대상이 아닌 전체를 가리킨다는 것이다. 문맥상 선택의 상황과 전체를 가리키고 있으므로 정답은 (d)이다.

정답 (d)

36

당뇨병 치료제 판매 1위를 차지하고 있는 아반디아에 관한 최근 조사 결과는 약품의 안전성에 대한 우려를 제기한다.

해설
빈칸은 동사가 들어가야 하는 자리이고, 주어 a top-selling diabetes drug의 안전성에 관한 것이므로 소유격 대명사 its를 쓰는 것이 옳다. 따라서 정답은 (a)이다.

finding 조사 결과

정답 (a)

37

멜리사는 내게 〈흡혈귀와 악당〉이라는 영화를 보라고 했지만 나는 정말 끔찍한 영화라고 생각했다.

해설
절과 절을 연결하는 자리에 들어갈 품사는 접속사이다. hence, nevertheless, however 모두 접속 부사로 혼자서 절을 연결할

수 없고, 세미콜론과 함께 쓰면 가능하다. but은 등위 접속사이므로 (d)가 정답이다.

nonetheless 그럼에도 불구하고

정답 (d)

38

클라라는 서울의 기후가 뉴욕과 비슷한 것을 알고 안심했다. 비록 여름에는 더 덥지만 말이다.

해설
비교하는 대상이 climate이므로 앞에 나온 단수명사의 반복을 피하기 위해 that을 쓴 (c)가 정답이다. like는 '~같은'이라는 뜻의 전치사로 쓰였다.

정답 (c)

39

지난 밤 마이클은 팍스 리버 교도소에서 독방에 감금되었다.

해설
'독방에 감금되어'라는 표현은 in solitary confinement이므로 정답은 (c)이다.

in solitude 혼자서, 외롭게 in solitary confinement 독방에 감금되어

정답 (c)

40

한 언어에 유창해지려면 매일 몇 시간을 투자하느냐에 따라 다르지만 최소 2년은 걸린다.

해설
'시간이 걸리다'라는 구문은 〈It takes+사람+시간+to부정사〉 또는 〈It takes+시간+(for 사람)+to부정사〉를 쓴다. 이 문장에서 two years 다음의 콤마 삽입구를 지우면 빈칸이 to부정사가 들어갈 자리임을 알 수 있다. become은 2형식 동사이므로 보어로 부사가 아닌 형용사를 취한다. 따라서 정답은 (b)이다.

정답 (b)

■□■ **Part III**

41

(a)A 리허설 어땠어? 잘못된 거 없었어?
(b)B 없었어, 교수님도 정말 훌륭하다고 하셨어.
(c)A 잘됐네! 참석 못해서 정말 미안해.
(d)B 네 일은 캐시가 완벽하게 해냈어.

해설
(d)의 상황으로 볼 때 캐시가 일을 완료했으므로 진행형으로 나타내는 것은 자연스럽지 않다. 따라서 being을 삭제해야 한다.

go wrong 잘못하다

42

(a) A 아, 그날 밤 남녀가 싸우는 소리를 들었던 게 기억나요.

(b) B 그런데 왜 아무 조치도 취하지 않으셨습니까?

(c) A 경찰을 불러야 할지 확신이 없었어요.

(d) B 당연히 그 사건을 신고하셨어야 합니다.

해설

내용상 의무를 나타낼 경우 알맞은 조동사는 might가 아닌 should이다. 따라서 정답은 (c)이다.

argue 말다툼하다

정답 (c) might ⇒ should

43

(a) A 난 저 배우가 사람들한테 매우 무례해서 싫어.

(b) B 음, 그를 개인적으로 아니?

(c) A 몰라. 하지만 내가 아는 사람들이 다 그렇게 얘기하던데.

(d) B 직접 만나 본 적도 없으면서 어떻게 그런 말을 할 수 있지?

해설

문맥상 (d)는 직접 만나 보지도 않고 어떻게 그런 말을 할 수 있느냐는 말로, 의문사 Why는 의미상 적절하지 않다. How를 써야 자연스럽다.

face to face 서로 얼굴을 맞대고

정답 (d) Why ⇒ How

44

(a) A 실수로 시럽을 흘려서 카펫이 끈적끈적해졌어.

(b) B 걱정 마. 쉽게 청소할 수 있어.

(c) A 진짜? 얼룩을 없애려고 내가 할 수 있는 건 다 해봤지만 못했는데.

(d) B 점심 사주면 방법을 가르쳐 줄게.

해설

동사 make는 사역동사 5형식으로 자주 쓰인다. 〈주어+make+목적어+명사[형용사] 보어〉 어순으로 (a)에서는 목적어와 형용사의 순서가 바뀌었다.

정답 (a) made sticky the carpet ⇒ made the carpet sticky

45

(a) A 메리, 내일 아침에 시간 있어?

(b) B 10시까지 학부모회 모임에 가야 하는데. 왜?

(c) A 가는 길에 우리 집 개 좀 동물 병원에 데려다 줄 수 있을까?

(d) B 그럼. 9시 반쯤 들를게.

해설

시간이 있는지를 물을 때 Do you have time?을 쓰기도 하지

만 Have you got time?이라고도 한다. 여기서 have got은 have와 동일한 의미로 구어체적인 표현이다. 따라서 (a)의 had를 have로 고쳐야 한다.

PTA 학부모회(Parent-Teacher Association)   vet 수의사

정답 (a) had you got ⇒ have you got/ do you have

▮▮ ▮▮▮▮ Part IV

46

(a) 약 백 년 전, 미국은 당시 주요 사망 원인 중 하나였던 결핵과 전쟁을 벌였다. (b) '약제 감수성' 치료법이 개발된 지 반세기가 지났다. (c) 그럼에도 불구하고 모든 전염병 중 결핵은 높은 사망률에 관한 한 에이즈에 이어 두 번째이다. (d) 보통 가난한 사람들과 아픈 사람들, 특히 여성과 아이들의 목숨을 잃게 한다.

해설

언뜻 보면 (d)에서 general과 especial이 병치구조인 것처럼 보이지만 in general과 especially는 각각 단독으로 쓰인 부사(구)이다.

wage a war 전쟁을 벌이다   come up with ~을 내놓다   drug sensitivity 약물 감수성   second only to A A 다음으로   when it comes to ~에 관한 한   take a toll (인명 등을) 잃게 하다

정답 (d) especial ⇒ especially

47

(a) 도심지에서 사업을 하려면 계약금과 선불 투자액. 월 임대료를 고려해 최소한 십만 달러가 필요하다. (b) 오직 중산층 국민만이 마련할 수 있는 액수이다. (c) 40대 후반과 50대 초반에 이런 사람들은 출세하여 마침내 '상류 계급' 대열에 합류하는 데 젊은 시절을 보낸다. (d) 당신이 회사에서 해고된다면 생계를 꾸리기 위해 사업을 시작하는 것 외엔 별다른 방법이 없다.

해설

동사 afford는 '~할 여유가 된다'는 뜻으로 능력을 의미하는 조동사 can과 어울린다. 따라서 (b)에서 will을 can으로 고쳐야 한다.

run a business 사업을 하다   down payment 계약금   upfront 선불의   rank 상류 계급

정답 (b) will ⇒ can

48

(a) 한국은 아시아에서 이혼율이 가장 높다고 한다. (b) 한 대학은 현재 결혼에 대해 더 잘 알고 싶은 학생에게 결혼에 관한 수업을 제공하고 있다. (c) 대체로 미혼일 때보다 결혼한 상태로 세월을 더 많이 보낸다는 점을 고려해 볼 때, 우리 중 많은 사람들이 결혼하기 전에 배우자와의 인생에 대해 충분히 생각하지 않는 것이다. (d) 서투른 시작은 반드시 불행한 실패로 끝나게 되어 있다.

해설

최상급은 3개 이상을 비교할 때 쓴다. (b)에서는 수업을 듣느냐 안 듣느냐에 따라 결혼에 관한 정보를 더 잘 알 수 있는 것이므로 2가

지를 비교하는 비교급 better를 써야 옳다.

tie the knot 결혼하다 clumsy 서투른

정답 (b) best ⇒ better

49

(a) 약 58만 명의 암 환자가 있고 그중 매년 6만 명이 암으로 사망한다. (b) 아무도 사는 동안 이 무서운 적과 맞서고 싶지 않을 것이다. (c) 그러나 때로는 당신이 할 수 있는 게 아무것도 없을 때도 있고, 대개는 그 어느 때보다도 죽음과 더 가까워진다. (d) 하지만 곧 닥쳐올 것 같은 죽음을 피할 수 없다면, 사회 공동체로서 환자가 위엄 있게 죽음을 맞이할 수 있도록 돕는 것이 우리의 의무이다.

해설

(c)에서 부사 ever는 '이제까지, 지금까지'의 의미로 과거형 동사와 어울린다. 따라서 are를 were로 고쳐야 한다.

succumb 죽다 formidable 무서운 foe 적 imminent 곧 닥쳐올 것 같은 inevitable 피할 수 없는 with dignity 위엄 있게

정답 (c) are ⇒ were

50

(a) 정부는 유가 상승에 직면해 에너지를 절약하기 위해 필요한 새로운 정책을 국민에 제시하는 데 솔선수범해야 한다. (b) 지금까지 정부는 가정에서는 아끼고 회사는 온도 조절 장치를 여름에는 올리고 겨울에는 내릴 것을 권고하는 것과 같은 주로 옛날과 똑같은 데다가 효과적이지 못한 해결책을 지시해왔다. (c) 소비하는 석유의 100%를 수입하는 국가로서 이 나라는 국제 유가가 계속해서 최고 한도까지 오름에 따라 더 큰 혼란에 직면할 것이다. (d) 그러므로 햇빛과 바람과 같은 대체 에너지를 이 문제에 대한 장기적인 해결책으로서 진지하게 고려하는 것만이 합당하다.

해설

형용사 same은 항상 정관사 the를 수반해서 명사를 수식하므로 (b)의 same을 the same으로 바꾸어야 한다.

take the lead 솔선수범하다 in the face of ~에 직면하여 preach 권고하다 turmoil 혼란 across the board 전면적으로

정답 (b) same ⇒ the same

Actual Test 4 ⇒ 본책 P 190

Part I

1 (c)	2 (d)	3 (a)	4 (c)	5 (b)
6 (c)	7 (b)	8 (b)	9 (c)	10 (d)
11 (c)	12 (d)	13 (d)	14 (b)	15 (c)
16 (b)	17 (a)	18 (b)	19 (a)	20 (d)

Part II

21 (c)	22 (d)	23 (c)	24 (d)	25 (c)
26 (a)	27 (b)	28 (c)	29 (b)	30 (c)
31 (b)	32 (a)	33 (b)	34 (b)	35 (c)
36 (a)	37 (c)	38 (b)	39 (c)	40 (b)

Part III

41 (b)	42 (a)	43 (c)	44 (d)	45 (c)

Part IV

46 (d)	47 (c)	48 (b)	49 (a)	50 (a)

■ Part I

1

A 옛날 선원들은 항해할 때 풍향을 염두에 두었대.
B 그리고 나침반이 있는 게 좋았겠지.

해설

접속사를 고르는 문제이다. 주절과 접속절의 논리적 관계로 보아 시간을 나타내는 접속사 (c) when이 정답이다. while은 양보를, since는 이유를 나타낸다.

compass 나침반

정답 (c)

2

A 우리 형은 본래 행실이 바른 사람이야.
B 아, 그래서 너희 아버지가 형을 신뢰하는구나.

해설

'본래'라는 표현을 쓸 때 by nature라고 하므로 정답은 (d)이다.

by nature 본래 disciplined 잘 통솔된

정답 (d)

3

A 지저분해서 미안해요. 혼자 사는 데 익숙해져서 정상적인 사람들이 어떻게 사는지 잊어버렸어요.
B 저한테 사과하실 필요 없어요.

해설
'∼에 익숙해지다'는 be[get] used to -ing로 현재완료형은 have been[got] used to -ing이다. '∼하곤 했다'는 항상 과거 시제로 쓰므로 (a)가 정답이다.

mess 소동, 어지럽힌 것

정답 (a)

4
A 그가 그렇게 잘생긴 것도 아닌데 왜 함께 저녁 식사를 했니?
B 잘생기지는 않았지만 유머 감각이 풍부하거든.

해설
선택지 4개의 의미는 비슷하지만 품사는 다르다. (c)는 전치사, (a)와 (b)는 접속사이고, (d)는 접속부사이다. 빈칸 뒤에 명사 the fact가 있으므로 〈전치사+명사〉 형태가 되어야 한다. 따라서 정답은 전치사인 (c)이다.

good-looking 잘생긴 **sense of humor** 유머 감각

정답 (c)

5
A 남자들이 소녀를 해치려고 위협했니?
B 아니, 하지만 그들이 말할수록 그녀는 점점 두려워했어.

해설
grow가 '점점 ∼하게 되다'라는 의미의 자동사로 쓰였다. 따라서 빈칸은 주격보어 자리로 형용사 fearful이 와야 하므로 (b)가 정답이다.

grow ∼하게 되다

정답 (b)

6
A 고작 25달러밖에 안 나왔네.
B 그렇게 적은 비용으로 이렇게 많이 먹었다는 게 믿겨지지 않아.

해설
수와 양에 관련된 표현을 묻고 있다. 수와 양에 관련된 표현을 묻고 있다. 문맥상 only 등의 단어를 볼 때, 적은 금액의 양을 가리키고 있으므로 정답은 (c)이다.

bill 계산서

정답 (c)

7
A 가장 가까운 전철역이 어딜까?
B 안내 데스크 가서 길을 한번 물어보자.

해설
모르는 길을 찾아가는 방법을 말할 때 '길을 묻다' 표현은 ask for directions라고 한다. 따라서 정답은 (b)이다.

ask for 요청하다

정답 (b)

8
A 쇼 어땠어?
B 최고였던 것 같아.

해설
think의 목적어인 명사절을 이끄는 that이 생략되었으며 그 뒤에는 명사절을 완성해줄 주어와 동사가 있어야 한다. have its moments의 의미를 알고 있다면 쉽게 정답 (b)를 고를 수 있다.

have its moments 〈사람·사물이〉 특별히 신날[행복한·최고의] 때가 있다

정답 (b)

9
A 언제 발가락 수술을 할 건가요?
B 내일 받을 거예요.

해설
사역동사 have 뒤에는 목적어와 목적격 보어가 온다. 목적어 your toe와 목적격 보어 operate의 관계가 수동 관계이므로 과거분사인 (c)가 정답이다.

operate 수술을 하다

정답 (c)

10
A 며칠 휴가 내서 나랑 시애틀 갈 수 없어?
B 좋아. 내 여비를 내주면 기꺼이 갈게.

해설
명령문 뒤에 and가 오면 '∼해라 그러면 …할 것이다'라는 구문이 된다. 따라서 빈칸 뒤에 and가 있으므로 명령문 형태인 (d)가 정답이다.

take days off 휴가를 얻다

정답 (d)

11
A 농구 경기 시작하기 전에 간단히 뭐 먹자.
B 안 먹는 게 좋겠어. 배고프지 않거든.

해설
would rather가 조동사로 쓰였으며 부정어는 조동사 다음에 위치하므로 (c) would rather not이 정답이다. 조동사 had better 역시 had better not의 어순을 취하므로 (d)는 옳지 않고, rather than의 경우는 A rather than B의 형태로 써야 옳다.

grab a bite 간단히 먹다

정답 (c)

12

A 조사 결과 이 프로젝트들이 대중으로부터 인기를 얻고 있어.
B 정부가 국민에게 귀를 기울이니 좋네.
해설
favor는 동사나 명사로 쓰는데 동사로 쓰이면 타동사로 바로 뒤에 명사를 취한다. (a)는 뒤에 명사 the public이 있기 때문에 수동태가 아니라 옳지 않고, (c)는 명사 앞에 전치사 with가 와서 틀린다. 따라서 favor가 명사로 쓰이고 의미상 적절한 (d) find favor from이 정답이다.
find favor 인기를 얻다
정답 (d)

13

A 이 목걸이는 정말 예쁜 것 같아.
B 글쎄. 난 그렇게 좋지 않은데.
해설
부정문이나 의문문에서 '그 정도로'의 의미로 양이나 정도를 강조할 때 쓰는 부사는 (d)이다.
정답 (d)

14

A 여기까지 오는 데 왜 그렇게 오래 걸렸어?
B 미안해. 길을 잃어버려서 누군가에게 길을 물어야 했어.
해설
find oneself lost는 '길을 잃다'라는 뜻이다. 콤마 뒤에 주절이 있기 때문에 빈칸에는 분사구문이 들어가야 한다는 것이다. 주절과 분사구문의 주어가 같으므로 생략되고 myself라는 목적어가 있어 능동태이므로 현재분사 형태인 finding이 적절하므로 (b)가 정답이다.
정답 (b)

15

A 다양한 고급 가전제품이 매우 낮은 가격에 판매되고 있대.
B 정말? 가서 한번 보자.
해설
전치사와 명사의 가산성을 복합적으로 묻고 있다. 명사 price는 가산명사이므로 a price나 prices의 형태가 가능하고, 가격은 전치사 at과 결합한다. 따라서 정답은 (c)이다.
upscale 평균 이상의 **appliance** (가정용) 기기
정답 (c)

16

A 실례합니다. 이번 토요일 남은 좌석 있나요?
B 죄송해요. 전부 매진되었어요. 하지만 아직 입석은 남아 있어요.

해설
room이 '방'의 의미일 때는 가산명사이지만, '공간'의 의미일 경우는 불가산명사임에 유의하자. '입석 외 만원'이라 할 경우 (b) standing room only라고 한다.
sold out 표가 매진된 **standing room only** 입석 외 만원(SRO)
정답 (b)

17

A 〈주식 투자 성공의 비법〉이라는 그의 책 어때?
B 주식 정보를 다룬 책 중 그렇게 훌륭한 책은 이제껏 없었어.
해설
문장 앞에 부정어 Never before가 있으므로 주어와 동사의 순서가 바뀌는 도치가 일어난다. there is 구문은 동사 뒤에 나온 명사에 동사의 수를 일치시켜야 한다. 따라서 단수주어 a great book과 단수동사 has의 수일치와 도치 어순까지 복합적으로 보아 (a)가 정답이다.
invest 투자하다
정답 (a)

18

A 메리의 새 지갑 봤어?
B 응. 변변한 지갑이 없길래 새로 하나 사라고 했어.
해설
suggest는 당위성을 나타내는 동사로 that절에 〈should+동사원형〉 혹은 should를 생략한 채 동사원형만을 취한다. 목적어를 이끄는 명사절 that은 생략 가능하므로 〈주어+원형동사〉 형태인 (b)가 정답이다.
purse 여성용 지갑
정답 (b)

19

A 오늘 아침에 신문 샀니?
B 응, 다 읽은 뒤 네 탁자 위에 올려놨는데 못 봤어?
해설
paper가 종이란 의미일 때는 불가산명사이나, 신문이나 문서란 의미로 쓸 때는 가산명사로 단수일 경우 앞에 관사 a를 동반해야 하므로 (a)가 정답이다. 복수 papers는 '서류, 문서, 증서'를 의미한다.
정답 (a)

20

A 차에 탔던 5명 모두 사고로 부상을 입었나요?
B 아니요. 다친 사람은 세 명뿐이었어요.

it ... that 강조용법이 쓰였다. 이때, 강조되는 대상이 only the three man이기에 that 대신 who나 whom을 쓸 수 있다는 것을 안다면 쉽게 정답을 (d)로 고를 수 있다. There is[are] 구문은 특정의 구체적인 상황에서는 쓰지 않으며, 불특정한 수에 대해서 얘기할 때 가능함도 함께 기억하자.

injure 부상을 입히다

정답 (d)

▮▮▯ Part II

21

살펴볼수록 잔해에서 회수할 물건은 더더욱 없다는 것을 알게 되었다.

해설

이중 비교급에 관한 문제이다. 콤마를 중심으로 〈the비교급+주어+동사, the비교급+주어+동사〉 형태를 이루어야 하므로 빈칸 앞의 the 뒤에 fewer가 바로 따라 나와야 하고, 형용사 fewer가 명사 things를 수식하므로 the fewer things가 된다. the fewer things는 부정사 to retrieve의 목적어인데 앞쪽으로 이동하였으므로 수동태가 아닌 능동형 (c)가 정답이다.

retrieve 회수하다 **debris** 잔해

정답 (c)

22

녹차 음용이 특히 비만인 사람들에게 좋다고 한다.

해설

say, believe, know, suppose 등의 동사는 다음과 같은 두 가지 형태의 수동태를 취한다. 먼저 it을 주어로 할 경우 〈It is said that 주어+동사〉의 형태가 되고, 두 번째로 that절의 주어를 전체의 주어로 할 경우 〈일반주어+is said to부정사〉의 형태가 된다. 따라서 (d)가 정답이 된다.

beneficial 이로운 **obese** 비만의

정답 (d)

23

스미스 씨와 그의 부인은 결국에는 휴가를 미뤄야만 했다.

해설

end up은 in, with, as 등의 전치사를 쓰고 그 뒤에 명사가 나오지만 동사가 올 경우 동명사가 바로 온다. 여기서는 must의 의미를 지닌 have to가 포함된 (c)가 정답이다.

end up 결국 ~에 처하다 **postpone** 연기하다

정답 (c)

24

그때 그의 충고를 따랐더라면 지금쯤 더 행복할 텐데.

해설

if절에는 과거시제 부사인 then을 쓰고, 주절에는 현재시제 부사인 now를 쓴 혼합가정법이다. 따라서 〈If+주어+had p.p., 주어+조동사 과거형+동사원형〉의 형태를 취한 (d)가 정답이다.

정답 (d)

25

만약 통근자들이 할리우드 대로에 파업이 있는 걸 알았다면 다른 길로 갔을 것이다.

해설

가정법 과거완료구문에 관한 문제이다. 가정법 과거완료구문은 〈If 주어+had p.p., 주어+would have p.p.〉 형태를 취한다. If the commuters had known에서 if가 생략되면서 주어와 동사의 순서가 바뀌는 도치가 일어나므로 정답은 (c)이다.

commuter 통근자 **strike** 파업 **route** 길

정답 (c)

26

요청한 모든 자료를 모아서 11월 9일까지 제출하세요.

해설

전치사 구별 문제이다. by와 until은 우리말로는 모두 '~까지'라는 의미이지만 두 단어는 엄연히 다르다. by는 어떤 기점을 넘지 말라는 의미이고, until은 어떤 일이 어떤 기점까지 계속 지속되고 있음을 의미한다. 여기에서는 자료 제출이라는 완료의 의미가 있으므로 (a) by가 정답이 된다.

compile 수집하다 **submit** 제출하다

정답 (a)

27

몇 주간 입원한 뒤 마침내 사장은 고문들의 도움을 받아 업무에 착수했다.

해설

to가 to부정사의 to인지 전치사인지를 묻는 문제이다. get around to에서 to는 전치사이므로 동명사인 (b) performing이 정답이다. 이외에도 object to, lead to look forward to에서도 to는 전치사로 뒤에 명사[동명사]를 동반한다는 것을 기억하자.

hospitalize 입원시키다 **get around to** ~에 착수하다 **adviser** 고문

정답 (b)

28

나무에 오르고 있을 때 케빈의 바지가 찢어졌다.

해설
주절과 동명사나 분사의 주어가 일치할 경우 주어를 생략한다. 하지만 주어가 다르면 항상 주어를 별도로 명확하게 표시해야 한다. 주절의 주어는 pants인데 climbing up의 주어는 사람으로 동일하지 않다. (d)는 주어가 일치하지만 시제상 주절의 시제가 before 이하보다 먼저이므로 오답이다. 따라서 정답은 (c)이다.

정답 (c)

29

아시아 태평양 경제 협력체(APEC)정상 회담이 내년에 서울에서 개최될 예정이다.

해설
동사의 태와 시제를 동시에 묻고 있다. hold는 회담을 주어로 하고 있다면 개최되는 것이기에 수동태가 된다. next year가 미래를 나타내고 있으므로 미래를 나타내는 〈be+to부정사〉를 쓴 (b) to be hold가 정답이다.

summit 정상 회담 hold 개최하다

정답 (b)

30

페인트 색이 바랜 주택은 가격이 적당해도 구매자들에게 호응을 얻지 못한다.

해설
선행사 house와 관계사절에 있는 paint와의 관계는 소유이다. 따라서 소유격 관계대명사 of which와 whose를 비교해 관계사의 수식을 받는 선행사에 정관사가 있는지 살펴봐야 한다. of which는 선행사에 정관사가 있을 때만 쓰기 때문에 정답은 (c)이다.

faded 빛깔이 바랜 appealing 마음을 끄는 reasonable (값 등이) 비싸지 않은

정답 (c)

31

한국이 이제 제2의 고향이지만 항상 중국에서의 내 삶의 기억을 떠올릴 것이다.

해설
부사절의 내용이 주절의 내용과 비슷하면서 대비될 때는 접속사 while을 쓴다. 따라서 정답은 (b)이다.

fond 다정한, 애정을 표시하는

정답 (b)

32

루시만 빼고 모두 운전할 줄 안다.

해설
주어, 동사 수일치와 동사의 진행형 여부를 묻는 문제이다. all이

사람을 가리킬 때는 복수취급을 한다. know, think, suppose 등과 같은 인식을 나타내는 동사는 동작을 나타낼 수 없는 동사이기 때문에 진행으로 쓰지 않는 것이 원칙이다. 따라서 정답은 (a)이다.

all but ~외는 모두

정답 (a)

33

배구팀 예선 경기가 내일 4시 체육관에서 있습니다.

해설
전치사를 묻는 문제이다. '배구 예선 경기'를 의미하므로 목적·의도를 나타내는 for가 옳으므로 (b)가 정답이다. with는 주로 '동반·공존'의 의미이고, in은 보통 장소나 시간과 함께 쓰이며, toward는 운동의 방향을 나타낸다.

tryout 예선 경기 gymnasium 체육관

정답 (b)

34

곤충과 거미를 포함한 절지동물은 경제적, 의학적으로 매우 중요하다.

해설
be동사 뒤에는 주어를 보충하는 주격보어가 나와야 한다. 이때, 주격보어는 명사 또는 형용사가 가능하고, significance가 보어라면 주어인 arthropod와 동격이 되어야 한다. 하지만 두 명사는 동격관계가 아니고, 전치사 of와 추상명사가 만나면 형용사로 바뀌므로 정답은 (b)이다.

arthropod 절지동물

정답 (b)

35

아빠는 여전히 힘도 세고 건강하셔서 연세에 비해 훨씬 더 젊어 보인다.

해설
부사들 중 비교급 형용사를 강조할 수 있는 부사는 much, far, by far, even, still, a lot 등이 있다. 따라서 정답은 (c)이다.

정답 (c)

36

지난주 경매에서 제임스는 고미술 작품에 이전 입찰가의 두 배를 지불했다.

해설
한정사 double의 쓰임을 묻는 문제이다. 한정사 double은 정관사 the보다 앞에 위치하는 특징이 있어 전치 한정사로 불린다. 따라서 〈전치 한정사(double)+정관사(the)+형용사(previous)+명사(bid)〉의 어순인 (a)가 정답이다.

bid 입찰 가격

정답 (a)

37

이혼이 법적 별거나, 혼인 무효 선언보다 낫다고 하는 사람은 누구든지 확실히 잘못 알고 있는 것이었다.

해설

whoever는 명사 역할을 하는 명사절을 이끌며 선행사 없이 쓸 수 있으므로 (b)가 정답이다.

legal separation 법적 별거 **annulment** (혼인의) 무효 선언

정답 (b)

38

마음씨 고운 많은 사람들이 자원봉사를 하기 원하지만 그럴 만한 시간이 넉넉하지 못하다.

해설

devote oneself to는 '~에 전념하다'의 의미로 이때 to는 전치사이다. 따라서 동명사인 (b)가 정답이다.

정답 (b)

39

대부분의 국가들이 교토의정서에 서명했고, 미래에 이산화탄소 배출이 환경에 미칠 파괴력에 대해 염려했다.

해설

주절의 동사인 signed와 were가 모두 과거이고 빈칸 이하는 emissions를 수식하고 있다. 과거의 시점에서 바라보는 미래를 표현할 경우 would를 써야 하므로 (c)가 정답이다.

Kyoto Protocol 교토의정서 **destruction** 파괴 **emission** 배출

정답 (c)

40

그 건물이 가파른 경사가 아닌 평지 위에 세워졌다면 붕괴되지 않았을 텐데.

해설

가정법 구문이며 주절의 시제 would have p.p.를 보아 가정법 과거완료 구문이다. 따라서 〈If+주어+had p.p., 주어+would+have p.p.〉의 형태를 갖춘 (b)가 정답이다.

steep 가파른 **slope** 경사

정답 (b)

▦▦▯▯ Part III

41

(a)A 농구 감독이 나는 키가 너무 작아서 농구팀에 들어갈 수 없대요.

(b)B 너무 실망하지 마. 2, 3년 내로 키가 클 테니까.

(c)A 하지만 나는 지금 당장 뛰고 싶다고요! 못 기다려요!

(d)B 대신 축구를 하는 건 어때? 장담하건데 정말 재밌을 거야.

해설

소유를 의미하는 동사는 진행형을 쓰지 않는 것이 원칙이다. 따라서 (b)에서 진행형으로 쓰인 will be having을 단순시제인 will have로 바꾸어야 한다.

figure 모습, 외관

정답 (b) will be having ⇨ will have

42

(a)A 여기 오는 길에 뭐 재미있는 일이라도 있었니?

(b)B 응, 이상한 표정을 지은 남자가 있었어. 어떻게 알았어??

(c)A 문을 열고 들어오고 나서부터 웃음을 멈추지 않더라고.

(d)B 아, 무례했다면 미안해. 참을 수 없었어.

해설

get up to는 '~까지 도달하다'라는 의미로 Did you 다음에 나와야 하는데 어순이 잘못되었으므로 정답은 (a)이다.

chuckle 킬킬 웃다

정답 (a) up to anything funny get ⇨ get up to anything funny

43

(a)A 이 연수 과정은 소비자 불만 사항에 올바르게 대처하는 방법에 대한 것입니다.

(b)B 손님이 저한테 정말 못되고 무례하게 굴면 어떻게 해야 하지요?

(c)A 무엇보다도 어떤 상황에서든 침착하고 정중해야 합니다.

(d)B 알아요. 하지만 가끔은 정말 불쾌해요.

해설

(c)에서 '무슨 일이 있어도, 어떤 상황에서도'라고 할 경우 at any case가 아닌 in any case로 쓴다.

mean 짓궂은 **unpleasant** 불쾌한

정답 (c) at any case ⇨ in any case

44

(a)A 바깥에 무슨 일이야? 웬 소란이야?

(b)B 6천 명 이상의 시위자들이 시청을 둘러싸고 있어.

(c)A 그들이 원하는 게 뭔지 말해줄 수 있나?

(d)B 시 의회가 새 조례를 철회하기를 요구해.

해설

(d)에서 demand는 that절 이하에 〈should+동사원형〉 혹은 should를 생략하고 동사원형을 취한다. 해석상 will이 적절할 듯하나 동사의 특성상 동사원형이 쓰임에 유의한다.

protester 시위자 **repeal** 철회하다

정답 (d) will repeal ⇨ repeal

45

(a) A 요즘은 좋은 유모를 찾기가 너무 힘들어.
(b) B 그렇지만 애 넷을 돌보는 건 쉬운 일이 아니잖아.
(c) A 애들 보려고 직장을 그만둬야 할지도 몰라.
(d) B 글쎄, 그건 좋은 생각이 아닌 것 같은데.

해설
(c)에서 '돌보다'라는 의미를 쓸 때, take care of 혹은 care for를 쓴다. 따라서 care of를 care for로 고쳐야 한다.
정답 (c) care of ⇨ care for

■■■■■ Part IV

46

(a) 달러 약세와 폭등하는 유가, 치솟는 물가같은 복합적인 문제로 경제가 타격을 입고 있다. (b) 원자재 가격 상승은 소비자들이 깜짝 놀랄 정도로 물가 상승률을 밀어올리고 있다. (c) 사실상 대부분 사람들의 급여를 제외한 모든 것이 올랐다. (d) 상황이 이렇게 나빠다보니 일반 서민들은 그야말로 소비를 하지 않고 있는데 이는 불경기로 이어질 수 있어 상당히 불길한 조짐이다.

해설
(d)에서 with를 써 동시 상황의 분사구문 〈with+명사+분사구문〉을 쓰고 있는데 동사가 들어가 있으므로 are는 생략해야 한다.
hammer 때리다 **dismay** 실망 **the rank and file** 일반 서민
정답 (d) With things are as bad ⇨ With things as bad

47

(a) 내 경험으로 비추어 볼 때 이른 아침 공부하는 것이 수업 후 밤에 공부하는 것보다 훨씬 더 효과적이다. (b) 밤에는 하루 종일 분석하고, 암기하고, 이해하느라 우리의 심신은 이미 지쳐 있다. (c) 아무리 열심히 노력해도 우리의 뇌는 기억하고 이해하고 싶은 것은 무엇이든지 더 이상 이해하지 못한다. (d) 아침에는 우리 몸이 원기를 재충전하고 정신이 휴식을 취한 후, 뇌는 제대로 기능하고, 기억하고 싶은 모든 정보를 저장할 수 있다.

해설
(c)에서 whichever 이하에 있는 want의 목적어는 to부정사 이하이다. 이때 불필요한 대명사 it이 중복되어 있으므로 삭제해야 한다.
retain 잊지 않고 있다
정답 (c) want it to ⇨ want to

48

(a) 우리 사무실에서는 지난해 말에 일회용 종이컵을 없애기로 결정했다. (b) 이를 대체하기 위해 직원들의 이름이 새겨진 '다회용' 머그컵을 사용하고 있다. (c) 비닐봉지나 나무젓가락 등 그 밖에 뭐든지 우리 주위에는 너무나 많은 일회용품이 있다. (d) 상당수는 이러한 일회용품이 환경에 미치는 파괴적인 영향을 심각하게 생각하지 않는 듯하다.

해설
(b)는 주어가 길어서 도치된 문장이다. 주어는 복수명사인 coffee mugs이므로 is가 아닌 are를 써야 한다.
disposable 사용 후 버릴 수 있는 **in one's stead** ~의 대신에
정답 (b) stead is ⇨ stead are

49

(a) 식당 주방에서 설거지하는 여성들은 물을 너무 많이 낭비한다. (b) 접시를 닦아내면서 물을 사용하고 있지 않을 때조차 수도꼭지를 잠그는 데 신경 쓰지 않는다. (c) 정말 우리의 점점 부족한 자원에 대해 관심을 갖지 않는 것 같다. (d) 우리나라와 같은 '물 부족' 국가에서 너무 무책임한 듯하다.

해설
(a)에서 지나치게 양이나 정도가 심할 경우 강조하는 표현 way too much에서 way는 부사로 관사 the를 붙이지 않는다.
bother 신경 쓰다. 애를 쓰다 **tap** 수도꼭지 **increasingly** 점점 더, 갈수록 더 **scarce** 부족한 **resource** 자원 **irresponsible** 무책임한 **water-stressed country** 물 부족 국가
정답 (a) the way ⇨ way

50

(a) 세계 보건 기구는 '자살 예방의 날'을 지정하면서까지 국민이 스스로 목숨을 끊는 것을 막기 위해 할 수 있는 것은 무엇이든지 할 것을 전 세계 국가에 촉구하고 있다. (b) 이 모든 노력이 무색하게도 한국은 OECD 가입국 중 자살 사건에 있어서 1위이다. (c) 연구는 그중 자살 시도에서 살아난 얼마 안 되는 0.4%가 정신과 의사에게 맡겨져 필요한 치료를 받는다고 한다. (d) 이것은 흔히 '환자들'이 애당초 병원 문을 두드리기를 단념시키는 만연한 사회 오명이다.

해설
(a)에서 주절은 all they can에서 끝난다. 그리고 목적을 나타내는 to부정사구가 이어지므로 deter를 to deter로 바꾸어야 한다. 조동사 can 다음에 동사 deter가 연결되는 것처럼 보임에 유의하자.
urge 촉구하다 **deter** 막다 **take one's own life** 자살하다 **designate** 지명하다 **to one's disappointment** 낙심천만하게도 **second to none** 제일의 **meager** 불충분한 **refer** 맡기다 **in the first place** 애당초
정답 (a) can deter ⇨ can to deter

54

Actual Test 5

⇨ 본책 P 198

Part I

1 (b)	2 (c)	3 (d)	4 (c)	5 (a)
6 (d)	7 (b)	8 (c)	9 (c)	10 (c)
11 (d)	12 (a)	13 (d)	14 (d)	15 (d)
16 (b)	17 (a)	18 (d)	19 (b)	20 (c)

Part II

21 (c)	22 (a)	23 (b)	24 (d)	25 (d)
26 (a)	27 (c)	28 (a)	29 (a)	30 (c)
31 (c)	32 (b)	33 (a)	34 (b)	35 (c)
36 (a)	37 (d)	38 (c)	39 (a)	40 (b)

Part III

41 (d)	42 (b)	43 (a)	44 (d)	45 (c)

Part IV

46 (d)	47 (d)	48 (d)	49 (a)	50 (b)

■ Part I

1

A 요즘 새로 나온 초강력 콘크리트 덕분에 건설 공사 진행이 용이해졌어.
B 구조물들이 꽤 빨리 올라간다고 생각하고 있었어.

해설
construction work가 주어이고 with ease는 easily를 뜻하는 부사구이다. 따라서 문장의 동사가 없으므로 주어의 수에 맞추어 수일치를 한 단수동사 (b)가 정답이다.
construction work 건설 공사 **structure** 구조물
정답 (b)

2

A 두 번째 채용 절차는 어떻게 되는지 알고 싶습니다.
B 지원자는 누구든지 면접에 참여하게 될 것입니다.

해설
that은 콤마 뒤에 쓸 수 없고 whatever는 사람 선행사를 받지 않는다. whoever는 전체를 지칭하는 의미이고, who는 특정한 사람을 가리킨다. 의미상 지원자 모두를 언급하는 것이므로 (c)가 정답이다.
employment procedure 고용 절차 **applicant** 지원자
정답 (c)

3

A 요즘 들어 너 앤젤리나랑 찰스랑 자주 어울리더라.
B 요즘 걔네가 참 멋지고 친근하다는 걸 알게 되었거든.

해설
동사 find는 〈find+목적어+to부정사〉 구문으로 많이 쓰인다. 목적어의 보어인 형용사 charming and friendly를 받기 위해 be동사를 쓴 (d)가 정답이다.
hang around with ~어울려 다니다
정답 (d)

4

A 요새 왜 이리 신경질적이니? 예전에는 안 그랬잖아.
B 요즘 새 업무가 잘 안 풀려서 그래.

해설
조동사 used to는 과거의 지속적인 습관이나 상태를 말할 때 쓰며 부정형은 used not to 또는 didn't used to로 나타낸다. 조동사 뒤에 나오는 동사가 앞서 언급한 일반동사를 받는 경우에는 used to까지 쓰고, be동사를 받는 경우에는 used to be까지 쓴다. 이 문장에서는 be ill-tempered를 받는 자리이므로 be동사를 쓰므로 (c)가 정답이다.
ill-tempered 화를 잘 내는 **get along with** (일을) 진행시키다
정답 (c)

5

A 어제 다이애나는 기분이 좋은 것 같긴 했는데, 왼쪽 뺨 빨간 거 봤어?
B 응. 누구한테 뺨을 맞은 것 같았어.

해설
뺨이 빨갛게 된 것을 보고 누군가에게 맞은 것 같다고 추측하고 있다. 맞은 것은 뺨이 빨갛게 된 것보다 이전의 일이므로 가정법 as if절에는 과거완료형을 쓴다. 따라서 정답은 (a)이다.
get slapped 따귀를 맞다
정답 (a)

6

A 온라인으로 표를 예매하는 게 더 나을까?
B 물론이지. 직접 가서 하는 것보다는 훨씬 수월하잖아.

해설
빈칸 뒤에 than이 있으므로 비교급인 less가 들어간다. less는 명사와 결합할 경우 〈less of+명사〉로 쓰이므로 (d)가 정답이다.
hassle 귀찮은 상황, 골칫거리 **in person** 직접
정답 (d)

7

A 내일 차를 정비소에서 가져올게요.

B 차라리 지금 가져오면 좋겠어요.

해설

would rather가 조동사로 쓰이면 바로 뒤에 동사원형을 취하지만 would rather 뒤에 절이 나오면 가정법 과거구문으로 '차라리 ~하겠다'라는 의미인 현재의 아쉬움을 나타낸다. 따라서 (b)가 정답이며 now가 있다고 하여 현재시제로 생각하지 않도록 유의한다.

garage 정비소

정답 (b)

8

A 제이크의 할머니 장례식에 사람들이 많이 왔니?

B 응. 수백 명이 마지막 경의를 표하기 위해 관 옆으로 행렬을 이루었지.

해설

관 옆에 줄지어 서 있는 조문객들이 지나가는 상황에는 의미상 past를 쓴다. through는 물체를 통과하는 개념이며, across는 가로질러 넘어가는 상황을 나타낼 때 쓴다. file past는 '~ 옆을 지나가다'는 뜻으로 자주 쓰이므로 정답은 (c)이다.

file 줄지어 가다   **casket** 관

정답 (c)

9

A 어떻게 이게 예전과 다르다고 확신할 수 있어?

B 이게 완전히 맞다는 것은 알아.

해설

differ는 자동사로 목적어를 취하지 않는다. 또한 빈칸 뒤의 at all로 보아 부정의 의미를 강조하며 의문문에서 쓰이는 부사가 적당하다. any는 부사로 부정문이나 의문문에서 형용사나 다른 부사를 강조하여, '전혀'의 의미가 있으므로 (c)가 정답이다.

정답 (c)

10

A 올림픽에서 마이클 펠프스가 세운 전례 없는 성과는 정말 대단해요.

B 맞아. 금메달 8개를 따면서 세계 최고의 수영 선수가 되었지.

해설

'세계 최고'는 the world's greatest로 나타낸다. 최상급 앞에 소유격이 있으면 정관사를 쓰지 않는다. 또한 world는 the world라고 쓰는 것이 일반적이다. 따라서 정답은 (c)이다.

정답 (c)

11

A 과학 기술로 고생물학이 또 한 번 전성기를 맞고 있어.

B 새로운 진보가 많이 이루어진 것 같아.

해설

It seems는 '~한 것 같다'는 의미로 뒤에 〈like+절〉 또는 to부정사가 올 수 있다. 빈칸 뒤에 절 new advances are made가 오므로 (a)와 (b)는 정답에서 제외되고, 명사 advances가 복수이므로 many가 수식하는 정답은 (d)이다.

good age 전성기   **paleontology** 고생물학

정답 (d)

12

A 너 요즘 되는 일이 없는 것 같아.

B 네가 무슨 의도로 말하는 건지 모르겠네.

해설

don't know 이하는 목적절로 간접의문문이 오며 〈의문사+주어+동사〉의 어순이므로 정답은 (a)이다.

work out 잘 풀리다

정답 (a)

13

A 메시지 남기시겠어요?

B 네. 그에게 저한테 전화하라고 전해주세요.

해설

사역동사에 관한 문제로 '~하게 하다'라는 의미의 let, have, make 등은 목적어가 행위의 주체일 때 보어로 동사원형을, get은 to부정사를 쓴다. 따라서 정답은 (d)이다.

정답 (d)

14

A 이 씨는 지난주 쇼핑몰에 갔다는 것을 부인했어요.

B 거짓말을 한 게 분명해요.

해설

부인한 것은 과거이며, 지난주에 그가 쇼핑몰에 있었다는 상황은 그 이전에 일어난 상황이라 빈칸은 과거완료 시제가 들어가야 한다. 또한 deny는 동명사를 목적어로 취하는 동사이므로 완료형 동명사 having p.p.를 쓴 (d)가 정답이다.

정답 (d)

15

A 겨울 방학 때 뭐 할 거야?

B 모르겠어. 지금 무언가를 결심할 때인데.

해설

It is (about/ high) time은 '~할 시간이다'라는 뜻으로 했어야

했는데 아직 못했다는 현재 사실의 반대인 가정법 과거를 이끄는 구문이다. 따라서 정답은 (d)이다.

정답 (d)

16

A 이전까지 국내 입양이 해외 입양을 앞지른 적은 없었어.
B 입양에 대한 사회적 인식이 점차 바뀌고 있는 건 좋은 소식이야.

해설
부정어 never가 문두에 있는 것으로 보아 도치 문장임을 알 수 있다. adopt의 목적어가 없으므로 수동태인 (b)가 정답이다.

adopt 입양하다 **at home** 국내에 **overseas** 해외에

정답 (b)

17

A 브라이언에 대해 어떻게 생각하니?
B 글쎄, 잘생기긴 했는데 돈이 전혀 없잖아.

해설
no와 같은 부정어가 포함된 명사(구)를 강조할 때 명사 뒤에 at all의 의미로 whatsoever를 쓰므로 정답은 (a)이다.

정답 (a)

18

A 선거 공약을 끝까지 제대로 지키지 않는 정치인만 보면 신물이 날 정도야.
B 맞아. 말만 한다고 다 이루어지는 것 아니잖아.

해설
talk는 자동사로 목적어를 취할 수 없으므로 (a)와 (b)는 정답에서 제외된다. 주어가 동사원형 bring으로 시작하는 (c) 또한 옳지 않다. talk가 명사로 주어 자리에 온 (d)가 정답이다.

be up to here with 신물이 나다 **election pledge** 선거 공약
bring about 야기하다, 달성하다

정답 (d)

19

A 왜 이렇게 화가 났어?
B 여자 친구가 나를 어린애 취급을 했거든.

해설
as if 가정법 문제로 동사가 be동사일 경우 가정법에서는 인칭과 수에 관계없이 항상 were를 쓴다. 따라서 (b)가 정답이다.

정답 (b)

20

A 뮤지컬 공연은 성공적이었니?
B 글쎄, 관객이 많이 오지는 않았어.

해설
audience는 청취자나 관객 모두를 말하는 집합명사이다. 의미상 그룹 자체를 하나의 덩어리로 보고 단수 취급을 하므로 (c)가 정답이다.

정답 (c)

■■ Part II

21

중국은 환경보다는 산업화에 신경을 쓴다.

해설
not so much A as B는 'A라기 보다는 B이다'라는 의미이다. 부사 much는 과거분사 concerned about를 앞에서 수식하고, environment는 '자연 환경'을 의미할 때 앞에 정관사 the를 붙이므로 정답은 (c)이다.

industrialization 산업화

정답 (c)

22

지난해 우리나라는 945억 달러치 에너지를 수입했으며, 이는 주요 수출 품목인 자동차와 반도체 부분의 합계를 훌쩍 넘어선다.

해설
way는 명사와 부사로 모두 쓸 수 있으며, 명사일 경우 관사가 붙거나 수의 표현이 가능하다. 빈칸 뒤 more than은 부사구이며 부사구를 꾸밀 수 있는 것은 다른 부사이다. 부사는 수의 표현이나 관사가 붙지 않는다. 따라서 정답은 (a)이다.

import 수입하다 **export item** 수출 품목 **semiconductor** 반도체

정답 (a)

23

취업하기 위해 인상적인 이력서, 즉 좋은 학벌이나 경력만을 갖추어야 하는 시대는 지났다.

해설
빈칸 뒤의 was로 보아 빈칸에는 주어가 될 수 있는 명사가 들어가야 한다. (c)는 동명사로 주어가 될 수 있지만 의미상 맞지 않고, (d)는 하나의 절이므로 주어 자리에 적합하지 않다. (b)는 all 뒤에 관계대명사 that이 생략된 것으로 it 이하가 all을 수식하며 주어 자리에 올 수 있다. (a)도 that이 생략된 구문으로 볼 수 있으나, 대명사 it은 수식어구를 동반하지 못한다. 따라서 정답은 (b)이다.

résumé 이력서 **school background** 학력 **career** 경력

정답 (b)

24

스미스 씨는 교통 정체로 발이 묶였다. 그렇지 않았더라면 여기에 일찍 왔을 것이다.

해설

otherwise는 현재[과거] 상황이 있지만 '그렇지 않았더라면 ~했을 것'이라는 현재[과거] 사실에 반대되는 가정법을 취한다. 직설법인 got caught가 과거형이므로 otherwise 가정법 과거완료 would have p.p.가 온 것이다. 따라서 정답은 (d)이다.

정답 (d)

25

최근 한 통계에서 여대생의 54%가 가짜 상품을 구입한 경험이 있다고 대답했다.

해설

a whopping은 명사 앞에만 오며 대체로 구체적인 숫자 앞에서 많은 양을 강조할 때 쓴다. 설문 조사를 받은 여대생들이므로 students 뒤에 surveyed가 와야 한다. 따라서 정답은 (d)가 된다.

knock-off 복제품, 가짜 상품

정답 (d)

26

부시 행정부는 요격기 18대는 폴란드를 이라크의 미사일로부터 보호하기 위함이라고 주장한다.

해설

insist는 '~해야 한다고 주장하다'와 '~라고 우기다'라는 두 가지 뜻이 있다. 첫 번째 의미는 당위성을 나타내므로 뒤의 that절에 조동사 《(should)+원형동사》이 오고 이때 should는 생략이 가능하다. 두 번째 의미일 경우에는 that절에 조동사 없이 주어와 동사의 수와 시제를 일치시킨다. 여기서는 내용상 우긴다는 의미이므로 복수명사 주어에 맞고 현재시제에 맞는 (a)가 정답이다.

정답 (a)

27

상당히 예리한 시력으로 매는 다른 새보다 먹이를 쉽게 찾을 수 있다.

해설

rather는 부사로 명사를 바로 수식할 수 없다. 따라서 (b)와 (d)는 정답에서 제외된다. (a)는 The hawks와 rather sharp vision을 연결해 줄 전치사가 없으므로 비문이다. rather가 형용사 sharp를 수식하며 동사 helps와 수가 일치하는 (c)가 정답이다.

sharp 예리한 **vision** 시력

정답 (c)

28

이란의 관료들이 진실을 말하고 있는지에 대한 의심의 여지가 없다.

해설

doubt이 명사일 때 동격의 that절을 취한다. 한편 동사로 쓰일 경우 if나 whether를 취해서 '~인지 의심하다'의 의미가 된다. 이 문장에서 doubt은 보어로 온 명사이므로 정답은 (a)이다.

정답 (a)

29

우리나라의 잠재 당뇨 인구는 약 800만 명이고 소아 당뇨병 환자는 약 3만 5,000명이다.

해설

숫자 앞에서 '약'의 의미는 an estimated로 나타내며, '~의 위험에 처한'은 at risk of 명사로 나타낸다. 또한 빈칸 앞의 home은 뒤에 to를 수반하여 '존재하다'라는 의미이다. 따라서 정답은 (a)이다.

be home to 존재하다

정답 (a)

30

버락 오바마의 연설에서 부자들은 더 이상 기업가의 롤 모델이 아닌, 옛날 악당 자본가의 현대판으로 나온다.

해설

'A가 아닌 B'를 의미하는 등위상관접속사 not A but B의 구문으로 A와 B의 형태는 동일해야 한다. 앞부분이 〈not+as+명사구〉이므로 〈but+as+명사구〉인 (c)가 정답이다.

emerge 출현하다 **entrepreneurial** 기업가의 **robber baron** 악덕 자본가

정답 (c)

31

'잘먹고 잘사는' 삶을 추구하는 방식을 가리키는 포괄적인 용어인 '웰빙'에 대한 관심이 높아지고 있다.

해설

term을 수식하는 알맞은 준동사를 넣는 문제로 동사 refer to는 하나의 구동사의 역할을 한다. refer to 뒤에 목적어가 있으므로 과거분사 (b) referred는 올 수 없다. 단어의 정의를 설명하는 일반적인 사실을 말하는 데 미래적 의미가 있는 to부정사 (a)는 적절하지 않다. 완료형 분사 (d) having referred 또한 주절보다 한 시제 먼저 일어난 경우가 아니므로 옳지 않다. 따라서 단순히 명사를 수식하는 현재분사 (c)가 정답이다.

inclusive 포괄적인 **term** 용어 **geared** ~에 맞도록 설계된

정답 (c)

32

여러 가지 경제 요인이 부동산 시장을 위기로 몰아넣었다.

해설

'A를 B로 빠뜨리다'는 의미로 plunge A into B를 쓰므로 정답은 (b) into이다.

plunge (어떤 상태 · 위험에) 빠지게[이르게] 하다　**factor** 요소　**real estate** 부동산

정답 (b)

33

신종 컴퓨터 바이러스가 이메일을 통해 확산되고 있는데, 그 정확한 원인은 아직 알려지지 않고 있다.

해설

소유격 관계대명사 of which는 수식하는 대상의 앞 또는 뒤에 위치하여 절과 절을 연결한다. 앞에 올 경우 〈the+명사+of which〉의 형태이며, 뒤에 올 경우 〈of which+the+명사〉의 형태이다. 주의할 것은 of which가 수식하는 대상은 〈the+명사〉의 형태라는 것이다. 따라서 정답은 (a)이다.

spread 확산되다　**source** 근원

정답 (a)

34

나는 음식이 해롭다고 주장하는 그의 의견에 의사가 동의했는지 물었다.

해설

주절의 동사 ask로 보아 의문의 의미를 나타내므로 명사절 접속사 that보다는 whether가 적합하다. 따라서 (b)가 정답이다.

정답 (b)

35

미국 식품의약국은 일본에 큰 피해가 일어날 가능성은 적다고 발표했다.

해설

believe는 〈believe+that절〉로 쓰기도 하지만 〈believe+it+형용사+that절〉형식으로도 쓴다. 이때 it은 가목적어이고 that절은 진목적어이다. 또한 빈칸 뒤의 any로 보아 부정어가 문장에 포함된 것을 알 수 있다. 그러므로 likely가 아닌 unlikely가 적당하다. 따라서 정답은 (c)이다.

unlikely 가능성이 적은

정답 (c)

36

사무엘은 책을 읽고 있었고, 그의 아들은 옆에서 자고 있었다.

주절과 다른 주어로 시작하는 절을 〈with+명사+분사〉의 형태로 동시 상황을 나타내는 분사구문으로 만들 수 있다. 이때 전치사 with는 생략이 가능하므로 정답은 (a)이다.

정답 (a)

37

초급 작문 과정에 있는 거의 모든 학생들은 명확한 글쓰기를 할 필요도 있고 관심도 있다.

해설

'명확한 글쓰기에 대한 필요성과 관심을 가지고 있다'는 내용으로, '~에 대한 필요성이 있다'은 have a need for로 나타내며, '~에 대한 관심을 갖다'는 have an interest in으로 나타낼 수 있다. 동사가 같고 등위접속사 and로 이어져 같은 목적어를 취하므로 (d)가 정답이다.

composition 작문

정답 (d)

38

북쪽 위도 지역의 온도는 세계의 속도보다 2배나 빠르게 상승하고 있으며, 금세기 말에는 화씨 19도가 추가로 올라갈 수 있다.

해설

twice는 한정사 앞에 위치하여 명사를 수식한다. 따라서 〈twice+한정사+(형용사)+명사〉의 어순이 된다. 따라서 정답은 (c)이다.

latitude 위도　**Fahrenheit** 화씨

정답 (c)

39

대부분의 사람들은 내가 용감하다고 하지만, 나는 아기였을 때 참 많이 울곤 했다.

해설

〈used to+동사원형〉은 과거에 있었던 규칙적 습관이나 상태를 말할 때 쓰며 '과거에는 그랬지만 지금은 더 이상 그렇지 않다'라는 의미를 내포하고 있다. 예전에는 울었지만, 지금은 용감하다는 내용이므로 정답은 (a)이다. (d) used to crying은 '우는 데 익숙하다'로 의미상 맞지 않다.

정답 (a)

40

멜리사가 자전거를 자세히 보지 않았더라면 문제를 눈치채지 못했을 거야.

해설

빈칸 앞의 절과 뒤의 절을 연결시킬 접속사가 필요하며 가정법에서 if가 생략된 경우 도치가 일어난다. be동사 were나 과거완료의

had, 조동사 should는 문두로 나갈 수 있으므로 정답은 (b)이다.

notice 알아채다   **give a closer look** 자세히 보다, 분석하다

정답 (b)

▮▮▯▯▮Part III

41

(a)A 내일부터 토마스 씨가 우리 공장의 안전 감독관이 될 거예요.

(b)B 오, 정말 안 좋은 소식인데요.

(c)A 왜요? 그에게 무슨 문제라도 있나요?

(d)B 그는 좋은 사람이지만, 제 생각에는 그런 책임을 맡기기에는 너무 신중하지 못하거든요.

해설

'A에게 B을 맡기다'라는 의미로, trust A with B의 형태를 취하며 수동태로 be trusted with의 형태가 된다. 따라서 (d)의 be trusted of를 be trusted with로 바꾸어야 한다.

reckless 무모한, 신중하지 못한

정답 (d) trusted of ⇨ trusted with

42

(a)A 어젯밤에 창문을 열어 놓고 잤어. 감기에 걸린 것 같아.

(b)B 세상에! 창문이 열린 줄도 몰랐던 거야?

(c)A 응. 너무 피곤해서 침대에 눕자마자 바로 잠들었어.

(d)B 안됐다. 병원에 가도록 해.

해설

대명사 one과 it의 차이를 묻는 문제로, 문맥상 (b)의 one이 지시하는 대상은 앞서 나온 my window이다. 일반적인 창문이 아닌 상대의 집에 있는 창문이므로 한정적이다. 따라서 (b)의 one은 it으로 바꾸어야 한다.

정답 (b) one ⇨ it

43

(a)A 밖이 엄청 추워. 뭐 따뜻하게 마실 것 좀 있어?

(b)B 물론. 내가 코코아 타줄게. 괜찮아?

(c)A 이런, 난 초콜릿 알레르기가 있는데.

(d)B 정말? 그런 알레르기가 있는 사람은 처음 보는 걸.

해설

–thing으로 끝나는 명사를 수식하는 형용사는 명사 바로 뒤에 온다. 따라서 (a)의 hot은 something 바로 뒤에 와야 하며, to부정사가 그 뒤에 온다. 따라서 정답은 (a)이다.

allergic 알레르기의

정답 (a) something to drink hot ⇨ something hot to drink

44

(a)A 죄송합니다. 손님. 노트북의 보증 기간이 만료되었습니다.

(b)B 뭐라고요? 산지 7개월도 안 됐는데요.

(c)A 그 제품은 보증 기간이 6개월이에요. 모르셨어요?

(d)B 몰랐죠. 알았다면 당신네 물건 사지 않았을 겁니다.

해설

(c)의 didn't로 보아 과거에 있었던 일에 대해 이야기하고 있다. or 뒤의 절은 '그렇지 않았더라면'에 이어지는 과거 상황에 반대되는 가정을 하고 있으므로 가정법 과거완료의 형태가 되어야 한다. 따라서 (d)의 buy를 have bought로 바꾸어야 한다.

warranty 보증(서)   **expire** 만기가 되다

정답 (d) wouldn't buy ⇨ wouldn't have bought

45

(a)A 잠깐만. 나 화장실 좀 가도 돼?

(b)B 뭐? 우리 지금 당장 나가야 돼.

(c)A 진정해. 이렇게까지 서두를 필요 없어.

(d)B 이게 다 네가 늦잠 자서 그런 거잖아!

해설

'서두르다'라고 할 때 관용적으로 be in a hurry라고 한다. hurry 앞에 관사 a를 꼭 써야 한다. 따라서 정답은 (c)이다.

정답 (c) in hurry ⇨ in a hurry

▮▮▯▯▮Part IV

46

(a) 미국에 GM, 일본에 도요타가 있다면 스웨덴에는 볼보와 사브가 있었다. (b) 한때는 스웨덴의 국가적 자손심의 상징이었던 두 거대 자동차 회사는 1990년대가 시작된 이후 새 주인을 찾아 전 세계의 기업을 전전하는 신세가 되었다. (c) 사브는 1990년 GM에, 볼보는 1999년 포드에 매각되었다. (d) 100년만의 최악의 자동차 불황은 이들 기업의 운명을 또 한 번 바꾸어 놓았다.

해설

(d)에서 finding의 목적어는 주어 the auto industry와 같으므로 it이 아닌 재귀대명사 itself를 써야 한다. 따라서 정답은 (d)이다.

boast 뽐내다   **roam** 배회하다   **twist** 전환

정답 (d) it ⇨ itself

47

(a) 일본의 도발적인 국수주의가 다시 한 번 꿈틀대고 있다. (b) 일본 매체는 일본 정부가 새 교과서에 독도가 일본의 영토라고 명기하도록 지시했다고 보도했다. (c) 이는 더 이상 단순한 역사 왜곡의 문제가 아니다. (d) 마치 소위 잃어버린 영토를 되찾자는 삐뚤어진 명분으로 자국민이 힘을 합치도록 일본 정부가 선동하는 것처럼 느껴진다.

해설

(d)의 명사 attempt는 수식하는 어구로 to부정사를 취한다. 중간

에 전치사구 by the Japanese state가 있지만 '선동하려는 시도'
라는 의미로 instigating은 to instigate가 되어야 한다.

provocative 도발적인 **nationalism** 민족주의, 국수주의
on the move 조짐이 나타나는 **territory** 영토 **distorted** 왜곡된
instigate 선동하다 **rally round** 힘을 합치다 **wrong-headed**
삐뚤어진

정답 (d) instigating ⇒ to instigate

48

(a) 요즘은 길거리에서 외국인을 흔히 만날 수 있다. (b) 개발 도상
국에서 보잘것없는 일을 하러 온 노동자도 있지만, 많은 이들이 한
국에 살려고 왔다. (c) 그러나 외국인이 이렇게 많은데도 우리 중 상
당수는 인종 차별주의자이거나 외국인 혐오증이 있는 사람들이다.
(d) 외국인을 차별하거나 멸시하는 것은 국제 사회를 선도하는 역
할을 하려는 국가적 노력에 결코 도움이 되지 않을 것이다.

해설

문맥상 '경멸을 표하다'는 show contempt for를 쓴다. 따라서
(d)의 showing contempt of는 showing contempt for가 되
어야 한다.

menial 하찮은 **racist** 인종 차별주의자 **xenophobic** 외국인 혐오증
을 가진 **discriminate** 차별하다 **contempt** 경멸, 멸시 **assume**
(역할 · 임무 등을) 맡다

정답 (d) contempt of ⇒ contempt for

49

(a) 2012년 '한국 방문의 해' 캠페인은 관광 중심지로서 해외에 한
국의 위상을 드높여 외국인 관광객 천만 명을 유치하고 이로 인해
관광 외화 수입 백억 달러를 달성하는 것이 목표이다. (b) 모든 이
유와 방법은 제쳐 두고, 우리나라가 부흥할 유일한 길은 무역과 관
광의 긴밀한 융합이다. (c) 특히 요즘 같은 경제 위기 상황에서는
그런 종류의 공격적인 마케팅은 필수이다. (d) 효과적인 마케팅이
야말로 관광업을 이끌어 나가는 것이고, 반짝이는 마케팅 전략 없
이는 관광객 천만 명 달성은 요원하다.

해설

(a)의 10 billion dollars는 관계대명사 that이 생략된 관계절
they'll bring with them의 후치수식을 받으므로 한정사를 필요
로 한다. 따라서 10 billion dollars 앞에 정관사 the를 써야 한다.

boost 증가시키다 **cut away** 잘라내다 **knit** 결합하다 **crisis** 위기
aggressive 공격적인

정답 (a) and 10 billion ⇒ and the 10 billion

50

(a) 왕따나 폭력은 여전히 학교에 만연하다. (b) 이웃집에 사는 중
학생이 학교에서 주먹다짐을 하고 멍이 들어서 왔다. (c) 며칠 동
안 언쟁이 있고 나서야 결국 부모가 아이를 데리고 학교를 찾아갔
다. (d) 그들의 노력은 가해자의 부모가 언어적으로 괴롭히기 시작

해서 악화되었다.

해설

live는 자동사로 뒤에 목적어로 명사가 올 경우, 〈전치사+목적어〉
의 형식을 취한다. 하지만 (b)의 living at next door에서 next
door는 '옆집에'라는 부사이므로 앞에 전치사 at없이 living next
door이 와야 한다.

bully 약자를 괴롭히다 **rampant** 만연하는 **bruise** 멍 **fuss** 언쟁,
싸움 **fare worse** 더 나빠지다

정답 (b) living at ⇒ living

텝스 1+
정상을 향한 필독서

How to
실전 **TEPs**
900 문법편

900점 이상을 위한 최종 점검용 문법 전략
Check Up과 Practice Test로 꼼꼼한 확인 학습
문법 만점을 위한 고난도 Actual Test

서울대 텝스 관리위원회 최신기출 Listening | 서울대학교 TEPS관리위원회 문제 제공 ·
넥서스 TEPS연구소 해설 | 320쪽 | 19,800원
서울대 텝스 관리위원회 최신기출 Reading | 서울대학교 TEPS관리위원회 문제 제공 ·
넥서스 TEPS연구소 해설 | 568쪽 | 24,800원
서울대 텝스 관리위원회 최신기출 스피킹·라이팅 | 서울대학교 TEPS관리위원회 문제 제공 ·
유경하 해설 | 340쪽 | 28,000원
서울대 텝스 관리위원회 최신기출 i-TEPS | 서울대학교 TEPS관리위원회 문제 제공 ·
넥서스 TEPS연구소 해설 | 296쪽 | 19,800원

How to 텝스 독해 기본편 | 양준희 · 넥서스 TEPS연구소 지음 | 312쪽 | 17,500원
How to 텝스 독해 중급편 | 장우리 지음 | 360쪽 | 17,500원
How to 텝스 독해 고난도편 | 넥서스 TEPS연구소 지음 | 324쪽 | 17,500원
How to 텝스 문법 중급편 | 양준희 지음 | 276쪽 | 18,500원
How to 텝스 문법 고난도편 | 테스 김 · 넥서스 TEPS연구소 지음 | 160쪽 | 12,500원

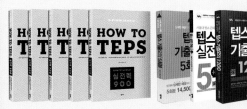

텝스 기출모의 1200 | 넥서스 TEPS연구소 지음 | 456쪽 | 18,500원
How to TEPS 실전력 500 · 600 · 700 · 800 · 900 | 넥서스 TEPS연구소 지음 |
308쪽 | 실전력 500~800: 16,500원, 실전력 900: 18,000원
서울대 텝스 관리위원회 텝스 실전 연습 5회+1회 | 서울대학교 TEPS관리위원회 문제 제공 |
200쪽 | 9,800원
텝스 기출모의 5회분 | 넥서스 TEPS연구소 지음 | 364쪽 | 14,500원

서울대 최신기출 TEPS VOCA | 넥서스 TEPS연구소 · 문덕 지음 | 544쪽 | 15,000원
How to TEPS VOCA | 김무룡 · 넥서스 TEPS연구소 지음 | 320쪽 | 12,800원
How to TEPS 넥서스 텝스 보카 | 이기헌 지음 | 536쪽 | 15,000원
How to 텝스 어휘 기본편 | 고명희 · 넥서스 TEPS연구소 지음 | 304쪽 | 15,500원
How to 텝스 어휘 고난도편 | 김무룡 · 넥서스 TEPS연구소 지음 | 296쪽 | 17,000원

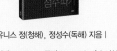

How to TEPS 시크릿 청해편 · 독해편 | 유니스 정(청해), 정성수(독해) 지음 |
청해: 22,500원, 독해: 14,500원
텝스, 어려운 파트만 콕콕 찍어 점수 따기(청해 PART 4 · 문법 PART 3,4) | 이성희 ·
전종삼 지음 | 176쪽 | 13,000원

How to TEPS 실전 800 어휘편 · 청해편 · 문법편 · 독해편 | 넥서스 TEPS연구소
(어휘, 청해), 테스 김(문법) 지음 | 어휘: 12,800원, 청해: 19,000원, 문법:
16,000원, 독해: 19,000원
How to TEPS 실전 900 청해편 · 문법편 · 독해편 | 김철용(청해), 이용재(문법),
김철용(독해) 지음 | 청해: 17,000원, 문법: 16,500원, 독해: 17,500원

How to TEPS L/C | 이성희 지음 | 400쪽 | 19,800원
How to TEPS R/C | 이정은 · 넥서스 TEPS연구소 지음 | 396쪽 | 19,800원

How to TEPS Expert L | 박영주 지음 | 340쪽 | 21,000원
How to TEPS Expert GVR | 박영주 지음 | 520쪽 | 28,000원
How to TEPS Expert 고난도 실전 모의고사 | 넥서스 TEPS연구소 지음 | 388쪽 |
21,500원